Stefan Litt

Geschichte der Juden Mitteleuropas

Geschichte kompakt

Herausgegeben von
Kai Brodersen, Gabriele Haug-Moritz,
Martin Kintzinger, Uwe Puschner

Herausgeber für den Bereich *Frühe Neuzeit*:
Gabriele Haug-Moritz

Berater für den Bereich *Frühe Neuzeit*:
Anton Schindling, Siegrid Jahns

Stefan Litt

Geschichte der Juden Mitteleuropas 1500–1800

Die Deutsche Nationalbibliothek verzeichnet diese Publikation
in der Deutschen Nationalbibliografie;
detaillierte bibliografische Daten sind im Internet über
http://dnb.d-nb.de abrufbar.

Die Herausgabe des Werkes wurde durch die Vereinsmitglieder
der WBG ermöglicht.
Gedruckt auf säurefreiem und alterungsbeständigem Papier
Einbandgestaltung: schreiberVIS, Seeheim
Satz: Lichtsatz Michael Glaese GmbH, Hemsbach
Printed in Germany

ISBN 978-3-534-18480-4

Inhaltsverzeichnis

Geschichte kompakt

In der Geschichte, wie auch sonst, dürfen Ursachen nicht postuliert werden, man muss sie suchen. (Marc Bloch)

Das Interesse an Geschichte wächst in der Gesellschaft unserer Zeit. Historische Themen in Literatur, Ausstellungen und Filmen finden breiten Zuspruch. Immer mehr junge Menschen entschließen sich zu einem Studium der Geschichte, und auch für Erfahrene bietet die Begegnung mit der Geschichte stets vielfältige, neue Anreize. Die Fülle dessen, was wir über die Vergangenheit wissen, wächst allerdings ebenfalls: Neue Entdeckungen kommen hinzu, veränderte Fragestellungen führen zu neuen Interpretationen bereits bekannter Sachverhalte. Geschichte wird heute nicht mehr nur als Ereignisfolge verstanden, Herrschaft und Politik stehen nicht mehr allein im Mittelpunkt, und die Konzentration auf eine Nationalgeschichte ist zugunsten offenerer, vergleichender Perspektiven überwunden.

Interessierte, Lehrende und Lernende fragen deshalb nach verlässlicher Information, die komplexe und komplizierte Inhalte konzentriert, übersichtlich konzipiert und gut lesbar darstellt. Die Bände der Reihe „Geschichte kompakt" bieten solche Information. Sie stellen Ereignisse und Zusammenhänge der historischen Epochen der Antike, des Mittelalters, der Neuzeit und der Globalgeschichte verständlich und auf dem Kenntnisstand der heutigen Forschung vor. Hauptthemen des universitären Studiums wie der schulischen Oberstufen und zentrale Themenfelder der Wissenschaft zur deutschen und europäischen Geschichte werden in Einzelbänden erschlossen. Beigefügte Erläuterungen, Register sowie Literatur- und Quellenangaben zum Weiterlesen ergänzen den Text. Die Lektüre eines Bandes erlaubt, sich mit dem behandelten Gegenstand umfassend vertraut zu machen. „Geschichte kompakt" ist daher ebenso für eine erste Begegnung mit dem Thema wie für eine Prüfungsvorbereitung geeignet, als Arbeitsgrundlage für Lehrende und Studierende ebenso wie als anregende Lektüre für historisch Interessierte.

Die Autorinnen und Autoren sind in Forschung und Lehre erfahrene Wissenschaftlerinnen und Wissenschaftler. Jeder Band ist, trotz der allen gemeinsamen Absicht, ein abgeschlossenes, eigenständiges Werk. Die Reihe „Geschichte kompakt" soll durch ihre Einzelbände insgesamt den heutigen Wissenstand zur deutschen und europäischen Geschichte repräsentieren. Sie ist in der thematischen Akzentuierung wie in der Anzahl der Bände nicht festgelegt und wird künftig um weitere Themen der aktuellen historischen Arbeit erweitert werden.

Kai Brodersen
Gabriele Haug-Moritz
Martin Kintzinger
Uwe Puschner

I. Einleitung: Juden in der frühneuzeitlichen europäischen Geschichte

1. Allgemeines

Juden in Mitteleuropa und ihre Geschichte: Spätestens seit der Mitte des 20. Jahrhunderts ist das ein Thema von hoher Brisanz. Oft wurden die Ereignisse des Mordes an Millionen von Juden durch die Nationalsozialisten als Quintessenz der Jahrhunderte langen jüdischen Geschichte Mitteleuropas gesehen, die vielfach als eine bloße Aneinanderreihung von Pogromen, Verfolgungen und Vertreibungen interpretiert wurde. Seit einiger Zeit jedoch lösen sich Historiker von dieser verengten Sichtweise, die, wie die Quellen zeigen, keinesfalls in jeder Hinsicht der historischen Wirklichkeit entspricht. Ein Generationswechsel bei den Forscherinnen und Forschern, die sich mit diesem Thema befassen, öffnete mehr und mehr die Perspektive auf andere Themen der jüdischen Geschichte, ohne jedoch die keineswegs leichten und oft ans Unmenschliche grenzenden Existenzbedingungen und die historische Verantwortung dafür beiseite schieben zu wollen. Für das bessere Verständnis der jüdischen Gesellschaft und Kultur ist das Studium und die Erforschung der inneren Prozesse und kollektiven wie individuellen Leistungen letztlich aufschlussreicher als die Klärung des Umgangs der Mehrheitsgesellschaft mit den Juden, der mehr über erstere aussagt. Anders formuliert: Die Arbeit an und mit der jüdischen Geschichte sollte versuchen, mehr die oftmals unbekannte Innenperspektive in den Mittelpunkt zu stellen und Juden eher als Subjekte denn als Objekte der Geschichte zu verstehen, wie es häufig der Fall war. Ausgehend von dieser Position wird sich das vorliegende Buch vor allem mit der inneren Perspektive und den Leistungen der Juden als Individuen und als Gruppe befassen. Fragen der Judenfeindschaft und ihrer religiösen und gesellschaftlichen Motivation werden daher hier nur am Rande behandelt werden.

Bedeutung der jüdischen Geschichte

Die über Jahre betriebenen Forschungen und zahllosen Veröffentlichungen machten die mitteleuropäische Wissenschaft zu einem wichtigen und international beachteten Faktor in der Historiografie über Juden. Neben der erwähnten Grundmotivation der historischen Verantwortlichkeit kristallisiert sich immer mehr heraus, was das Einmalige an der jüdischer Geschichte in Europa ausmacht: Die Juden waren über Jahrhunderte die einzige bedeutende nichtchristliche Minderheit in zahlreichen Territorien und Staaten, so auch im Heiligen Römischen Reich Deutscher Nation und den späteren politischen Einheiten. Damit lassen sich an ihrem Beispiel zahlreiche Fragen zur Existenz einer kulturell und religiös andersartigen Minderheit erörtern, nicht nur im Hinblick auf diese selbst, sondern auch mit Blick auf den Umgang mit Juden durch die Mehrheitsgesellschaft. Unter Beachtung dieser Perspektive lässt sich somit jüdische Geschichte als ein faszinierendes Feld betreiben, dem jedoch offenbar wegen des besonderen Forschungsgegenstandes und der damit verbundenen, notwendigen Spezialkenntnisse noch immer ein wenig die Anerkennung durch die so genannte allgemeine Geschichtswissenschaft fehlt. Zu oft wird jüdische Geschichte als „Sonderfall" verstanden. Jedoch kann sie ohne gute Kenntnisse der allgemeinen Zusammenhänge nicht seriös betrieben werden. Daher sollte jüdische Geschichte nicht als „Nischenfach", sondern vielmehr als Teil der allgemeinen Geschichte verstanden werden. Wie im Weiteren und auf vielen Seiten dieses Buches zu sehen sein wird, waren Juden trotz ihrer religiösen, kulturellen und rechtlichen Sonderstellung auch immer Teil der allgemeinen Gesellschaft, partizipierten zusehends an ihr und konnten sie an nicht wenigen Stellen beeinflussen – ein Umstand, der noch immer viel zu wenig gewürdigt wird.

Unbestreitbar ist es für eine tiefere Beschäftigung mit jüdischer Geschichte notwendig, nicht nur historische Fakten und Zusammenhänge zu verinnerlichen und den allgemeinen Kontext im Blick zu haben: Ohne Grundverständnisse der Besonderheiten der jüdischen Religion und Kultur sowie der Kenntnis jüdischer Geschichte in ihrer gesamten Breite wird die Beschäftigung mit Themen aus diesem Bereich immer mit gewissen Lücken behaftet bleiben. Solche Lücken weisen einige Arbeiten auf, die zwar eindeutig die Motivation der Erhellung meist lokaler oder regionaler jüdischer Geschichte aufweisen und dies auch vielfach leisten, aber meist auf Grundlage externer Quellen betrieben wurden (die zugegebenermaßen häufig die einzig verfügbaren Quellen sind). In jüngster Zeit hat sich das Bild in dieser Hinsicht etwas gewandelt, da mehr und mehr Wissenschaftlerinnen und Wissenschaftler über doppelte Kompetenzen sowohl als Historiker wie als Judaisten verfügen. Auch wenn nicht jeder Interessierte am Thema *ad hoc* diese Kompetenzen für sich erlangen kann, so soll doch das vorliegende Buch dazu ermuntern bzw. ein Grundwissen für Studierende der frühneuzeitlichen Geschichte und Interessierte zur Verfügung stellen.

Zielsetzungen

Diese Arbeit folgt keinem chronologischen Konzept. Vielmehr versucht sie, ausgehend von der Situation zu Beginn des 16. Jahrhunderts, die verschiedenen Aspekte jüdischen Lebens innerhalb der Epoche darzustellen, nicht ohne dabei intensiv auf die Entwicklungen über die rund 300 betrachteten Jahre zu verweisen. Ausgehend von allgemeinen Überlegungen zur Forschungsgeschichte und der Einbettung der Thematik in den Wissenschaftskontext wird zunächst die Situation der Juden in der christlichen Umwelt dargestellt. Darauf folgen Betrachtungen zur Autonomie und dem politischen Handeln, an die sich Fragen zur Religion, Kultur und Alltag der frühneuzeitlichen Juden anschließen. Eine Darstellung der allgemeinen Charakteristika des Judentums wird hier jedoch nicht erfolgen. Dies ist in der Literatur schon wiederholt realisiert worden und würde den Rahmen des vorliegenden Buches sprengen. Weiter folgen Ausführungen zur Berufsstruktur und Existenz und abschließend, nun dennoch an eine Chronologie anknüpfend, die Darstellung der im Verlauf der Epoche zunehmenden Akkulturation und schließlich der Aufklärung am Ende des 18. Jahrhunderts, die den Beginn der Moderne so eindrücklich aufzeigte.

2. Ergebnisse der Forschung

Die erwähnte allgemeine Beliebtheit des Themas im deutschen Sprachraum erstreckte sich lange nicht über alle Epochen. Oft, teilweise in Fortführung älterer Forschungstraditionen, standen das Mittelalter und die Aufklärung sowie die Moderne im Mittelpunkt. Die dazwischen liegende Frühe Neuzeit war jedoch lange ein weißer Fleck auf der Forschungslandkarte. Diese Situation, die in klarem Gegensatz zur Erforschung der allgemeinen frühneuzeitlichen Geschichte stand und in mancher Hinsicht noch immer steht, konnte in den vergangenen zwei Dekaden teilweise geändert werden. Das Schwergewicht wurde häufig auf territoriale bzw. regionale Untersuchungen gelegt, so dass das Phänomen der „Landjuden", also eher im dörflichen Raum lebender Juden, durch eine Reihe von Fallbeispielen heute recht gut bekannt und erforscht ist. Dennoch sind besonders hinsichtlich der Geschichte gerade großer und zentraler Gemeinden und deren innerer Prozesse noch immer größere Defizite zu verzeichnen. Es gibt nach wie vor keine modernen und befriedigenden monografischen Darstellungen über das jüdische Leben etwa in Amsterdam, Frankfurt a.M. oder Prag, was keinesfalls auf mangelnde Quellen zurückzuführen ist. Vielmehr hat es gerade den gegenteiligen Anschein, als ob die jeweils vorhandenen großen Aktenbestände und die zahlreichen internen jiddischen und hebräischen Quellen „abschreckend" auf interessierte Wissenschaftler gewirkt hätten. Jedoch ist es nur noch eine Frage der Zeit, bis auch diese Defizite beseitigt werden. Wünschenswert ist das auch insofern, da eben jene Epoche die sozialen, religiösen und kulturellen Umwälzungen am Ende des 18. Jahrhunderts allmählich vorbereitete und somit die jüdische Aufklärung und Moderne sowie deren historische Notwendigkeit erst vollständig durch die Kenntnis der vorangehenden Prozesse verständlich werden.

3. Epocheneinteilung

Ähnlich wie die allgemeine Geschichte kennt auch die jüdische Geschichte Epochen. Wie diese jedoch genau zu unterteilen sind, war gerade mit Blick auf die Frühen Neuzeit lange umstritten, und bis heute ist die Diskussion darüber noch nicht endgültig zum Ende gekommen. Verlief das jüdische Mittelalter nach Auffassung vieler Historiker zu großen Teilen parallel zur allgemein definierten Epoche, so sind die Dauer und das Ende dieser Zeit lange umstritten gewesen. Klar war nur, dass die Kriterien für die Epocheneinteilung der allgemeinen Geschichte nicht ausschließlich auch für die jüdische Historie gültig sein konnten, sondern noch weitere, interne und gruppenspezifische Veränderungen eine Rolle spielen mussten. Besonders der bedeutende israelische Historiker Jakob Katz (1904–1998) bestimmte mit seinen zahlreichen und bahnbrechenden Werken die Sichtweise, dass im Gegensatz zur allgemeinen Epocheneinteilung die Frühe Neuzeit für die jüdische Geschichte überhaupt nicht existiert habe, vielmehr wesentliche Charakteristika des Mittelalters im Judentum über Jahrhunderte weiter Gültigkeit besessen hätten. Demzufolge setzte seine Schule den Epochenwechsel erst für die Zeit der jüdischen Aufklärung an, also nicht früher als in der zweiten Hälfte des 18. Jahrhunderts. Paradoxerweise fiel aber gerade Katz das Verdienst zu, sich intensiv mit der Zeit zwischen 1500 und 1800 befasst und damit viele Interpretationen für längere Zeit determiniert zu haben. Das nach seiner Ansicht weitgehende Verharren der jüdischen Gesellschaft in ihren mittelalterlichen Traditionen, worauf sich die Negation einer Frühen Neuzeit in der jüdischen Geschichte stützte, blendete jedoch den Umstand aus, dass sich die jüdische Welt sehr wohl in einer Phase des dynamischen Wandels befand. Ein Grund für diesen Wandel ist auch in der Beeinflussung von außen und in der größeren Teilhabe der Juden an den allgemeinen Prozessen zu sehen, die allerdings in der älteren Forschung so noch gar nicht beobachtet bzw. thematisiert wurden. Jedoch hat sich dieser Befund erst durch eine Reihe von Forschungen herauskristallisiert, die Katz und seiner Schule allesamt noch nicht zur Verfügung standen. Heute ist nur noch wenig von der Diskussion über die fragliche Existenz der Frühen Neuzeit in der jüdischen Geschichte geblieben: Es scheint *communis opinio* geworden zu sein, dass die Epoche mit besonderen Ausformungen auch für die jüdische Geschichte anzusetzen ist.

Kriterien für eine Frühe Neuzeit im Judentum

Ein gewaltiger Einschnitt für die mitteleuropäischen Juden war zunächst die Veränderung in der Siedlungssituation. Durch Vertreibungen aus fast allen Reichsstädten zogen jüdische Menschen entweder in andere Teile Europas oder vermehrt aufs Land. Damit brach die jahrhundertealte Urbanität der Juden zu übergroßen Teilen zusammen, wie auch ihr bisheriges kulturelles und ökonomisches Umfeld. Durch die Verminderung der geistigen Führung (viele kleine Gemeinden hatten keinen Rabbiner mehr) erstarkte die säkulare Leitung in Form der Vorsteher, die meist aus der Oberschicht stammten. Durch gesetzliche Fixierungen wurden Juden und ihre Gemeinschaften mehr und mehr in das absolutistische Herrschaftssystem eingebunden, was sie dazu zwang, sich den administrativen Gepflogenheiten der Umgebung anzupassen und dabei gewisse Gewohnheiten zu übernehmen, wie die stark zunehmende Bürokratisierung auch innerhalb der jüdischen Gruppen in jener Zeit zeigt. Aber auch die Ausformung der religionsgesetzlichen Regeln erreichte eine neue Qualität, da gerade die geänderte Lebenssituation neue Interpretationen erforderte. So blieb zwar der alte Kanon der grundlegenden Texte beinahe unerweitert, jedoch wurden viele so genannte *Chiduschim* (Erneuerungen der Auslegungen) von Vertretern der religiösen Geisteselite verfasst. Der Buchdruck, der im Laufe des 16. Jahrhunderts durch die Juden angenommen wurde, war für die Anhänger einer Schriftreligion von immenser Bedeutung, vereinfachte er doch stark die massenhafte Herstellung von Werken traditioneller Schriftgelehrtheit und deren Verbreitung. Durch die ökonomische Belebung im Rahmen des frühen Welthandels gab es für eine Reihe von Juden völlig neue wirtschaftliche Perspektiven, verbunden mit einer gewissen ökonomischen Integration in die christliche Geschäftswelt. Vor allem in den Vereinigten Provinzen der Niederlande spielte das eine Rolle, aber auch in Form der Hoffaktoren im Reich. Die zögerliche Öffnung von akademischen Institutionen für Juden schuf für einige von ihnen völlig neue Horizonte, die sie teilweise an ihre Glaubensgenossen weitergaben. Die folgenden Kapitel dieses Buches werden diese Punkte vertiefen und veranschaulichen, dass diese und weitere Faktoren ganz eindeutig einen Bruch mit den mittelalterlichen Gegebenheiten darstellten. Ohne Zweifel ist jedoch die *Haskala*, die am Ende der Frühen Neuzeit einsetzende jüdische Aufklärung, als Höhepunkt der Veränderungen anzusehen, da sie nicht nur breite Teile des europäischen Judentums in ihren Bann zog, sondern letzten Endes auch auf die konservativeren Teile der jüdischen Gesellschaft übergriff und ihr die eigenen Mittel und Wege in der Auseinandersetzung aufzwang. Ganz ähnlich muss jedoch auch die vormoderne christliche Gesellschaft verstanden werden: Wie die Juden lebten gleichfalls die Christen in der Frühen Neuzeit in der Vormoderne, während ein unumkehrbarer Schub auch hier erst mit der sich verbreitenden Aufklärung einsetzte. Somit ist durch das umfassender Verständnis der innerjüdischen Prozesse jener Epoche und die Einbeziehung des Kontextes der allgemeinen Geschichte recht eindeutig festzustellen, dass die Existenz der frühneuzeitlichen Verhältnisse mit Krisen und neuen Dynamiken ganz eindeutig auch für das Judentum zu konstatieren ist.

4. Jüdische und allgemeine Geschichte

Akademische Verankerung

Bis in die Mitte des 20. Jahrhunderts hinein wurde die Geschichte der Juden meist nur von jüdischen Historikern betrieben. Nahm sich doch einmal ein nichtjüdischer Historiker der Thematik an, so geschah das oft mit einer antisemitischen Motivation. Nicht zufällig erreichte das so produzierte Schriftgut gerade in der NS-Zeit eine „Blüte", wiewohl es wissenschaftlich kaum irgendwelchen Ansprüchen genügen konnte (die auch nicht wirklich gefordert waren) und offenbar eher dem persönlichen Fortkommen der Autoren innerhalb der Hierarchie des Regimes diente. Auch in den ersten Jahrzehnten nach dem Zweiten Weltkrieg war im deutschen Sprachraum die Wahl dieses Forschungsgegenstandes eher selten anzutreffen und, bedingt durch den Holocaust, mit einigen Berührungsängsten verbunden. Dementsprechend ermangelte es dem Fach lange an einer angemessenen akademischen Verankerung. Auch wenn sich das Bild insgesamt gewandelt hat, sind bis heute Historiker, die sich überwiegend mit Fragen der Geschichte der Juden befassen, nur selten im festen Lehrkörper von Geschichtsinstituten an europäischen Universitäten Europas anzutreffen. Einige Abhilfe erfährt die Situation durch die gelegentliche Aufgreifung der Thematik durch Wissenschaftlerinnen und Wissenschaftler der allgemeinen Geschichte, die sich teilweise mit jüdischen Aspekten auseinandersetzen. Oft jedoch wird das

Thema der Judaistik bzw. den Jüdischen Studien überlassen, die aber durch den gewaltigen Anspruch der immensen fachlichen Breite hier naturgemäß nicht immer die gesamte Bandbreite bedienen können. Trotz dieser Probleme muss festgestellt werden, dass die Präsenz der Jüdischen Geschichte mittlerweile bedeutend größer ist als noch vor zwei oder drei Jahrzehnten.

Notwendige Integration

Es wurde schon bemerkt, dass jüdische Geschichte nicht nur als Nische oder Sonderfall verstanden werden darf, da trotz aller Ausgrenzung und Feindschaft Juden in gewissem Maß auch immer an der allgemeinen Gesellschaft Anteil hatten bzw. diese sogar an manchen Stellen beeinflussten und sie ihrerseits von ihr beeinflusst wurden. Aufgrund der starken beruflichen und wirtschaftlichen Einschränkungen, denen Juden auch in der Frühen Neuzeit unterlagen, erstreckte sich ihr Wirken oft auf den finanziellen bzw. wirtschaftlichen Bereich. Jedoch war gerade hier der Einfluss von Vertretern der jüdischen Wirtschaftselite nicht zu unterschätzen, wie nur einige kurze Beispiele zeigen mögen: Jakob Bassevi von Treuenberg war führendes Mitglied eines Finanzkonsortiums, das die gewaltigen kaiserlichen Heere unter Albrecht von Wallenstein durch gesteigerte Münzproduktion finanzierte und damit indirekt den Verlauf des Dreißigjährigen Krieges mitbestimmte. Samson Wertheimer war als Heereslieferant und Bankier maßgeblich daran beteiligt, dass die kaiserlichen Heere 1683 die Türken vor Wien abwehren und in den nachfolgenden Auseinandersetzungen erheblich schwächen konnten. Die Hofjuden Leffmann Behrens und Behrend Lehmann waren von großer Wichtigkeit, als es um die Erlangung von Kurwürde bzw. polnischer Königskrone für ihre welfischen und sächsischen Dienstherren ging. Dies sind jedoch nur die spektakulärsten Fälle. Monopolartige Stellungen von Juden im Handel mit Vieh und landwirtschaftlichen Produkten im ländlichen Raum zeigen, dass sie, wenngleich weniger prominent, durchaus wesentlich am alltäglichen Wirtschaftsleben ihrer Zeit teilhatten. Das gemeinschaftliche Leben mit Christen auf dem Land führte zu zahllosen alltäglichen Berührungspunkten, die das gegenseitige Wissen über die internen Lebensumstände beförderten, aber dennoch die Ausgrenzung in letzter Konsequenz nie vermeiden konnten. Amsterdamer jüdische Kaufleute hatten immensen Anteil an der Finanzierung ganzer Flotten der Niederländischen Ostindien-Kompanie (*Vereenigde Oostindische Compagnie* – V.O.C.) und spielten somit eine nicht unerhebliche Rolle beim Zustandekommen des fernöstlich-europäischen Gewürzhandels über die Niederlande. Und schließlich, um mehr auf kulturelle Aspekte zu sprechen zu kommen, griffen Philosophen jüdischer Herkunft wie Baruch Spinoza, Moses Mendelssohn oder Salomon Maimon aktiv in die Dispute ihrer Zeit ein und veränderten nicht nur die allgemeinen Ansichten über die Juden, sondern auch die Denkmodelle ihrer Zeit. Es gibt also einige Gründe, die jüdische Geschichte nicht zu losgelöst von der allgemeinen zu betrachten. Allerdings ist es ein internationales Phänomen, dass die Bereiche noch allzu oft separat erforscht und analysiert werden, statt sie im gebührenden Kontext zu betrachten.

5. Kulturelle Welten: Sefarden und Aschkenasen

Sefarden

Für die europisch-jüdische Welt hatten zwei kulturelle Gruppen Bedeutung: Die Sefarden und die Aschkenasen. Bei den Sefarden handelt es sich um Abkömmlinge der ursprünglich 1492 aus Spanien vertriebenen Juden, wobei die hebräische Bezeichnung für Spanien, *Sfarad*, ihnen den Namen gab. Viele von ihnen zogen nach Nordafrika, in die Levante, nach Italien aber auch in den Nordwesten Europas, wo sie mit Amsterdam, Hamburg und London im Laufe des 17. Jahrhunderts die größten Gemeinden errichteten. Daneben gab es nur noch sehr wenige andere sefardische Gruppen, vor allem in den Niederlanden, die jedoch in ihrer Bedeutung weit hinter den anderen zurückblieben. Nicht wenige von ihnen gehörten für einige Generationen nach Zwangstaufen dem Christentum an (pejorativ *Marranos* – Schweine – genannt), kehrten aber ab ca. 1600 wieder zum stets insgeheim praktizierten Judentum zurück. Dennoch verblieben viele Sefarden in Habitus und Selbstverständnis eher in den christlichen Gebräuchen und fanden daher nicht selten ein größeres Entgegenkommen von Seiten der Christen als die aschkenasischen Juden. In einigen Fragen des Ritus, aber auch in der Aussprache des Hebräischen und ganz besonders im kulturellen Selbstbild unterschieden sich die Sefarden ganz erheblich von den Vertretern der Aschkenasen. Bei aller Bedeutung der Sefarden waren es dennoch nicht sie, die das Bild der Juden im frühneuzeitlichen Mitteleuropa prägten, da ihre nur einige tausend Personen umfassende Gruppe dafür zu klein blieb. Dieses Buch wird sich daher auch meist nur am Rand mit den Sefarden befassen, deren Geschichte allerdings durch ihre Einzigartigkeit schon oft intensiv untersucht und dargestellt wurde.

Aschkenasen

Viel häufiger als die Sefarden konnten in Mitteleuropa aschkenasische Juden angetroffen werden. Ihr Name stammt von der mittelalterlichen hebräischen Bezeichnung für Deutschland, *Aschkenas*. Ursprünglich bestand ihr Lebensraum im Mittelalter vor allem in den Gebieten am Rhein, aber auch im nordöstlichen Frankreich und breitete sich durch größere Migrationswellen im Verlauf des Mittelalters auch auf Ostmitteleuropa aus, weshalb sich das den Aschkenasen eigene Idiom, das Jiddische, bis weit nach Polen, Russland und auf den Balkan ausbreitete. Die aschkenasische Welt war trotz der räumlichen Nähe zu den Christen viel abgeschlossener und bewahrte zu großen Teilen bis weit nach 1800 ihre Charakteristika, zu denen der alltägliche Gebrauch des Jiddischen, eine andere Aussprache des Hebräischen und ein typischer Habitus gehörten, der von der Umwelt in vielen Fällen als „jüdisch" identifiziert wurde. Obwohl es Kontakte zwischen Sefarden und Aschkenasen gab, so wahrte doch jede Gruppierung fast immer ihre Eigenart und vermied eine zu große Nähe zur anderen. Auch wenn in den Vereinigten Provinzen der Niederlande die eher ansässig gewesenen Sefarden zunächst später kommende Aschkenasen in ihrer Synagogen duldeten, wurde bei Erreichen einer gewissen Größe von beiden Seiten die Trennung der Gemeinden vorgezogen.

Schwerpunkt: Aschkenasen im mittleren Europa

Viele der hier vorgestellten Entwicklungen und Prozesse innerhalb des frühneuzeitlichen Judentums beziehen sich auf die Aschkenasen bzw. haben nur für diese Gültigkeit. Da sie das Bild jüdischen Lebens in der Epoche durch die Größe ihrer Gruppe bestimmten, bleibt ihnen und ihrer Kultur der prominente Platz in dieser Darstellung vorbehalten. Der Fokus liegt dabei auf dem Alten Reich und den angrenzenden Territorien, wie das westliche Polen, das Elsass, die Niederlande und Teile Skandinaviens. Dieser Raum kann nicht mit dem ohnedies unscharfen Begriff „Mitteleuropa" gleichgesetzt werden. Es scheint, dass derartige geografischen Zuschreibungen für die jüdische Geschichte unpassend bleiben.

II. Juden in der christlichen Umwelt: Ausgangslage, Siedlungsräume und deren Erweiterung, Rechtsstellung

1. Die jüdische Welt am Beginn des 16. Jahrhunderts

1493	Vertreibung der Juden aus dem Erzstift Magdeburg
1496	Vertreibung aus Württemberg und dem Erzbistum Salzburg
1496/97	Vertreibung aus der Steiermark und Kärnten
1498/99	Vertreibung aus Nürnberg
1510	Hostienschändungsprozess mit anschließender Verbrennung von 36 Juden und Ausweisung der übrigen aus Berlin und der Mark Brandenburg
1519	Vertreibung der Juden aus Regensburg
1528	Zulassung von Juden am Marktort Fürth
1536/43	Vertreibung der Juden aus dem Kurfürstentum Sachsen

a) Die Vertreibung aus der urbanen Welt und die Suche nach Alternativen

Vertreibungen während der Epochenwende

Die Zeit der Epochenwende vom Mittelalter zur Frühen Neuzeit war in Europa geprägt von Bewegung und Dynamik. Auch innerhalb der jüdischen Minderheit, die im Spätmittelalter überwiegend in Städten lebte, vollzogen sich, meist durch äußere Faktoren begründet, Entwicklungen, die diese Welt nachhaltig veränderten. Am Eindrücklichsten ist das beinahe komplette Verschwinden von Juden aus den freien Reichsstädten und Städten in zahlreichen Territorien durch eine Vertreibungswelle, die das gesamte 15. Jahrhundert und darüber hinaus bis 1519 (Regensburg) andauerte.

Über die Gründe für diese Vertreibungen und Verfolgungen wurde in der Forschung vielfach gesprochen. Sie sind nicht nur rein ökonomischen Charakters gewesen, sondern hatten auch zahlreiche religiöse Ursachen von Seiten der Christen, wie die häufigen Vorwürfe von angeblichen Hostienschändungen oder, im schlimmeren Fall, gar von Ritualmorden. Jedoch scheinen die juristisch oft sehr sorgfältig vorbereiteten Vertreibungen nicht nur im Religiösen oder vorgeblich Religiösen ihre Ursache gehabt zu haben, sondern waren Teil eines wirtschaftlichen Emanzipationsprozesses der städtischen Gesellschaft, wie auch das schiere Interesse am Gewinn des jüdischen Eigentums durch die Obrigkeiten. Der kaiserliche Schutz für seine „Kammerknechte", der am Ehesten in den freien Reichsstädten hätte funktionieren sollen, versagte in den allermeisten Fällen und erwies sich somit als wertlos. Die letzten urbanen Zentren von Bedeutung, denen dann auch eine längere und teilweise ununterbrochene Lebensdauer beschieden sein sollte, waren innerhalb des Reiches die in Frankfurt a. M., Worms und Friedberg in der Wetterau.

Daneben gab es auch zunehmend Vertreibungen aus kompletten Territorien, so dass in der Zeit um die Wende vom 15. zum 16. Jahrhundert eine Reihe von Leerräumen entstanden, in denen Juden für oft längere Zeit gar nicht mehr oder nur noch ausnahmsweise leben konnten. Zu nennen wären hier exemplarisch die Ausweisungen aus dem Erzbistum Magdeburg (1493), aus Württemberg, Salzburg, Steiermark und Kärnten (1496/97) sowie aus dem Kurfürstentum Sachsen (1536/43). In Fällen, in denen die jeweiligen Territorial- oder Landesherren mächtig genug waren, um auch schwächere Nachbargebiete zu beeinflussen, konnte es sogar sein, dass die Wirkung der Ausweisungen noch weit über die entsprechenden Landesgrenzen hinausreichten, wie es etwa im thüringischen Raum nach 1543 zu beobachten war, als die sächsischen Kurfürsten wiederholt auf Grafen und Reichsritter einzuwirken versuchten, damit diese die in ihren Territorien verbliebenen Juden ebenfalls auswiesen. Auch wenn die meisten dieser Vorgänge insgesamt weniger gewaltgeprägt waren als im Hochmittelalter, so zeigt doch besonders der Berliner Hostienschändungsprozess von 1510, an dessen Ende 36 Juden verbrannt wurden, während die anderen aus der Stadt und der Mark Brandenburg ausgewiesen wurden, dass die harte Verfahrensweise gegenüber Juden noch nicht völlig der Vergangenheit angehörte.

Veränderung der jüdischen Siedlungsstruktur als Merkmal der Epochenwende

Der gewaltsame Wandel in der Siedlungssituation war sicher der einschneidendste Prozess mit kollektiver Wirkung für die Juden im Heiligen Römischen Reich. Neben den immer wieder als Faktoren zur Begründung eines Epochenwechsels herangezogenen Veränderungen um 1500 kann ohne weiteres auch diese Entwicklung als weiterer Faktor betrachtet werden, veränderte sie doch erheblich und nachhaltig die städtische Gesellschaft, zu denen die Juden über Jahrhunderte gehört hatten. Seit spätestens 1519 jedoch fehlte in den meisten freien Reichsstädten und zahlreichen Residenzstädten diese Bevölkerungsgruppe. Erst im weiteren Verlauf der Frühen Neuzeit sollten sie nach und nach diesen angestammten Lebensraum wieder zurückgewinnen. Manche Reichsstädte, etwa Köln und Augsburg, verweigerten jedoch den Juden noch bis in das frühe 19. Jahrhundert hinein das Siedlungsrecht, wie auch ganze Territorien, so zum Beispiel die Steiermark und Kärnten.

Ziele und Zeugnisse der Migration

Wohin wandten sich die Vertriebenen? Mehrere Wege wurden dabei von den Juden beschritten. Ein Teil hat sich während der Ausweisungen im 15. Jahrhundert sicher immer wieder noch bestehenden städtischen Gemeinden angeschlossen, bevor dann die Vertreibung durch die christlichen Stadtbewohner ein weiteres Mal drohte. Andere wandten sich nach Osteuropa und begründeten bzw. erweiterten dort die jüdischen Gemeinden, die in ihrer später erlangten Bedeutung denen im Reich in nichts nachstehen sollten und diese teilweise sogar überflügelten. Ein deutliches Zeugnis dieser Migration ist die jiddische Sprache. In ihrer Grundsubstanz geht sie auf das mittelalterliche Deutsch zurück, das von den Juden ebenso gesprochen wurde, versetzt mit gruppentypischen, oft hebräischen Einsprengseln. Wieder andere zog es nach Norditalien, wovon noch einige jiddische Texte aus dem 16. Jahrhundert zeugen, die dort verfasst wurden. Kleinere Gruppen wählten auch den Weg nach Palästina und begründeten dort die ältesten Gemeinden mit Juden mitteleuropäischer Herkunft (Aschkenasen).

Viele jedoch blieben auch im Reich und versuchten, sich neue Lebensräume zu erschaffen, jetzt aber meist in ländlichen Regionen und in großer

Zerstreuung, weshalb sie sich in den Quellen vor allem für die Zeit des 16. Jahrhunderts kaum oder nur sehr schwer nachweisen lassen. Jüngere Forschungen zu jüdischen Regionalgeschichten belegen mehrfach das verstärkte Phänomen der ländlichen Niederlassung, wobei jedoch die direkte Migration aus dem städtischen Raum auf das Land kaum nachweisbar ist. Eine Zwischenstation bei der Übersiedlung von den Städten auf das Land scheint die Gruppe der verbliebenen mittleren Gemeinden in kleineren Städten gewesen sein.

„Atomisierung" jüdischen Lebens

Auch im Mittelalter gab es bereits nicht wenige ländliche Kleinsiedlungen, deren Zahl aber in der Frühen Neuzeit gegenüber den verbliebenen Stadtgemeinden weiter wuchs. Die jüngere Forschung hat deswegen wiederholt von einer „Atomisierung" jüdischen Lebens gesprochen. Gerade das 16. Jahrhundert ist mit den zahllosen Niederlassungsversuchen von Juden in Dörfern und Kleinstädten von großer Instabilität geprägt. Oft wurden Schutzbriefe von den Inhabern des Judenregals, also den Landesherren, die allein über Aufnahme oder Ausweisung der Juden entscheiden durften, nur auf wenige Jahre vergeben und es lag in ihrer Willkür, die Gültigkeit zu verlängern oder die Juden mit ihren Familien auszuweisen, ohne sich weiter um deren Schicksal zu kümmern. Als Ergebnis dessen sind lokale jüdische Geschichten des 16. Jahrhunderts zumeist unstet und von kurzer Dauer, wenn sie sich überhaupt nachvollziehen lassen. Nicht selten sind in den Quellen Einzelerwähnungen von einer oder mehreren jüdischen Familien für einen Ort zu finden, ohne dass die Vorgeschichte oder die weitere Entwicklung rekonstruierbar wären.

Bevorzugte neue Siedlungsräume im Reich

Im weiteren Verlauf der Epoche wird deutlich erkennbar, dass Juden selbst in der ländlichen Streusiedlung vor allem versuchten, sich in der Nähe von Städten niederzulassen. Einerseits war ihnen der ständige Aufenthalt dort zumeist untersagt, andererseits konnten sie nicht selten ihren Tagesgeschäften in den Städten nachgehen, also ihrem Brotserwerb im Kleinhandel oder im bescheidenen Geldverleih. Ein Beispiel dafür waren die drei Gemeinden in Pfersee, Kriegshaber und Steppach vor den Toren Augsburgs, oder auch die kurfürstlich-mainzischen „Küchendörfer" Daberstedt und Hochheim in der unmittelbaren Umgebung Erfurts. Sehr oft siedelten sich Juden in Gebieten mit unklaren Herrschaftsverhältnissen an. Wo immer es einen Marktflecken, ein Dorf oder auch eine umstrittene Enklave gab, über deren Herrschaftsrechte sich zwei oder mehrere Landesherren stritten, wurde dies von Juden schnell erkannt und für Gemeindegründungen instrumentalisiert, nicht selten unter aktiver Teilnahme eines Teils der Obrigkeiten, die über den Judenschutz versuchten, die Wahrnehmung von Herrschaftsrechten zu demonstrieren. Das erfolgreichste Beispiel ist Fürth, um dessen Herrschaftsrechte die Reichsstadt Nürnberg, die Domprobstei Bamberg und die Markgrafschaft Brandenburg-Ansbach rangen. Alle drei Parteien versuchten durch Gewährung von Rechten für den Markt Fürth ihre Ansprüche zu demonstrieren, und dazu gehörte auch die Verleihung von Schutzbriefen an Juden seit 1528. Diese politische Konkurrenz dauerte an und als Ergebnis bildete sich in Fürth schnell die bedeutendste fränkische Gemeinde jener Zeit.

Nicht alle Gründungen auf Gebieten mit umstrittenen Herrschaftsrechten waren so erfolgreich, jedoch ist dieser Weg ein sehr häufig beobachtbares

Phänomen gewesen. Es zeigt vor allem eines: Auch Juden hatten in der Frühen Neuzeit die Spielregeln der christlichen Herrschaftsausübung sehr gut verstanden und wussten, wie die jeweiligen Situationen ausgenutzt werden konnten, um die nicht gerade übermäßig vorhandenen Niederlassungsmöglichkeiten zu nutzen. Aus dieser Situation entstand die für die Frühe Neuzeit typische Form der jüdischen Streusiedlung, die sich nicht unbedingt an Kriterien der sozial und ökonomisch günstigsten Bedingungen orientieren konnte, sondern sehr viel häufiger an der nackten Realisierbarkeit.

b) Soziale und geistige Krise der Juden am Beginn der Frühen Neuzeit

Die tief greifenden Veränderungen in der Siedlungsstruktur, und damit verbunden eine soziale und ökonomische Verarmung, führten zwangsläufig zu einer Krise in der jüdischen Geisteswelt. Die meisten der bekannten und einflussreichsten Zentren der tradtionell-jüdischen Gelehrtheit auf dem Gebiet der ***Halacha***, die ***Jeschiwot***, befanden sich innerhalb der großen Stadtgemeinden.

E

Halacha **(Hebr.)**
ist die Bezeichnung für die Gesamtheit der jüdischen Religionsgesetze.

E

Jeschiwa **(Hebr.)**
Eine Lehranstalt zur weiterführenden Bildung in Fragen der Religionsgesetze und deren traditioneller Auslegung. Im Mittelpunkt stand und steht das Studium des Talmud und der dazugehörigen Kommentare. Oft waren *Jeschiwot* (Pl.) in größeren Gemeinden angesiedelt, in denen sich Gelehrte und angesehene Rabbiner als Lehrer niedergelassen hatten und auch die gemeindliche Infrastruktur ausreichend entwickelt war, um die Studien und den Aufenthalt der Studenten überhaupt zu ermöglichen.

Bedeutungsverfall der jüdischen Geisteswelt im Reich

Die erzwungene Auflösung der meisten dieser Gemeinden führte auch zum weitgehenden Bedeutungsverfall der jüdischen Geisteswelt innerhalb des Reiches und ihrer Verlagerung nach Osteuropa, wo eine Blüte der traditionellen jüdischen Religionsgelehrtheit einsetzte. Dennoch behielten die verbliebenen städtischen Gemeinden, hier besonders Frankfurt a.M., Worms, anfänglich auch Friedberg und später Prag eine wichtige Stellung innerhalb der europäisch-jüdischen Gelehrtenwelt, waren aber von nun an in ein Netzwerk eingebunden, das seine Schwerpunkte eindeutig in den Osten verlagert hatte. Dies erschwerte auch die Rechtspflege innerhalb der den Juden gewährten Autonomie. Um Streitfälle vor einem rabbinischen Gericht (hebr.: *Beit Din*) zu klären, mussten die Parteien oft lange und strapaziöse Reisen unternehmen, weshalb zunehmend auch die Entscheidung vor nichtjüdischen Gerichten gesucht wurde, natürlich gegen den Widerstand der Rabbiner.

Innerjüdische Krise

In Hinsicht auf die religionsgesetzlichen Traditionen und Auslegungen waren die Juden Europas am Ende des 15. und zu Beginn des 16. Jahrhunderts keineswegs auf die vielfach neue Situation eingestellt. Der Wegbruch Spaniens (1492) als unbezweifeltem Zentrum der geistigen Traditionen für das Gesamtjudentum und die Vertreibungen und Ausweisungen in Mitteleuropa konnten nicht sofort kompensiert werden, so dass sich auch in der geistig-religiösen Vorstellungswelt Gräben öffneten, die erst im weiteren Verlauf der Frühen Neuzeit durch eine neue Dynamik allmählich geschlossen werden konnten. Oft wurde daher durch die Forschung für die Phase des Umbruchs von einer Krise gesprochen, da die neuen realen Lebensumstände für viele Juden kaum noch mit den bisherigen mittelalterlichen Denkmustern erklärt und verarbeitet werden konnten. Das Aufkommen messianischer Hoffnungen und Strömungen gehört deshalb beinahe untrennbar zur jüdischen Kulturgeschichte der Frühen Neuzeit.

c) Hauptsiedlungsregionen während der Epochenwende

Leerräume in Europa

Während der Frühen Neuzeit lebten die Juden in Europa in einer deutlichen Ungleichverteilung, die sich – bedingt durch Ausweisungen und erneute Zulassungen – immer wieder im Verlauf der Epoche ändern sollte. Zu Beginn des 16. Jahrhunderts waren große Teile des westlichen Europas von Juden fast gänzlich unbesiedelt, also vor allem die iberische Halbinsel, Frankreich, die Niederlande und auch die britischen Inseln. Während des Mittelalters hatte es dort jeweils Juden gegeben, die aber spätestens bis zum Ende des 15. Jahrhunderts fast gänzlich vertrieben worden waren (England bereits 1290, Frankreich 1394, Spanien 1492). Die fehlende Zentralstruktur der Herrschaft im Heiligen Römischen Reich verhinderte eine flächendeckende Ausweisung, wie sie in Frankreich, England oder Spanien geschah. Skandinavien sollte überhaupt erst zum Ende des 18. Jahrhunderts eine gewisse Rolle für Juden spielen.

Böhmen-Mähren-Österreich

Die zentralen und östlichen Teile des Kontinents hingegen wiesen Regionen mit teilweise starker jüdischer Besiedlung auf. Innerhalb des Reiches ist hier zunächst der zusammenhängende Raum Böhmen-Mähren-Österreich zu nennen, in dem Juden sowohl in großen und bedeutenden Gemeinden wie Prag, Nikolsburg und Wien (ab dem späten 16. Jahrhundert) lebten, wie auch in einem zum Teil sehr dichten Netzwerk kleinerer und kleinster Gemeinden und Ansiedlungen.

Rhein/Main-Hessen-Schwaben-Franken

Die für das zentrale Europa vielleicht bedeutendste Region ist die von Worms im Westen über Hessen, Schwaben und Franken bis hinein in das südwestliche Thüringen reichende. Dieser relativ große Siedlungsgürtel umfasste neben vielen kleinen und kleinsten Landgemeinden auch die großen städtischen Zentren wie Frankfurt a. M., Worms, Friedberg und Fulda, die zumeist große Stabilität besaßen und für die räumliche Struktur jüdischer Siedlung und die Konsolidierung auf neuem Niveau ab ca. 1570 von großer Bedeutung waren. Die Juden der Städte Frankfurt a. M. und Worms wurden lediglich kurzzeitig zu Beginn des 17. Jahrhunderts vertrieben, während Friedberg eine der ganz wenigen Gemeinden war, die seit dem Mittelalter, in diesem Fall spätestens seit dem 13. Jahrhundert, eine kontinuierliche Geschichte aufweisen konnte. Politisch suchten viele Juden dieser Region die Nähe zum Kaiser, was durch die Existenz der verbliebenen großen reichsstädtischen Gemeinden erleichtert wurde. Bedingt durch die rabbinischen Autoritäten, die in diesen Gemeinden wirkten, war diese Siedlungsregion auch in religionsgesetzlicher Hinsicht für die Juden Deutschlands von immenser Bedeutung, da nicht wenige Festlegungen für das gesetzestreue Leben hier getroffen wurden, die für die umliegenden Gemeinden verbindlich wurden und auch darüber hinausstrahlten. Im weiteren Verlauf der Frühen Neuzeit ging von hier meist die Erschließung neuer Siedlungsregionen innerhalb des Reiches aus.

Elsass und Rheinland

Daneben existierten entlang des Rheins, vor allem im Elsass und in den Kerngebieten der Rheinpfalz und des Kurfürstentums Köln einige Gebiete mit jüdischer Präsenz, die teilweise schon während des Mittelalters gegründet wurden. Die Gemeinden im Elsass waren schon frühzeitig gut organisiert und versuchten, ihre Interessen mithilfe von Fürsprechern durchzusetzen. Der bekannteste Fürsprecher (*Schtadlan*) war Josef (Josel) von Rosheim (1478?–1554), der im Laufe seines Lebens auch weit über das Elsass hinaus in dieser Funktion für die Juden im Reich tätig war und oft mit dem Kaiser und seinen Beamten verhandelte. Diese Gruppen und Gemeinden hatten zu der oben genannten großen Hauptregion zahlreiche Kontakte, wie überhaupt alle Gebiete jüdischer Siedlung niemals für sich getrennt existierten, sondern vielmehr in ständigem ideellen und personellen Austausch standen. Dies äußert sich in der Rezeption von religionsgesetzlichen Abhandlungen, der Wanderung von *Jeschiwa*-Studenten zu Gelehrten in anderen Regionen und in der Aufnahme von Familien bzw. Gemeindebediensteten aus anderen Gegenden, wie sie vielfach in den Quellen beschrieben sind. So stammte der Autor einer Lebensbeschreibung aus dem späten 16. und frühen 17. Jahrhundert, Ascher Levi aus Reichshofen im Elsass (1598 bis nach 1634), ursprünglich aus dem Altmühltal im Fränkischen, kam aber durch den Wohnortwechsel seiner Eltern ins Elsass, bevor ihn seine Wanderungen zu Studienzwecken als Jugendlicher bis in das südöstliche Mitteleuropa führten. Dies war bei weitem kein Einzelfall, sondern geschah häufig, sowohl freiwillig wie auch erzwungen. Daraus resultierten weit verzweigte Familienverbindungen unter den Juden verschiedenster Regionen, wie sie auch von Ascher Levi bezeugt werden, und letztlich ein hohes Maß an Mobilität.

Polen

Starke Bindungen bestanden in jeder Hinsicht auch zu dem jüdischen Siedlungsraum in Osteuropa, der seit der Frühen Neuzeit größere Bedeutung für die Juden Europas insgesamt besaß und bis hinein ins 20. Jahrhundert behalten sollte. Die Landschaften in Podolien und Wolhynien waren von einem sehr dichten Netz jüdischer Siedlungen und Gemeinden geprägt, das in Europa einzigartig war. Mit Krakau/Kazimierz, Lublin und Posen können hier nur die bedeutendsten genannt werden, die maßgeblich die traditionell-religiöse jüdische Welt mitbestimmten.

Sefarden in Europa

Waren alle bisher genannten Regionen zu Beginn des 16. Jahrhunderts fast ausschließlich durch aschkenasische Juden geprägt, so erfuhr das norditalienische Siedlungsgebiet bereits seit dieser Zeit eine deutlich andere Entwicklung. Neben den schon seit dem Mittelalter und vielleicht früher ansässigen Juden ließen sich dort auch verstärkt Flüchtlinge aus Spanien nieder und gründeten teilweise recht große und bedeutende sefardische Gemeinden. Daneben strömten schon seit dem 15. Jahrhundert aus dem Raum nördlich der Alpen Vertriebene nach Italien, so dass es dort Juden unterschiedlichster Herkunft und Tradition gab. Wenn es später auch in anderen Teilen Europas, besonders in den Vereinigten Provinzen der Niederlande, sefardische Gemeinden gab, so blieb dieses Gemisch in Norditalien doch etwas nahezu Einzigartiges in der frühneuzeitlichen jüdischen Welt, zumal es sich hier weiterhin vor allem auf den urbanen Raum konzentrierte und die für Zentraleuropa festgestellte „Atomisierung“ jüdischen Lebens nicht zutrifft.

An dieser Grundkonstellation jüdischer Siedlungen änderte sich in Mitteleuropa in den folgenden Jahrhunderten bis 1800 wenig. Die wichtigsten Änderungen waren, neben einem allmählichen Wachstum der Landgemeinden und dem Erstarken regionaler Zentren, die meist ereignisbedingten wellenartigen Migration innerhalb des beschriebenen Raumes, die Ausweitung nach Nordosten innerhalb des Reiches und die seit ca. 1600 einsetzende, schnelle Besiedelung der Niederlande, später auch Englands.

d) Wandel der christlichen Rechtsauffassung gegenüber den Juden

Reuchlin und die Juden im Römischen Recht

Neben der Siedlungssituation und der inneren Verfasstheit wandelte sich allmählich auch die Stellung, die die Juden im Rechtssystem des Reiches und in der allgemeinen Auffassung einnahmen. Bedingt durch das Fortschreiten des Humanismus setzten innerhalb der christlichen Welt bald neue Ansätze im Denken gegenüber den Juden ein. Besonders tat sich hier Johannes Reuchlin (1455–1522) hervor, der sich nicht nur als Humanist und **Hebraist** bei Kaiser Maximilian I. (1459–1519) gegen die Beschlagnahme und Verbrennung jüdischer Bücher einsetzte, sondern auch als Jurist für den Schutz des Eigentums, körperlicher Unversehrtheit und freier Religionsausübung eintrat. Im Rahmen des sich zunehmend durchsetzenden Römischen Rechts maß er den Juden in seiner juristischen Argumentation sogar den Status als *cives Romani* zu, also als Bürger des Römischen Reiches, die ihr Recht auf juristischem Weg einklagen konnten. Dass sich dieses Konzept auf beiden Seiten, sowohl der christlichen, wie der jüdischen, im Weiteren mehr und mehr durchsetzte, zeigt u.a. die rege Inanspruchnahme der Reichsgerichte (Reichkammergericht in Speyer/Wetzlar; Reichshofrat in Prag/Wien) durch jüdische Prozessparteien in den kommenden Jahrzehnten und Jahrhunderten sowie die dort praktizierte verhältnismäßig objektive Rechtsprechung gegenüber Juden.

E

Hebraisten
Christliche Gelehrte vor allem während des 16. und 17. Jahrhunderts aus dem Umfeld des Humanismus, die sich dem Studium der hebräischen Sprache und Kultur widmeten. Dabei pflegten sie zuweilen auch Kontakte zu jüdischen Gelehrten, nicht selten in Form von Korrespondenz in hebräischer Sprache.

Herrschaftsrechte über die Juden

Innerhalb des Prozesses der zunehmenden Territorialisierung des Reiches ist zu beobachten, dass auch die Rechtsgrundlage jüdischer Existenz einen Wandel vollzog. Das mittelalterliche Modell der vom König bzw. Kaiser verliehenen Privilegien auf der Grundlage des Konzeptes der Kammerknechtschaft der Juden funktionierte schon im frühen 16. Jahrhundert nicht mehr ohne Weiteres, da mehr und mehr Territorialherren auf ihr landesherrliches Recht pochten, das sie einst vom König oder Kaiser als Regal, also als königliches Herrschaftsrecht, verliehen bekommen hatten. Danach waren sie allein berechtigt, über Aufnahme, Duldung oder Ausweisung der Juden zu entscheiden, während der Kaiser ausschließlich auf seine Besitzungen bzw. Herrschaftsräume, neben den Erbländern, hier vor allem die Reichsstädte, beschränkt sein sollte. Da die Kaiser nicht auf dieses Herrschaftsrecht im Rahmen des Reiches verzichten wollten, gab es immer wieder konkurrierende Versuche von Kaiser und Territorialherren, die Rechtshoheit über Juden für sich in Anspruch zu nehmen. Neben wiederholt ausgegebenen kaiserlichen Privilegien in der ersten Hälfte des 16. Jahrhunderts wurden die Rechtsgrundlagen für die territoriale Existenz der Juden zunehmend in den aufkommenden Landesordnungen, häufig auch in supplementären so genannten Judenordnungen fixiert, was als ein erster Schritt zur Einbindung der Juden in das allgemeine Rechtssystem der sich herausbildenden Territorialstaaten angesehen werden kann. Im Gegensatz zum Reich blieb allerdings das Privilegienrecht für die Juden Polens noch längere Zeit von großer Bedeutung.

e) Berufe und Erwerbsleben

Schon im Mittelalter waren die Juden in ihrer Berufsausübung stark eingeschränkt. Durch den Zwang der Zugehörigkeit zum Christentum für den Eintritt in Handwerkszünfte war den Juden im Reich die Ausübung von Handwerken wie auch der Landbesitz beinahe völlig untersagt. Somit konnten sie auch keine Landwirtschaft betreiben und blieben auf Handel und Geldverleih beschränkt. Jedoch nahm ihre Bedeutung in diesen Wirtschaftszweigen im Verlauf des Mittelalters kontinuierlich ab, weshalb sie letztlich für die städtische Wirtschaft des 15. Jahrhunderts entbehrlich wurden.

Haupterwerbszweige

In den ersten Dekaden des 16. Jahrhunderts war die Situation nicht besser geworden. Die meisten Handwerksberufe blieben den Juden weiterhin verschlossen, und nur nichtzünftische Handwerke konnten von ihnen ausgeübt werden, dabei an erster Stelle die zur Selbstversorgung, wie die des rituellen Schächters, des Bäckers und des Toraschreibers. Später kamen noch weitere hinzu, beispielsweise das Handwerk des Scheidenmachers (Hersteller von Messer- und Schwerthüllen) und Petschierstechers (Hersteller von Siegelstempeln). In Polen, Prag und Mähren hingegen war den Juden durchaus handwerkliche Tätigkeit gestattet. Landwirtschaft konnte von polnischen Juden auf eigenem Grund und Boden betrieben werden. Andere Erwerbszweige waren der Kleinhandel, oft gekoppelt mit Geldverleih in kleinem Maßstab, und zunehmend der Handel mit landwirtschaftlichen Produkten, eine logische Folge der zunehmenden Verländlichung der mitteleuropäischen Juden in der Zeit der Epochenwende. Der Wegfall der urbanen Umwelt für zahlreiche jüdische Menschen bedeutete auch den weitgehenden Verlust der wirtschaftlich attraktiven Städte als Grundlage für den Lebensunterhalt. Das im Verlauf der Frühen Neuzeit zunehmende Hofjudenwesen, das ohnehin immer nur einer zahlenmäßig sehr kleinen Oberschicht offenstand, hatte zu Beginn des 16. Jahrhunderts noch keine Bedeutung erlangt. Somit sind auch eindeutig ökonomische Faktoren zu den oft konstatierten Krisenerscheinungen der jüdischen Welt zu Beginn des 16. Jahrhunderts zu zählen.

2. Siedlungsräume und ihre Entwicklung

a) Innerhalb des Heiligen Römischen Reiches

1543–1562	mehrfache Vertreibung und Wiederzulassung der Prager Juden
1565	Wiederaufnahme von Juden in Metz
1571	Ausweisung der Juden aus Berlin
1595	Ausweisung der Juden aus Hildesheim
1601	erneute jüdische Ansiedlung in Hildesheim
1606	Beginn der jüdischen Ansiedlung in Halberstadt
1649	Vertreibung der inoffiziell in Hamburg lebenden Aschkenasen
1652	erste Juden lassen sich in der neu gegründeten Stadt Mannheim nieder
1670/71	Vertreibung der Juden aus Wien und Niederösterreich
1671	Edikt Kurfürst Friedrich Wilhelms von Brandenburg zur Aufnahme von 50 wohlhabenden jüdischen Familien aus Wien für 20 Jahre in Berlin
1744/45	Vertreibung der Juden aus Böhmen und Mähren, einschließlich Prag und internationale diplomatische Bemühungen zu deren Rückkehr

Konsolidierung jüdischer Lebensräume

Nach einer Periode der starken Einengung jüdischer Lebensräume in Mitteleuropa seit dem Spätmittelalter bis hin in das 16. Jahrhundert hinein, ist seit dem Zeitraum 1570–1600 eine allmähliche Konsolidierung feststellbar. Begleitet wurde diese von der allmählichen Ausdehnung des Siedlungsraumes, vor allem innerhalb des Reiches. Im Verlauf des 16. Jahrhunderts kam es noch zu einer Reihe von größeren Vertreibungen, worunter die schon vorher erwähnten von Prag 1541 und 1557, sowie Berlin 1571 fallen. Hielten sich bis 1600 Vertreibungen und Aufnahmen von Juden im besten Fall die Waage (meist jedoch zuungunsten der Aufnahmen), so ist danach eine deutliche Abnahme von Ausweisungen zu beobachten, während mehr und mehr Territorien sich den Juden öffneten. Überhaupt fanden die letzten Vertreibungen nur noch im Süden des Reiches statt: 1670/71 wurden die Juden aus Wien und Niederösterreich ausgewiesen und noch 1744/45 auch die aus Böhmen und Mähren, während im nördlichen Reich die letzte Vertreibung die der inoffiziell in Hamburg lebenden Aschkenasen 1649 war.

Vertreibung und Zerstreuung der Wiener Juden

Hin und wieder ist zu beobachten, dass eine Vertreibung an der einen Stelle durchaus die Zulassung andernorts begünstigen konnte. Als die Wiener und die niederösterreichischen Juden 1670/71 ihre angestammten Heimatorte verlassen mussten, wanderten viele von ihnen in andere Gemeinden, darunter in die so genannten **Siebengemeinden** im ungarischen Burgenland, nach Nikolsburg und Kremsier in Mähren, aber auch zum Beispiel nach Fürth. Sie gründeten ebenfalls die Gemeinschaft in Berlin, die durch das Edikt des Kurfürsten Friedrich Wilhelm (1620–1688) von 1671 möglich gemacht wurde. Ähnlich zu anderen Territorialherrschern im Reich war Friedrich Wilhelm an einer Politik der „Peuplierung" interessiert, um die noch immer unter den dauerhaften Schäden des Dreißigjährigen Krieges leidenden Länder im Rahmen des Kameralismus wirtschaftlich wieder mit Bevölkerung anzufüllen und zu beleben. Neben den vertriebenen Hugenotten aus Frankreich wurden in Berlin 50 wohlhabende Wiener jüdische Familien zugelassen, denen verhältnismäßig günstige Bedingungen für die Ansiedlung gewährt wurden. In der Folge sollte sich diese Gemeinde schnell entwickeln: nur wenig mehr als 100 Jahre nach der Gründung lebten in Berlin 1784 offiziell bereits 3670 Juden.

E

Siebengemeinden
Siebengemeinden ist der Gemeindeverband der sieben burgenländischen jüdischen Gemeinden in Eisenstadt, Mattersburg, Deutschkreutz, Frauenkirchen, Kittsee, Kobersdorf und Lackenbach, die besonders durch ihre *Jeschiwot* und die dort lehrenden Rabbiner bekannt waren.

Wachsende Gemeinden

Ähnlichen Zuwachs konnten auch andere Gemeinden verzeichnen: Halberstadt, das nach 1648 ebenfalls zu Preußen gehören sollte, sah 1606 wieder erste jüdische Bewohner und hatte 1728 eine um die 800 Seelen zählende Gemeinde. Halle und Dresden entstanden zu Beginn des 18. Jahrhunderts neu als Gemeinden, woran der vermögende Halberstädter Hofjude und sächsische Resident Behrend Lehmann (1661–1730) einigen Anteil hatte. Auch außerhalb dieser Region waren ähnliche Entwicklungen zu beobachten: einige fränkische Gemeinden hatten während des späten 17. und des 18. Jahrhunderts bemerkenswerten Zulauf. Neben dem bereits erwähnten Fürth (um 1720 ca. 1500 Juden) seien auch Bamberg (1633: ca. 50 Juden, 1763: 483), das oberpfälzische Floss (1684: 4 Familien, 1799: 42) oder auch das schwäbische Ichenhausen (1567: ca. 80 Juden, 1770: ca. 750) genannt.

Weiter im Norden entwickelte sich in Hildesheim seit 1601 eine Gemeinde, nachdem von dort 1595 die Juden ausgewiesen worden waren. Lebten in der Bischofsstadt zu Beginn 13 Familien, so waren es nach 200 Jahren 1801 schon 71. Sehr viel bedeutender war die Geschichte der jüdischen Ansiedlung im Raum Hamburg. Neben der Hansestadt waren dort von Bedeutung das schaumburgische Altona unter dänischer Oberhoheit und das dänische Wandsbek. Alle diese drei Orte beherbergten Juden, die zusammen den **Gemeindeverband** „AHU" bildeten, wobei die hebräischen Anfangsbuchstaben der Orte für diese Bezeichnung als Akronym zusammen gezogen wurden.

E

Gemeindeverband
Ein Gemeindeverband wurde oftmals dort gebildet, wo Juden in geografischer Nähe und unter ähnlichen Bedingungen in mehreren Gemeinden lebten. Ziel war es dabei, im Zusammenschluss mehrerer Gemeinden einige Institutionen gemeinsam zu nutzen und zu betreiben (etwa das Rabbinat), aber auch, die eigenen Interessen gegenüber den christlichen Behörden konzentrierter durchsetzen zu können. Neben Altona-Hamburg-Wandsbeck und den genannten Siebengemeinden ist hier als weiteres Beispiel der Gemeindeverband von AShPaH zu nennen, der sich aus den vier fränkischen Gemeinden Ottensoos, Schnaittach, Forth und Hüttenbach zusammensetzte. (Auch hier entstand der Name aus dem Akronym der Anfangsbuchstaben der Ortsnamen.) In vielem kommen diese Gemeindeverbände den Landesjudenschaften gleich, wobei diese sich jedoch meist über größere territoriale Einheiten mit meist nur wenigen echten Gemeinden erstreckten.

In Altona ließen sich schon Ende des 16. Jahrhunderts die ersten aschkenasischen Familien nieder, während zeitgleich in Hamburg selbst zuerst die sefardischen Exulanten aus Portugal ihre Gemeinschaft gründeten und sich nach 1603 auch offen als Juden zu erkennen gaben. Die Gemeinden unterschiedlicher Herkunft blieben jedoch getrennt bestehen, wobei die Anzahl der Aschkenasen die der Sefarden bald übertraf. In der Mitte des 18. Jahrhunderts lebten in und um Hamburg insgesamt ca. 4500 Juden, um 1800 waren es bereits um die 9000.

Abschließend sei noch das außergewöhnliche Beispiel der 1606 neu gegründeten Stadt Mannheim erwähnt, wo sich ab 1652, aufgrund der toleranten Politik des Kurfürsten Karl Ludwig von der Pfalz (1617–1680) die ersten Juden niederlassen durften. 1663 siedelten in der Stadt ca. 70 Juden, 1770 waren es bereits etwa 1500. Die größten Gemeinden des Reiches waren jedoch um 1700 Prag mit 11.517 Juden und Frankfurt um die 3000.

Wien und die österreichischen Kerngebiete

Beachtliche Dimensionen hatte auch die Gemeinschaft in Wien, die mit der Vertreibung von 1670 für fast zwei Jahrhunderte aufhörte, offiziell zu existieren. Um 1670 lebten in dem engen Wiener Getto an die 2000–3000 Individuen. Für sie bedeutete der für die zweite Hälfte des 17. Jahrhunderts bereits ungewöhnliche Schritt einer massenhaften Vertreibung von Juden einen gewaltigen Einschnitt. Ausgelöst wurde die Ausweisung unter anderem durch einen Brand in der Wiener Hofburg 1668, der von Seiten zahlreicher Bürger und des Rates der Stadt den Juden angelastet wurde. Ein weiterer Grund dürfte die den Juden gegenüber ablehnende Haltung der Gemahlin Kaiser Leopolds I. (1640–1705), der aus Spanien stammenden Margarethe Theresia, gewesen sein. Den Anschuldigungen folgte ein Pogrom noch 1668, und 1669 schließlich gab der Kaiser den städtischen Forderungen nach einer Vertreibung nach, die 1670 vollzogen wurde. In den übrigen österreichischen Kerngebieten konnten sich, bedingt durch die restriktive Judenpolitik der Habsburger in Verbindung mit der ablehnenden Haltung der Landstände, keine jüdischen Gemeinden dauerhaft bilden. Für das heutige Gebiet Österreichs waren nur das Burgenland und Vorarlberg für die jüdische Geschichte nach 1670 von einiger Bedeutung.

Vertreibung der böhmischen Juden

Bezeichnender Weise erfolgte die letzte große Vertreibung der Frühen Neuzeit aus Prag wiederum durch ein Mitglied des Hauses Habsburg. Maria Theresia (1717–1780) entschloss sich 1744, die Juden aus Böhmen und Mähren, einschließlich Prag, auszuweisen. Dieser Beschluss sollte nicht nur das Schicksal vieler Menschen schwer treffen, sondern stand auch im völligen Widerspruch zur aufgeklärten Haltung der meisten europäischen Landesherren und Herrscher in der Mitte des 18. Jahrhunderts. Die allgemeine Tendenz war mit graduellen Unterschieden ein gewisses aufgeklärtes Entgegenkommen gegenüber den Juden. Der Grund für die Ausweisung war im Vorwurf des Verrats zu suchen, den die Königin den Prager Juden machte und der angeblich durch die entgegenkommende Haltung der Prager Gemeinde gegenüber den Preußen während der Besatzung 1744 begangen worden sein sollte. Maria Teresia, selbst stark antijüdisch eingestellt, ließ sich von zahlreichen diplomatischen Interventionen europäischer Herrscher bis hin zum Papst nicht umstimmen und setzte die Ausweisung durch, durch die Tausende von jüdischen Familien vorübergehend heimatlos wurden. Allerdings scheint im Rahmen der angestrebten Erlangung der Kaiserwürde für Franz Stephan von Lothringen (1708–1765), dem Gemahl Maria Theresias, schließlich eine Einigung zwischen den Kurfürsten und ihr zustande gekommen zu sein, wobei ein Bestandteil die Wiederaufnahme der Vertriebenen ab 1748 war. Es ist beinahe unnötig zu erwähnen, dass die Königin auch durch eine nicht unbedeutende finanzielle Zuwendung seitens der Juden umgestimmt werden konnte.

Die breite Front des Widerstands, die sich relativ schnell und durch geschicktes diplomatisches Agieren der Hofjuden an den meisten Höfen Europas bildete, zeigte ein neues Denken der Eliten gegenüber den Juden auf, das mit den spätmittelalterlichen Vorstellungen nicht mehr viel gemein hatte. Die Juden hatten zwar noch längst keine vollen Bürgerrechte erlangt, waren aber auch nicht mehr als rechtlose Objekte willkürlich auf dem Spielbrett der landesherrlich-absolutistischen Politik verschiebbar.

Lothringen und Elsass

Im Grenzgebiet zwischen dem Reich und Frankreich ist als einzig bedeutende Gemeinde die von Metz erwähnenswert, die seit 1565 in der damals schon französisch dominierten Reichsstadt wieder entstand. Im Jahr 1620 gab es dort etwa 400 Juden, um 1700 schon mehr als 1000 und in der zweiten Hälfte des 18. Jahrhunderts dann bereits um die 3000. Im Elsass lebten verstreut nur einige hundert Familien, ohne dass es zur Bildung von Großgemeinden kommen konnte. Der übrige Raum Frankreichs blieb den Juden weitgehend verschlossen, abgesehen von sehr wenigen und kleinen Handelsgemeinden in Südfrankreich, die fast ausschließlich von sefardischen Juden gebildet wurden.

Schweizer „Judendörfer"

In der Schweiz, die in der Frühen Neuzeit nur noch locker mit dem Reichsgebiet verbunden war, war jüdisches Leben seit dem Mittelalter fast unmöglich geworden. Lediglich im Kanton Aargau durften sich in den zwei so genannten „Judendörfern" Lengnau und Endingen Juden niederlassen und bildeten dort Gemeinden.

b) Polen

1648/49 Kosakenaufstand unter Chemlnicki in Polen und der Ukraine mit einer ungekannten Pogromwelle, dabei tausende jüdische Opfer

1655–60 Erster Nordischer Krieg zwischen Schweden und Polen, Russland und anderen Staaten, bei dem die Kriegsschauplätze in Polen und Litauen lagen und die jüdischen Gemeinden erneut in Mitleidenschaft zogen

Die meisten der an das Reich grenzenden jüdischen Siedlungsräume standen in enger kultureller und sozialer Bindung zu denen innerhalb der Grenzen. Besonders deutlich wird dies an dem gemeinsamen aschkenasischen Kulturraum, zu dem neben den Gemeinden innerhalb des Reiches auch die meisten anderen in Mitteleuropa gehörten. Für den deutschen Sprachraum mit seiner jüdischen Bevölkerung sind an erster Stelle die engen Bindungen zu den Juden Polens zu nennen. Die Juden, die dort lebten, waren zumeist Nachfahren von Flüchtlingen aus den mittelalterlichen reichsstädtischen Gemeinden, die von den polnischen Königen unter sehr vorteilhaften Bedingungen aufgenommen wurden. Über die folgenden Jahrhunderte blieben zahlreiche Bindungen zwischen den Juden dieser Landschaften erhalten, die im Verlauf der Frühen Neuzeit wiederholt an Intensität gewannen.

Jüdische Landwirtschaft und Handwerkszünfte in Polen

Verglichen mit den oft ungünstigen Lebensbedingungen von Juden innerhalb des Reiches waren die in Polen lebenden jüdischen Menschen sehr viel besser gestellt. Dies betraf vor allem ihre beruflichen Möglichkeiten, da hier geringere Beschränkungen bei der Ausübung von Handwerken vorlagen und sogar der Erwerb von Grund und Boden nicht nur in Städten, sondern auch auf dem Land erlaubt war, wodurch Juden in Polen Landwirtschaft betreiben konnten. In großen jüdischen Gemeinden gab es sogar jüdische Handwerkszünfte. Die Texte der wiederholt bestätigten mittelalterlichen Privilegien für die Juden im Königreich Polen, die bis zum Ende des 18. Jahrhunderts die Rechtsgrundlage bildeten, zeigen, dass die Juden den Christen wirtschaftlich de facto gleichgestellt waren.

Polnische Großgemeinden

Auf der Grundlage dieser verhältnismäßig günstigen Bedingungen entwickelte sich in Polen und den zugehörigen Gebieten ein dichtes Netz von zahlreichen Gemeinden, von denen die bedeutendsten in Krakau (ab 1494 im benachbarten Kazimierz, um 1570 ca. 2000 Juden, 1775: 3500), Lemberg (1550 mehr als 900, 1764: 6142, 1800: 18.302 Juden), Lublin (1602: ca. 2000, 1787: 4321 Juden), Vilna (um 1650 ca. 3000, 1690: mehr als 2000 – hier gab es Feuersbrünste und sogar Vertreibung) und Posen (während der gesamten Frühen Neuzeit um die 3000 Juden) waren. Parallel zu den Vertreibungen aus den deutschen Reichsstädten im 15. Jahrhundert fanden solche zwar auch in Polen statt, jedoch nie so vollständig, dass sie komplett das Bild der typischen Siedlung verändert hätten.

Im Weiteren kam die jüdische Gemeinschaft hier schnell zu einer Blüte, die vor allem das 16. und die erste Hälfte des 17. Jahrhunderts umfasste. Bei der Erschließung der östlichen Reichsteile, vor allem der Ukraine, spielten Juden oft eine führende Rolle und gründeten dort zahlreiche Ortschaften, in denen sie meist die Mehrheit der Bevölkerung stellten. Schätzungen gehen davon aus, dass um 1500 in Polen 18.000 Juden lebten und weitere 6000 im zugehörigen Litauen, während es 1648 schon an die 500.000 gewesen sein sollen. Neben Litauen waren die wichtigsten Siedlungsgebiete Rotreußen, Klein- und Großpolen.

Schtetl

Diese Blüte drückte sich nicht nur durch eine zahlenmäßig deutlich wahrnehmbare jüdische Bevölkerung aus (nicht wenige Ortschaften waren beinahe vollständig von Juden bewohnt, die so genannten *Schtetls*), sondern auch durch einen hohen Grad jüdischer Bildung und Organisiertheit, die für viele andere Gemeinschaften in Mitteleuropa unerreichbares Vorbild und Anziehungspunkt waren.

Pogrom im Chmelnicki-Kosakenaufstand

In ihrer Eigenschaft als Finanziers, Pächtern von Steuern und Gütern der polnischen Adeligen besonders in den östlichen Teilen des polnischen Reiches gelangten die Juden in eine soziale Mittelstellung zwischen der Ober- und der Unterschicht, in der sie außerdem durch ihre besondere religiöse Position auffielen. Bedingt durch Aufstände der Unterschicht und der sich mit ihr verbündenden Kosaken vom Unterlauf des Dnjepr im Jahr 1648/49 ergoss sich eine bislang in Polen unbekannte Welle der Gewalt über die jüdischen Bewohner im östlichen Reichsteil und in der Ukraine. Die Kosaken unter dem berüchtigten Hetman (Führer) Bogdan Chmelnicki zogen sengend, mordend und plündernd durch die Orte und hinterließen auf ihrem Weg weit über 100.000 getötete Juden.

Einsetzende Ost-West-Migration

Damit war die Katastrophe jedoch noch nicht zu Ende, denn mit den Auswirkungen des Ersten Nordischen Krieges (1655–1660) zwischen Schweden und einer Koalition aus Polen, Russland, den niederländischen Generalstaaten, Österreich und Dänemark litten auch die jüdischen Bewohner der zumeist polnischen Kriegsschauplätze. Diese einschneidenden Ereignisse beendeten die Blüte des polnischen Judentums und lösten eine Welle der Migration aus Polen aus, die sich in viele Richtungen ausbreitete. Sie zogen wieder nach Westen, in die erstarkenden Gemeinden des Reiches, aber auch noch weiter, bis in die Republik der Vereinigten Niederlande, wo sich in Amsterdam in der Mitte des 17. Jahrhunderts sogar zeitweise eine eigene polnische Gemeinde bildete. Diese unfreiwilligen Wellen der Migration von West nach Ost und später in umgekehrter Richtung verdeutlichen erneut, dass der zentraleuropäische Raum für die meisten Juden eine kulturelle Entität darstellte, eben die des aschkenasischen Kulturraumes.

Innerhalb des verbliebenen, zahlenmäßig immer noch bedeutenden polnischen Judentums setzte auch hier ein allmählicher Wandel ein, der zu einer gewissen Verländlichung der sonst stark städtisch geprägten Gruppe führte. Selbst die Bevölkerungsverluste wurden wieder ausgeglichen, so dass um 1764 bereits 750.000 Juden für das Königreich Polen angenommen werden, was – verglichen mit den einigen zehntausend jüdischen Menschen innerhalb der Reichsgrenzen – sehr viel bedeutender war. Dennoch war das „Goldene Zeitalter“ vergangen und setzte sich jetzt andernorts fort, vor allem in den liberalen Vereinigten Provinzen der Niederlande.

c) Die Republik der Vereinigten Provinzen der Niederlande

1603 Gründung der ersten sefardischen Gemeinde „Beit Ja'akow“ in Amsterdam

1639 Gründung der „Hochdeutschen“ (aschkenasischen) Gemeinde in Amsterdam

1656 Juden werden wieder in England geduldet

„Neuchristen“ in den Niederlanden

Jüdisches Leben im niederländischen Raum während der Frühen Neuzeit hatte zunächst nur wenig mit der mitteleuropäisch-aschkenasischen Kultur gemein. Nach der mittelalterlichen Besiedlung vor allem in den östlichen und südlichen Landesteilen und deren Ende in der zweiten Hälfte des 15. Jahrhunderts trat die erneute Präsenz von Juden im späten 16. Jahrhundert in einer für Mitteleuropa völlig neuen Erscheinungsform hervor. Schon während des 16. Jahrhunderts gab es in Antwerpen eine größere Gemeinde von portugiesischen Händlern, so genannten „Neuchristen“, die die Nachfahren von zwangskonvertierten spanischen bzw. portugiesischen Juden waren. Gegen Ende des 16. Jahrhunderts kamen sie in den Verdacht, weiter ihrem alten Glauben anzuhängen, was schließlich 1585 zur Vertreibung von 19.000 Kaufleuten aus der Handelsmetropole an der Schelde führte, unter ihnen zahlreiche, pejorativ so bezeichnete „*Marranos*“, Menschen mit jüdischer Herkunft. Diese Vertriebenen mussten sich eine neue Heimat suchen und sind in den letzten Jahren des Jahrhunderts als die ersten Familien mit diesem Hintergrund in den 1581 in der „Union von Utrecht" unabhängig gewordenen Nördlichen Niederlanden, den Vereinigten Sieben Provinzen, nachweisbar. 1587 garantierten ihnen die Provinz von Zeeland und 1588 die Generalstaaten das Recht, in den nördlichen Provinzen zu handeln. Daher ließen sie sich vor allem im aufblühenden Handelszentrum Amsterdam, aber auch in kleinerem Maßstab, im näher zu Antwerpen gelegenen Middelburg nieder. Andere Städte folgten bald darauf in den ersten Jahren des 17. Jahrhunderts: Alkmaar, Haarlem, Rotterdam und Den Haag, um nur die wichtigsten zu nennen, öffneten ihre Tore für die Menschen „portugiesischer Nation", wie sie offiziell meist genannt wurden.

Rückkehr zum Judentum

Kurz nach der Niederlassung in Amsterdam kehrten die Neuchristen offen zu ihrem ursprünglichen Glauben zurück und bildeten schon 1603 die erste Gemeinde. Die offene Abkehr vom Christentum war ein ungewöhnlicher Schritt, der in den meisten anderen europäischen Ländern von den christlichen religiösen und säkularen Machthabern kaum geduldet worden wäre und mit Sicherheit tödliche Konsequenzen nach sich gezogen hätte. Die verhältnismäßig liberale Atmosphäre in den meisten Städten und Orten der Vereinigten Provinzen sollte bald der Grund dafür werden, dass sich zahlreiche Juden, sefardische und aschkenasische, im Territorium der See- und Handelsgroßmacht niederließen und in Amsterdam schließlich die bedeutendste jüdische Gemeinschaft Europas in der Frühen Neuzeit formten.

Religiöse Toleranz in den Niederlanden

Dabei zählte vor allem die seit der Mitte des 16. Jahrhunderts entstandene Überzeugung, dass prosperierender Handel und somit die Stärke des Landes nur durch Tolerierung anderer Konfessionen und Religionen möglich war, und dass erfolgreiche Handelsleute durchaus andere religiöse Ansichten als die offiziell gewünschten haben konnten. Diese modernen Ansichten konnten sich jedoch zunächst nur in den frühneuzeitlichen Niederlanden dauerhaft als Grundmuster der Politik etablieren. Zwar waren die polnischen Privilegien grundsätzlich von einer ähnlichen Sichtweise getragen worden, jedoch war die Wichtigkeit Polens als Handelsmacht im Vergleich zu den Niederlanden eher zweitrangig. Waren die Juden innerhalb des Reiches meist nur nach Verhandlungen und finanziellen Gegenleistungen akzeptiert, so luden einige Städte in den Niederlanden die sefardischen „Neuchristen", wissend um deren jüdische Identität, sogar ein, sich dort niederzulassen. Man kann bei aller Toleranz (im Sinn der damaligen Zeit) jedoch davon ausgehen, dass sich diese Einladungen zumeist auf die wohlhabenden und erfolgreichen Handelsleute beschränkten.

Sefardisches Netzwerk

Von dem entstehenden Zentrum der sefardischen Diaspora in den Vereinigten Provinzen, und hier vor allem in Amsterdam, spannten die Händler ihre Kontakte in einem internationalen Netz, das noch immer seine Zentrale in Portugal, aber die weiteren Hauptknoten in Antwerpen, Venedig, Livorno, Hamburg und London hatte, wo sich in etwa zur gleichen Zeit ebenfalls sefardische Gemeinden etablieren konnten. Im Rahmen der Ausbreitung niederländischer Interessen siedelten sich Sefarden aus den Niederlanden im Verlauf des 17. Jahrhunderts schließlich auch in Handelskolonien und Überseegebieten an, wie etwa kurzzeitig (1635–1644) im brasilianischen Recife, in Surinam, später in Curaçao und in Neu Amsterdam, dem späteren New York. Durch die persönliche Intervention des sefardischen

Rabbiners, Theologen und Buchdruckers Menasse ben Israel (1604–1657) beim britischen Lord-Protector Oliver Cromwell (1599–1658) erreichte er die Zulassung von Juden in England, wo sie sich seit 1656, zunächst in London, niederließen. In den meisten Fällen handelte es sich bei ihnen zunächst wieder um sefardische Familien, die aus den Niederlanden kamen. Auch ein großer Teil der später einwandernden aschkenasischen Juden stammte aus den Niederlanden, so dass sich die beiden Gemeinschaften noch weit bis ins 18. Jahrhundert hinein in mancherlei Hinsicht glichen.

Erst einige Jahrzehnte nach dem Zustrom der „Portugiesen" in die Niederlande kamen die ersten aschkenasischen Juden ebenfalls in das Territorium der Republik. Erste Siedlungen gab es zwar schon in der Mitte des 16. Jahrhunderts in der Gegend um Groningen und in Appingedam, allerdings blieben diese sehr klein und waren kaum mehr als abgelegene Inseln für Nischenexistenzen anzusehen, von denen keine ausstrahlende Dynamik ausging.

Zuwanderung von Aschkenasen

Anders hingegen die sich schnell bildende Gruppe in Amsterdam: Ausgelöst durch den Dreißigjährigen Krieg strömten etwa ab den 1620er Jahren vermehrt aschkenasische Juden in die Vereinigten Niederlande. Die meisten von ihnen waren jedoch verarmt waren und wirkten in ihrem gesamten Auftreten völlig anders als die stark integrierten, gebildeten und oft vermögenden Sefarden. Zunächst waren die aschkenasischen Migranten meist deutscher Herkunft und konnten anfangs in den Unternehmen der etablierten Amsterdamer Sefarden und in deren Haushalten Anstellungen finden. Auch ihre religiösen Bedürfnisse wurden zunächst in den drei sefardischen Gemeinden der Stadt und deren Synagogen befriedigt. Als jedoch die Zahl der mitteleuropäischen Zuwanderer weiter stieg, wurde klar, dass die sefardischen Gemeinden mit dieser sie zahlenmäßig überflügelnden Gruppe überfordert waren. Ab 1635 gab es eine eigene aschkenasische Gebetsvereinigung. Die Gemeinde wurde offiziell 1639 unter dem Namen „Hoogduitse gemeente" (Hochdeutsche Gemeinde) gegründet.

Schnelles Wachstum der aschkenasischen Gemeinden

Man kann sicher davon ausgehen, dass nicht nur die Erwägungen von Kriegsflüchtlingen, sich möglichst schnell in ruhigere Gebiete zu begeben, zum Zustrom geführt hatten. Die Erfahrung beim Umgang mit der jüdischen Geschichte lehrt, dass sich kaum etwas schneller verbreitete als die Nachricht über annehmbare und wenig restriktive Lebensumstände in einem Staat oder Territorium. Verstärkt wurde der Zustrom infolge der Pogrome in Polen 1648/49 und durch den Ersten Nordischen Krieg, wonach sich zahlreiche Juden von dort auf den Weg in die Vereinigten Provinzen machten, und dort vor allem wieder Amsterdam aufsuchten. Dieser Zulauf und die Tatsache, dass bei allen Gemeinsamkeiten die deutschen Juden mit den polnischen eben nicht in jeder Hinsicht gleich zu setzen waren, führte dazu, dass es neben der Hochdeutschen Gemeinde bis 1673 auch eine polnische gab, die jedoch auf Druck der Stadtführung sich wieder mit der deutschen vereinigen musste. Die blanken Zahlen verdeutlichen am eindrucksvollsten, welcher Sog von den neuen Gemeinden in den Niederlanden ausging: lebten um 1610 nur etwa 400 sefardische Juden in Amsterdam, so waren es 1630 schon 1000. 1674 gab es bereits 2500 Sefarden und 5000 Aschkanasen; 1748 lebten insgesamt 22.000 Juden in der Metropole und am Ende des Jahrhunderts (und der Republik) gab es 1795 neben 3000 Sefarden

22.000 Aschkenasen. Insgesamt machte die jüdische Bevölkerung von Amsterdam in diesem Jahr 11,3 % der Stadtbevölkerung aus.

Neben dem unbestrittenen Zentrum jüdischen Lebens in den Niederlanden, auf Jiddisch auch mit dem Wort *mokum*, Ort, was schlichtweg *den* idealen Aufenthaltsort meinte, bezeichnet, gab es auch in zahlreichen anderen Städten und Dörfern der Vereinigten Provinzen und der Generalitätslande weitere Gemeinden, die zusammen, im Gegensatz zum *mokum*, die *mediene*, das Land, darstellten. Mit einigem quantitativen Abstand nach Amsterdam waren Rotterdam und Den Haag die weiteren Großgemeinden in 18. Jahrhundert. Bemerkenswert war vor allem das dichte Netz der Gemeinschaften in der Provinz Holland (Amsterdam, Rotterdam, Den Haag, Haarlem, Leiden, Maassluis, Delft, Dordrecht usw.). Somit waren die größten Gemeinden in dieser Provinz angesiedelt, was eine Parallele zur Bedeutung Hollands innerhalb der Vereinigten Niederlande darstellt. Eine ebenfalls hohe Dichte von Gemeinden fand sich noch in der Provinz Gelderland, allerdings ohne wirkliche Großgemeinden. Innerhalb von 150 Jahren hatte sich somit das Gebiet der nördlichen Niederlande von einem Leerraum jüdischen Lebens zu einem der wichtigsten Zentren Europas überhaupt entwickelt, was für die Periode der Frühen Neuzeit einen einmaligen Prozess darstellt, sowohl in qualitativer als auch in quantitativer Hinsicht.

d) Dänemark und Schweden

1584 Aufnahme von Juden im dänisch-schaumburgischen Altona bei Hamburg
1622 Einladung des dänischen Königs Christian IV. an Amsterdamer sefardische Juden, sich in der neuen Festungsstadt Glückstadt in Holstein niederzulassen
1676 erste Juden in Kopenhagen
1692 Juden erhalten das Recht zur Niederlassung in Rendsburg
1774 König und Parlament in Schweden gestatten die Ansiedlung von Juden in Stockholm

Ansiedlung in Altona

In Hinsicht auf die Präsenz von Juden haben skandinavische Länder erst sehr viel später eine Rolle gespielt als das übrige Europa. Dänemark hatte durch seine Nähe zu den mitteleuropäischen Zentren jüdischen Lebens diesbezüglich eine Vorreiterrolle. Die Ausbreitung jüdischer Ansiedlungen erfolgte, bedingt durch die geografischen Besonderheiten Dänemarks, vom Süden. Bis in die Mitte des 19. Jahrhunderts hinein verliefen die dänischen Grenzen sehr viel südlicher als heute, so dass der Flecken Altona indirekt und ab 1640 direkt zum dänischen Königreich gehörte. Die Aufnahme von Juden in diesem Ort durch den schaumburgischen Grafen und den dänischen König 1584 stellt somit die erste offizielle Anwesenheit von Juden in dem Herrschaftsgebiet eines skandinavischen Reiches dar. Durch die Nähe und Bindung zu Hamburg sollte diese Gemeinde jedoch für Dänemark weniger eine Rolle spielen als für den Hamburger Raum und Norddeutschland insgesamt.

Sefarden in Glückstadt

Im Jahr 1622 entschloss sich König Christian IV., unter den Amsterdamer sefardischen Juden Interessenten für eine Ansiedlung in der zwei Jahre zuvor gegründeten holsteinischen Festungsstadt Glückstadt zu finden, indem er eine offizielle Einladung an diese verfassen ließ. Offenbar versuchte er damit die Vormachtstellung Hamburgs im Handel streitig zu machen. Auch wenn einige Familien dem Ruf folgten: Weder die Stadt noch die Gemeinde erlangten den Status, den sich der König und seine Berater erhofft hatten. Erst zum Ende des 18. Jahrhunderts bewohnte auch eine Anzahl aschkenasischer Juden in Glückstadt.

Siebzig Jahre darauf wurde den Juden die Niederlassung in der Festungsstadt Rendsburg gestattet. Die Konditionen waren verhältnismäßig günstig und so verwundert es nicht, dass die formelle Öffnung der Stadt bald darauf Juden anzog und sich seit 1712 nachweislich mehrere jüdische Familien in der Stadt aufhielten. Die so entstandene Gemeinde hatte über 300 Jahre Bestand.

Ansiedlung in Kopenhagen

Erst viele Jahrzehnte nach dem Beginn jüdischen Lebens in den südlichen Herzogtümern Schleswig und Holstein kamen die ersten Juden dauerhaft nach Kopenhagen. Diesmal sollten es die Aschkenasen sein, die hier den Grundstein für eine lange jüdische Präsenz legen sollten. Seit 1676 gab es Juden in der dänischen Hauptstadt, allerdings sollte das Wachstum dieser Gemeinschaft anfangs noch recht langsam bleiben, da es vonseiten der lutherisch geprägten Gesellschaft immer wieder einzelne Widerstände gegen die Ansiedlung von Juden gab. 1682 lebten sieben jüdische Familien in Kopenhagen, 1694 waren es zwölf, und für 1711 nimmt man bereits etwa 350 Individuen an. Im Jahr 1760 waren es bereits um 700 und 1787 dann ca. 1200. Mit diesen Größenordnungen, die höchstens die Verhältnisse deutscher Residenzstadtgemeinden am Ende des 18. Jahrhunderts übertrafen, war und blieb die Gruppe in Kopenhagen dennoch immer die bedeutendste Dänemarks. Andere Gemeinden bildeten sich in Ribe, Fredericia, Nakskov, Randers, Aalborg, und noch einigen anderen Orten, hatten aber mit 50–300 Mitgliedern sehr viel bescheidenere Dimensionen.

Erste Juden in Schweden

In Schweden setzte die Besiedlung durch Juden erst sehr viel später ein, bedingt durch die über Jahrhunderte andauernde ablehnende Haltung der lutherisch geprägten Landespolitik. Offensichtlich hatte es schon im 17. Jahrhundert Versuche einzelner Juden gegeben, sich nördlich der Ostsee niederzulassen, wovon ein Dekret von 1685 zeugt, das ihnen jeglichen Aufenthalt in Schweden verbot. Erst der aus dem Brandenburgischen stammende Aaron Isaak aus Treuenbrietzen (1730–1816) konnte 1774 aufgrund seines beruflichen Könnens als Medailleur und Steinschneider sowohl das schwedische Parlament, wie auch den aufgeklärt-absolutistischen König Gustav III. (1746–1792) überzeugen, die traditionell ablehnende Haltung zu ändern, erhielt einen Schutzbrief und konnte noch weitere Familien aus Deutschland nach Schweden holen. Damit war der Grundstein der Stockholmer Gemeinde gelegt. Bis zum Ende des 18. Jahrhunderts und letztlich auch darüber hinaus war jedoch die jüdische Gemeinschaft in Schweden nicht von herausragender Bedeutung für das europäische Gesamtbild.

3. Die rechtliche Situation der Juden

a) Das innerjüdische Rechtssystem und seine Position in der christlichen Umwelt

Rabbinische Gerichte

Basierend auf dem reichen Werk der *Halacha* und der vielfältigen Auslegungen der Gebote und Religionsgesetze entwickelte sich schon seit der Antike eine eigenständige jüdische Rechtsprechung. Die besten Kenner dieses Rechts waren und sind approbierte Rabbiner, deren Aufgabe in den Gemeinden nicht etwa die Seelsorge gewesen wäre, sondern die Auslegung und Lehre der *Halacha*, sowie Rechtssprechung in innerjüdischen Fällen. Durch die traditionell gewährte Autonomie auch in Rechtsfragen konnten Rabbiner und rabbinische Gerichte (**Beit Din**) in Gemeinden, die die Ausgaben für einen solchen Gelehrten übernehmen konnten, als innerjüdische Rechtsinstanz fungieren. Üblicherweise saß der Rabbiner dem Gericht vor, das noch aus weiteren Beisitzern (*Dajanim*) gebildet wurde, die keine Approbation als Rabbiner haben mussten, aber oft in der *Halacha* versiert waren. Angesehene und gut funktionierende Gerichte verliehen den Gemeinden, in denen sie sich befanden, immer eine gewisse Reputation, die durch eine frequentierte *Jeschiwa*, der normalerweise der Rabbiner vorstand, noch gesteigert werden konnte.

E

Beit Din (hebr.)
Jüdisches Gericht, meist gebildet aus dem Ortsrabbiner (*Aw Beit Din* = „Vater" des Gerichts) und weiteren Richtern oder Beisitzern (*Dajanim*). Häufig war die Anzahl der involvierten Personen ungerade, um so eindeutige Voten erreichen zu können, für den Fall, dass keine Einstimmigkeit im Urteil erzielt wurde. Große Gemeinden konnten mehrere Kammern innerhalb des Gerichtshofes haben, kleinere hingegen oft keine bzw. nur das Gericht, welches aus den Gemeindeältesten gebildet wurde.

Kleiner und großer Bann

Verhandelt wurden zuallererst natürlich Übertretungen der Religionsgesetze, aber auch in zivilrechtlichen Auseinandersetzungen wie Finanzen, Familienrecht, sowie Erbschaftsfragen waren die rabbinischen Gerichte zuständig. Körperliche Strafen als Konsequenz eines richterlichen Beschlusses vom rabbinischen Gericht sind immer wieder bezeugt, scheinen aber nicht häufig gewesen zu sein. Andere Strafmittel, die den Gerichten zur Verfügung standen, waren der kleine und der große Bann. In der Regel wurde der kleine Bann, auch Ausrufung (*Hachrasa*) genannt, häufig als Druckmittel verwandt, um einen renitenten Juden zur Einlenkung zu zwingen. Der kleine Bann bedeutete einen begrenzten Ausschluss aus dem Gemeindeleben, während der große Bann (*Cherem*), vergleichbar mit der Exkommunikation, die völlige Trennung des Gebannten bedeutete, also Ausschluss aus der religiösen Gemeinschaft, Verweigerung von Dienstleistungen im Rahmen der Gemeinde wie Erwerb von rituell reinen Nahrungsmitteln, Besuch der Gemeindeinstitutionen und Verbot jeglicher sozialer Kontakte mit dem Gebannten. Diese Strafe konnte in den meisten Gemeinden nicht vom Rabbiner allein verhängt werden, sondern nur in Abstimmung mit den Vorstehern. Es sind auch Fälle bekannt, in denen die Vorsteher den Bann ohne Hinzuziehung des Rabbiners verhängen konnten.

In einer Welt wie der frühmodernen bedeutete der Ausschluss aus der Identität gebenden Gemeinschaft in den meisten Fällen den Verlust der Überlebensfähigkeit, da man keiner Gruppe mehr zugeordnet werden konnte. Daher wurde der Bann nicht oft angewandt, sondern eher angedroht und blieb bei Verhängung meist nicht lange in Kraft. Andere Strafmittel waren der Verlust religiöser Funktionen und Ehrenämter in der Synagoge, Verlust der Wählbarkeit in Gemeindeämter sowie der Zeugenfähigkeit vor Gericht. Zeugnisse der vielen rabbinischen Gerichte sind die Gerichtsprotokollbücher und Akten der einzelnen Höfe wie sie z.B. für Frankfurt a.M. oder Prag überliefert sind. In der Forschung wurden sie bis heute noch nicht hinreichend beachtet oder gar ausgewertet.

Anrufung christlicher Gerichte

In Gemeinschaften, in denen es kein Gericht gab, waren die Juden gezwungen, entweder weite Reisen zum nächsten Rabbiner auf sich zu nehmen, oder aber die christlichen Rechtsinstanzen zu bemühen, was von Seiten der Rabbiner immer wieder verurteilt wurde, da ihre Rechtsautorität darunter natürlich leiden musste. Dennoch ist das Phänomen wiederholt nachgewiesen worden. Juristische Auseinandersetzungen zwischen Christen und Juden konnten so gut wie nie vor einem jüdischen Gericht verhandelt werden, da sich Christen diesem kaum gestellt haben und dazu nicht gezwungen werden konnten. Derartige Fälle kamen fast ausschließlich vor die zuständigen christlichen Gerichte.

Aus innergemeindlichen Überlieferungen geht immer wieder hervor, dass es Auseinandersetzungen um die gerichtlichen Kompetenzen zwischen der weltlichen Gemeindeführung und den Rabbinern geben konnte. Die Vorsteher der Gemeinden beanspruchten vielerorts ebenfalls solche Kompetenzen und übten diese auch dort aus, wo es keinen Gemeinderabbiner gab. Im niederländischen Den Haag gab es in der Mitte des 18. Jahrhunderts den Fall, dass einer der Vorsteher auch über eine Approbation als Rabbiner verfügte, aber nicht als solcher angestellt war. Die Gemeinde verzichtete zu dieser Zeit auf die Anstellung eines Rabbiners, während das gelehrte Gemeindemitglied nicht nur als Vorsteher tätig war, sondern auch noch die juristische Funktion übernahm. In jedem Fall wird klar, dass es eine moderne Gewaltentrennung nach heutigen Maßstäben vielerorts nicht gegeben hat.

Appellationsgerichte

Die Anrufung der Gerichte war nicht eindeutig lokal gebunden, so dass es oft geschah, dass Juden sich das Gericht suchten, das für die eigene Position im Streitfall günstig erschien. Um diesem Übel Abhilfe zu verschaffen, gab es Versuche von Seiten der Rabbiner, die Gerichtsinstanzen zu klären. Einer dieser Versuche bestand in der Versammlung von Gemeindeführern und Rabbinern des Reiches 1603 in Frankfurt a.M., wo quasi als Regionalinstanzen und Appellationsgerichte die von Frankfurt a.M., Worms, Fulda, Friedberg und Günzburg eingerichtet werden sollten. Daneben wurde bei dieser Gelegenheit auch noch einmal die alleinige Kompetenz der rabbinischen Gerichte in innerjüdischen Fällen festgelegt, was darauf verweist, dass immer wieder christliche Gerichte durch Juden angerufen wurden. Durch die Denunzierung der Versammlung und ihrer Beschlüsse bei den kaiserlichen Behörden durch einen von der Frankfurter Gemeinde ausgeschlossenen Intriganten und der anschließenden Untersuchung der Geschehnisse durch eine kaiserliche Kommission wurde dieser Versuch jedoch schnell Makulatur. Allerdings wurden auch Streitfälle größeren Ausmaßes an auswärtige Gerichtshöfe gegeben, um so durch die Entfernung und personelle Trennung ein höheres Maß an Objektivität zu erreichen. So wurde ein Fall über die Frage von Verwandtschaftsbeziehungen innerhalb der Gemeindeführung in Frankfurt a. M. 1617 an die rabbinischen Gerichte in Fulda, Hildesheim und Metz zur Entscheidung weitergegeben, obwohl in Frankfurt ein angesehenes *Beit Din* ansässig war. In Polen gab es neben den lokalen Rabbinatsgerichten innerhalb der landesweiten Organisation im „Rat der vier Länder" weitere regionale und sogar zentrale juristische Instanzen.

Christliche Akzeptanz jüdischer Rechtsprechung

Im Rahmen der den Juden zugestandenen Autonomie wurden Rabbiner und ihre Gerichte sowie deren Entscheidungen von den christlichen Landesherren und Beamten weitgehend akzeptiert. Innerhalb des Reiches wurden diese oft von den Territorialgewalten formell nach der Wahl anerkannt oder sogar eingesetzt. Geschah die Einsetzung einer Person, deren Befähigung zum Amt einigen zweifelhaft erschien, konnten darüber Konflikte entbrennen. 1754 kam es im niederländischen Leeuwarden sogar dazu, dass das christliche Stadtgericht über den Verbleib eines Rabbiners im Amt entscheiden musste, da einige Mitglieder der Gemeinde seine Approbation aus Emden für zweifelhaft hielten.

Bestimmte Aufgaben mussten Rabbiner im Reich offiziell auch im Auftrag der christlichen Behörden erledigen, wozu die Abwicklung von Erbangelegenheiten sowie Eheschließungen und Scheidungen gehörten. Wenn hingegen in anderen zivilrechtlichen Dingen eine Entscheidung getroffen wurde und die unterlegene Seite dagegen bei einem christlichen Gericht klagte, kam es vor, dass die Entscheidungen des Rabbinatsgerichts kassiert wurden. Derartige Vorkommnisse bildeten Zündstoff für Auseinandersetzungen innerhalb der jüdischen Gemeinde, da die Anrufung nichtjüdischer Instanzen eigentlich untersagt war.

b) Die rechtliche Stellung der Juden in der christlichen Umwelt

1539	Verleihung des Rechts an polnische Adlige, an Juden auf ihren Besitzungen Privilegien zu verleihen
1544	Verleihung eines Privilegs an die Juden des Reiches durch Karl V., das sog. „Speyrer Judenprivileg" oder „Carolinum"
1615	erneute „Stättigkeit" der Juden in Frankfurt (vertraglich fixierte Duldung in der Stadt)
1657	Anerkennung der niederländischen Juden als „Subjekte und Einwohner" der Vereinigten Provinzen
1750	„Revidiertes Generalprivilegium und Reglement" für die Juden in Preußen
1781	Schrift des preußischen Kriegsrats, Christian Wilhelm Dohm, „Über die bürgerliche Verbesserung der Juden"
1781–89	Erlass der Josephinischen „Toleranzpatente" für die Juden in den Habsburgischen Erbländern

Kaiserliche Kammerknechtschaft

Die Stellung der Juden in der christlichen Gesellschaft war seit dem Mittelalter durch Privilegien geregelt, die zu dieser Zeit meist noch vom Kaiser an einzelne Gemeinden, aber auch an die gesamte Judenschaft des Reiches vergeben wurde. Im Jahr 1236 hatte sich in einem Privileg des Staufers Friedrich II. (1194–1250) das Modell der kaiserlichen Kammerknechtschaft durchgesetzt, wonach die Juden und ihre Steuerzahlungen unmittelbar der kaiserlichen Kammer unterstanden und dafür den kaiserlichen Schutz in Städten, Territorien und auf den Straßen genossen. Spätere Kaiser übernahmen diese Auffassung, gerieten aber im Spätmittelalter und in der Frühen Neuzeit zunehmend in Konflikt mit den Landesherren, die das **Judenregal** für sich beanspruchten und teilweise auch vom Kaiser verliehen bekommen hatten.

E

Judenregal
Das eigentlich königliche Recht (Regal) über Aufnahme, Besteuerung und Ausweisung von Juden bestimmen zu dürfen. Zur Zeit der Epochenwende war das Regal schon vielfach an Landesherren übergeben worden.

In die gleiche Richtung wie das staufische Privileg zielte das des österreichischen und steiermärkischen Herzogs Friedrich II. (um 1210–1246) für die Juden seines Herrschaftsgebietes. Eine ähnliche Basis hatten die Juden, die in Polen lebten, mit dem so genannten Statut von Kalisz, dass ihnen 1264 vom großpolnischen Herzog Boleslaw dem Frommen (123?–1279) verliehen worden war. Alle drei Privilegien übernahmen nicht nur das Prinzip der juristischen und steuerlichen Nähe der Juden zum Fürsten, sondern gewährten auch wirtschaftliche Betätigung, die Errichtung bzw. Anlage von Synagogen und Friedhöfen, Gleichberechtigung in Zivilprozessen und die innere Gerichtsautonomie. Die großzügigste Anwendung fand freilich das Privileg von Kalisz, das nicht nur wiederholt bestätigt und 1334 durch König Kasimir (1310–1370) auf das gesamte Königreich Polen ausgedehnt wurde, sondern auch als Vorbild für die Rechtsstellung der polnischen Juden bis zum Ende des 18. Jahrhunderts diente. Es bildete sogar die Grundlage für die Privilegierungen durch die polnischen Adligen für die Juden auf ihren Besitztümern. Im Jahr 1539 wurde auf einem Reichstag den polnischen Adligen das Recht zugestanden, Privilegien für die Juden auf ihren Besitztümern auszustellen. Dies teilte die Juden Polens in rechtlicher Hinsicht in „Kronjuden", also solche die in dem König gehörenden Städten und Regionen lebten, und die „Privatjuden", nämlich die in den Städten des Adels und seinen Besitztümern Ansässigen.

Privilegien-bestätigungen

Die kaiserlichen Privilegien für die Juden des gesamten Reiches wurden auch noch zu Beginn der Frühen Neuzeit weiter erlassen, angewandt, bestätigt oder erweitert. Noch 1530 bestätigte Kaiser Karl V. (1500–1558) ein Privileg von 1433/1470, gegeben für die Juden der elsässischen Reichsstädte, und dehnte es in seiner Wirksamkeit auf die Juden des gesamten Reiches aus. Elf Jahre später wiederholte er die Bestätigung unter ausdrücklichem Verweis auf die Gültigkeit aller der den Juden von den kaiserlichen Vorfahren Karls gegebenen „Gnaden, Freyhaiten, Privilegien und Briefen". Bei einer eigentlich so klaren Lage in Bezug auf die Privilegierung der Juden im Reich überrascht es, dass schon kurze Zeit darauf, auf dem Reichstag von Speyer 1544, ein neues und umfassendes Privileg von Karl V. an die Judenschaft des Reiches vergeben wurde. Exemplarisch kann an dieser Stelle ersehen werden, dass kaiserliche Mandate eben nicht mehr uneingeschränkt im Reich Gültigkeit besaßen. Deshalb versuchte Karl V., der in stetigen Auseinandersetzungen mit den Territorialfürsten um die Machtgrenzen verwickelt war, ständig an dieser Stelle auf seine Rechte zu verweisen.

Dieses Privileg hatte große Wichtigkeit. Es stellte die Juden unter den Schutz des allgemeinen Landfriedens, galt in späteren Prozessen als argumentative Grundlage von jüdischer Seite gegen territoriale Ausweisungen und wurde mehrfach von den Nachfolgern Karls bestätigt. Es ist auch bekannt, dass die Erteilung auf Betreiben des jüdischen Unterhändlers Josef von Rosheim zustande kam. Das Privileg nennt nicht ausdrücklich eine Gegenleistung der Juden für die Gewährung. Jedoch benötigte Karl V. für seinen Krieg gegen Frankreich dringend Finanzen und dabei wurden auch die Juden des Reiches mit einer Sondersteuer belegt. Die aufgebrachten 3000 rheinischen Gulden wurden dem Kaiser durch Josef von Rosheim auf dem Wormser Reichstag 1545 übergeben und jener erhielt bei dieser Gelegenheit auch die Ausfertigung des Speyrer Privilegs vom Vorjahr.

1548 wurde dieses Dokument wiederum bestätigt und weiter verbreitet. Obwohl es von Karl V. für alle Juden des Reiches erlassen wurde, konnte es doch wegen der erstarkenden Territorialmächte nur noch eingeschränkt Wirkung zeigen, allenfalls in freien Reichsstädten, die noch direkt der kaiserlichen Herrschaft unterstanden. Es gab auch im weiteren Verlauf der Epoche noch kaiserliche Privilegien für Juden, die sich aber mehr und mehr auf regionale oder gar lokale Wirksamkeit beschränkten und selbst dann nicht immer griffen. Generell kann gesagt werden, dass die Juden im 16. und auch im 17. Jahrhundert wiederholt versuchten, den kaiserlichen Schutz selbst dort zu erhalten, wo die Landesherren schon mächtig genug waren, dies zu verhindern. Die Nähe zum Kaiser als Schutzherren wirkte ganz offensichtlich immer noch effektiver als das Ausgeliefertsein gegenüber den territorialen Gewalten. Nicht wenige Territorien verschlossen sich jüdischen Einwohnern, die auf rechtlichem Weg nur selten eine Chance hatten, daran etwas zu ändern. Somit existierte de facto eine ähnliche Teilung der Juden im Reich wie bei denen in Polen: einige unterstanden dem Kaiser und seiner Herrschaft, während die Mehrheit an die jeweiligen Landesherren gebunden waren.

Juden in den Reichsgesetzen

Während des 16. Jahrhunderts gab es einige Versuche, die Stellung der Juden auch auf Reichsebene unter Beteiligung der Reichsstände zu regulieren. Meist ging es aber nur um Beschränkungen des Geldverleihs gegen Zinsen und um Fragen der Kennzeichnungspflicht. Im Reichsabschied von 1551, sowie in den „Reichspolicey-Ordnungen" von 1530, 1548 und 1577 wurden Aspekte der rechtlichen Existenz von Juden aufgenommen, wobei es tatsächlich meist um wirtschaftliche Angelegenheiten ging. Wurde 1530 noch der Wucher, also der Geldverleih gegen Zins untersagt, so wurde diese Regelung 1577 wieder aufgehoben und ein Zinssatz von fünf Prozent zugelassen, was vielerorts so auch umgesetzt wurde. Danach gab es keine weiteren Fixierungen mehr auf Reichsebene, sondern nur noch in den Territorien, was die oft konstatierte Verschiebung der Abhängigkeitsverhältnisse weg von Kaiser und Reich und hin zu den Territorien nur ein weiteres Mal verdeutlicht.

Schutzbriefpraxis

An Stelle der Privilegierungen traten in den Territorien schließlich die personell gebundenen oder kollektiven Schutzbriefe. Im Gegensatz zu den kollektiven oder persönlichen Privilegien für Juden in Polen waren die Schutzbriefe im Reich in ihrer Anlage eher so gehalten, dass den Juden der Eindruck vermittelt wurde, mit der Niederlassung in einem Territorium nicht etwa ein Grundrecht auszuüben, sondern eine landesherrliche Gnade zu erfahren. Besonders im 16. und 17. Jahrhundert waren die **Schutzbriefe** zumeist auf wenige Jahre befristet und dem Territorialherren als Inhaber des Judenregals stand es völlig frei, diese zu verlängern oder auch darauf zu verzichten.

E

Schutzbrief
Schutzbriefe waren vom jeweiligen Landsherren vergebene Aufenthaltsberechtigungen für einzelne Juden, ganze Familien oder auch Gruppen von mehreren Familien. Gegen Zahlung eines festgelegten Schutzgeldes garantierte der Landesherr den Juden Wohnrecht, Geleit auf den Landstraßen und die Ausübung eines Berufes, oft als Kleinhändler, Pfand- oder Geldleiher. Schutzbriefe waren zeitlich befristet. Wurden sie kollektiv an mehrere Familien vergeben, wurde das Schutzgeld ebenfalls kollektiv erhoben, d. h. dass die Juden die Umlage auf die einzelnen Haushalte selbständig regeln mussten. Dieser Umstand beförderte häufig die Bildung von Organisationsstrukturen innerhalb der Gruppe.

Judenordnungen

Die Vergabe der Schutzbriefe entwickelte sich im Verlauf der Epoche weiter und spätestens im 18. Jahrhundert wurden diese meist unbefristet verliehen. Supplementär zu den in den Schutzbriefen geäußerten Regelungen über die Aufenthaltsbedingungen der Juden in den jeweiligen Territorien konnten Judenordnungen erlassen werden, die als Ergänzung der entsprechenden Landesordnungen verstanden werden müssen. Je nach der Auffassung der Landesherren und ihrer Beamtenschaft waren die Judenordnungen kurz oder auch ausführlicher, teilweise entstanden sie sogar unter Mitwirkung der ansässigen Juden, konnten aber, besonders während des 16. Jahrhunderts, noch sehr restriktiv sein und sogar, wie in der ersten hessischen Judenordnung von 1539, den Juden die Errichtung von Synagogen verbieten und sie zum Besuch von christlichen Zwangspredigten verpflichten.

Kennzeichnungspflicht

Eine Kennzeichnungspflicht existierte in der Frühen Neuzeit vereinzelt und blieb auf bestimmte Territorien oder Städte beschränkt. Auch wenn die „Reichspolicey-Ordnung“ von 1530 noch eine einheitlich für das Reich geltende Pflicht zum Tragen eines „Judenabzeichens“, meist einen gelben Fleck, vorschrieb, so wurde dem oft keine Folge geleistet. Insgesamt bleibt eines festzustellen: ohne das Tragen der Abzeichen waren Juden rein äußerlich offenbar nicht immer von den anderen (christlichen) Menschen der Epoche zu unterscheiden (die jedoch häufig ebenfalls klaren Kleiderordnungen unterworfen waren). Somit ist die Kennzeichnungspflicht nicht nur als diskriminierender Schritt zu verstehen, sondern sollte auch die zeittypische Einordnung in eine Sozialhierarchie erleichtern, die oftmals durch Kleidung mit bestimmten Merkmalen ihren Ausdruck fand.

Preußisches Generalprivileg

Im Königreich Preußen wurde in der Mitte des 18. Jahrhunderts eine sehr ausgefeilte Gesetzgebung entwickelt, die in dem so genannten „Revidierten Generalprivilegium und Reglement“ von 1750 einen vorläufigen Höhepunkt erreichte. Mit diesem Reglement wurden die Juden eng in das absolutistisch-merkantilistische Staatswesens Preußens eingebunden, indem die zu erwartenden Einnahmen aus deren Wirtschafts- und Steuerleistung festgeschrieben und für die Staatsadministration kalkulierbar wurden. Die so genannten „vergleiteten", also im Königreich geduldeten Juden, wurden in mehr oder weniger privilegierte unterschieden und in sechs Kategorien eingeteilt.

An der Spitze dieser Pyramide standen die so genannten „Generalprivilegierten", deren Gruppe immer nur aus wenigen Hof- und Finanzjuden bestand, die sich um den Hof und den Staat verdient gemacht hatten. In ihrer rechtlichen Stellung waren sie den christlichen Kaufleuten weitgehend gleichberechtigt. In der zweiten Gruppe waren die „ordentlichen Schutzjuden" zusammengefasst. Sie waren Inhaber eines speziellen, dauerhaften Schutzbriefes für den Aufenthalt an einem Ort und konnten ihre Stellung an zwei ihrer Kinder weitergeben. Die „außerordentlichen Schutzjuden" bildeten die dritte Kategorie. Sie waren lediglich auf Lebenszeit geduldet, konnten aber, unter Zahlung von hohen Gebühren, einem der leiblichen Kinder das Aufenthaltsrecht verschaffen. In der Kategorie der „publiquen Bedienten" waren die Angestellten der jüdischen Gemeinden registriert, also vor allem Rabbiner, Lehrer, Schächter, Totengräber aber auch Buchdrucker. In rechtlicher Hinsicht waren sie der dritten Kategorie gleichgestellt. Die Gruppe der „Tolerierten und Geduldeten" umfasste all diejenigen Juden, die nur mit einer zeitlich befristeten Aufenthaltsbescheinigung ausgestattet waren und daraus keinerlei rechtliche Ansprüche gegen den Staat erheben konnten. In der sechsten Kategorie schließlich waren die so genannten „Privatdienstboten" zusammengefasst, die das private Dienstpersonal der Kategorien eins bis fünf darstellten. Ihr Aufenthaltsrecht war abhängig von dem ihrer Dienstherren. Eine „Ansetzung" von Kindern, also der Erwerb eines Aufenthaltsrechtes für diese, war für Individuen in dieser Kategorie meist unmöglich.

Dieses Kategoriensystem, das seinesgleichen in Europa suchte, schuf durch seine schweren Beschränkungen zuweilen skurrile Erscheinungen. Da bei weitem nicht alle Juden in Preußen über die finanziellen Mittel verfügten, sich selbst oder ihre Kinder mit irgendeiner Form des selbständigen Aufenthaltsrechts zu versorgen, sie aber aus rein menschlichen Gründen natürlich nicht aus dem Land geben wollten oder konnten, mussten die Möglichkeiten des Generalprivilegs ausgenutzt werden. So erklären sich die oft sehr großen Zahlen von Privatdienstboten in wohlhabenden Haushalten, die nichts anderes waren als diejenigen Individuen, die sonst keine Chance für einen legalen Aufenthalt innerhalb Preußens gehabt hätten. So konnte ihnen wenigstens in der sechsten Kategorie eine Bleibemöglichkeit verschafft werden.

Neben diesen zahlenmäßigen Beschränkungen legte das Generalreglement von 1750 den Juden Preußens noch eine Reihe von teils schweren finanziellen Lasten auf, die diesen Bevölkerungsteil erneut diskriminierten. Neben fünf verschiedenen Posten an Jahresabgaben wurden Gebühren bei besonderen Anlässen erhoben (u. a. Bestätigung von neu gewählten Vorstehern, Heiratskosten), erzwungene Käufe von Produkten der Königlichen Porzellanmanufaktur bei „Ansetzung" von Kindern oder Hauskäufen und ein Leibzoll, der bei Reisen in andere Orte oder Provinzen zu zahlen war. Dazu kamen noch berufliche Beschränkungen, die teilweise kameralistisch-protektionistisch ausgerichtet waren, also den Import stark behinderten, den Handel nach außen aber ermöglichten, einmal davon abgesehen, dass den Juden überhaupt jegliche handwerkliche Betätigung außer des Petschierstechens versagt blieb, von der Ausübung öffentlicher Berufe in Verwaltung, Bildung oder Militär ganz zu schweigen.

Es ist insgesamt erstaunlich, dass gerade Preußen, das in der zweiten Hälfte des 18. Jahrhunderts als aufgeklärter, moderner Staat galt, in Hinsicht auf seine Judenpolitik so restriktiv blieb. Vor allem scheint dies der widersprüchlichen Haltung König Friedrichs II. (1712–1786) geschuldet zu sein, der keine großen Sympathien für die Juden hegte und diese vor allem in ihrer Bedeutung für den Staat und seine Finanzen bewertete. Im absolutistischen Gebilde des preußischen Staates wurde seine Haltung zur bestimmenden Konstante. Nach seinem Tod konnten die preußischen Juden durch emanzipatorische Bestrebungen einige Erleichterungen bei dem weniger hart urteilenden König Friedrich Wilhelm II. (1744–1797) erreichen, wenn auch eine völlige Reform der Judengesetzgebung bis zur napoleonischen Ära nicht gelang. Selbst die aufklärerisch-liberalen Ideen, die durch den preußischen Kriegsrat Christian Wilhelm Dohm in seiner viel beachteten Schrift „Über die bürgerliche Verbesserung der Juden" 1781 geäußert wurden, fanden zunächst in der preußischen Gesetzgebung keinen Widerhall, dafür aber um so mehr in den habsburgischen Ländern.

Josephinische Toleranzpatente

Wenn die Juden im Machtbereich der Habsburger sich lange keinesfalls einer aufgeklärten Haltung von Seiten der Herrscher gegenübersahen, insbesondere unter der Ägide von Maria Theresia (1717–1780), so änderte sich das Bild mit der Herrschaftsübernahme durch Joseph II. (1741–1790). Schon bald nach seiner vollständigen Regierungsübernahme 1780 setzte er eine Reihe von Toleranzpatenten für die verschiedenen Teile der Erbländer durch, die sich jedoch recht unterschiedlich gestalteten und mit dieser Uneinheitlichkeit ganz offensichtlich innenpolitische Ziele verfolgten. Als erste wurde die „Verordnung zur besseren Bildung und Aufklärung" 1781 für Böhmen erlassen, die zwar nicht grundsätzlich etwas am rechtlichen Sonderstatus der Juden änderte, ihnen aber in der Wirtschaftstätigkeit fast keinerlei Beschränkungen mehr auferlegte. Hingegen blieben Sondersteuern, die Regelung der Eheschließung und die beschränkte Familienzahl im Land bestehen. Der Gebrauch der deutschen Sprache sollte in öffentlichen Dingen innerhalb von zwei Jahren durchgesetzt werden, wie auch die Einrichtung von deutschsprachigen „Normalschulen" vorgesehen war, in denen vornehmlich säkulare Inhalte vermittelt werden sollten. Diese Ausweitung des Bildungskanons war für die meisten Juden etwas völlig Neues und wurde keinesfalls einhellig begrüßt.

Regionale Unterschiede

Im Jahr 1784 kam in der Habsburger Monarchie noch die Aufhebung der innerjüdischen Gerichtsbarkeit hinzu, was für die jüdische Autonomie ein schwerer Schlag und in gewisser Hinsicht der Anfang vom Ende war. Für Wien und Niederösterreich folgte das Patent noch im selben Jahr und schaffte eine Reihe von Diskriminierungen und Beschränkungen ab. Jedoch blieb den Juden in der Residenzstadt das Bürger- und Meisterrecht weiter verwehrt, allerdings wurde der Besuch von Universitäten und Kunstakademien gestattet. Auch hier sollte eine Normalschule für den Unterricht der Kinder eingerichtet werden, Der freie Zuzug nach Niederösterreich, wo seit 1670 so gut wie keine Juden mehr lebten, wurde allerdings immer noch eingeschränkt und war nur unter bestimmten Bedingungen möglich. Das 1783 erfolgte Patent für Ungarn gestattete die Pacht von Bauernhöfen und beschränkte die Zahl der Juden nicht. Als letztes der Teilpatente wurde 1789 das für Galizien und die Bukowina erlassen, das vielleicht das liberalste überhaupt war, da den Juden dort der Erwerb der Stadtbürgerrechte, das aktive und passive Wahlrecht und sogar der Kauf von Grund und Boden gestattet war, ohne dass sie vorher zum Christentum hätten konvertieren müssen. Der Grund dafür war, dass man die Juden aus diesen Regionen vom Wegzug abhalten wollte. Somit wird deutlich, dass die Toleranzpatente zwar einen aufgeklärten Kern hatten, aber nicht vollständig eine Gleichstellung anstrebten, sondern die jüdischen Menschen stärker in das absolutistische Staatsgefüge einbinden wollten. Dieser Grundgedanke war wohl in den meisten absolutistischen Staaten Europas identisch, nur unterschied sich die Art der Durchführung in ihrem Grad der aufgeklärten Offenheit gegenüber den Juden.

Juden in der Reichsgerichtsbarkeit

Die starke Reglementierung jüdischen Lebens in Schutzbriefen, Judenordnungen oder anderen juristischen Texten und Dokumenten waren in ihren Auswirkungen keinesfalls nur diskriminierend. Zwar schränkten sie die Freiheit der Juden stark ein, fixierten aber auch eine Art verbindlicher Rechtsgrundlage. So schmal diese für Juden auch gewesen sein mag, so war sie doch von christlichen Behörden formuliert und erlassen worden und konnte von den Juden im Fall der Schmälerung gerichtlich eingeklagt werden. Eine besondere Rolle spielten an dieser Stelle die beiden frühneuzeitlichen Reichsgerichte innerhalb des Alten Reiches, der Wiener Reichshofrat und das Reichskammergericht, das seinen Sitz mehrmals veränderte, hauptsächlich aber in Speyer und Wetzlar ansässig war. Beide Gerichte wurden von Juden oft angerufen, nicht nur, weil sie den Ruf einer verhältnismäßigen Objektivität hatten, sondern auch, weil sie als höchste Gerichtsinstanzen über der Territorialgerichtsbarkeit standen, die wegen ihrer landesherrlichen Bindung im Fall einer grundsätzlichen judenfeindlichen Haltung der Herrscher ganz in deren Sinn entschied. Beide Reichsgerichte waren zudem die einzige Adresse für Klagen gegen Reichsunmittelbare. Besonders der Reichshofrat besaß große Bedeutung für alle juristischen Fragen, die mit kaiserlichen Privilegien verbunden waren. Wegen der beiderseits angestrebten Bindung zwischen Juden und dem Reich bzw. dem Kaiser war die Anrufung dieser beiden Gerichte auch aus diesem Grund plausibel. Auch aus der schon oben erwähnten, zunehmend anerkannten Stellung der Juden als *cives Romani* waren sie zur Anrufung der Gerichte innerhalb des Reiches berechtigt.

Die in den letzten Jahren intensiv betriebene Untersuchung und Auswertung der noch zahlreich vorhandenen Gerichtsakten brachte hervor, dass Juden tatsächlich in hunderten von Fällen selbst als Kläger auftraten. Sie taten dies entweder als Individuen, als Gruppen mit gleichartigen Interessen oder gar als „Gemeine Judenheit“ des Reiches, dies vor allem während des 16. Jahrhunderts und in solchen Fällen, die von großer Wichtigkeit für viele Juden innerhalb des Reiches war, etwa bei Ausweisung aus und Sperrung von Territorien, die für den Handelsverkehr unersetzlich waren. Ein besonderer zeitlicher Schwerpunkt für die Anrufung insbesondere des Reichshofrats war das 16. Jahrhundert, in dem zahllose Fälle zur Verhandlung gelangten, jedoch keinesfalls immer ein klares Ende fanden. Einen neuen Höhepunkt stellte dann das 18. Jahrhundert dar. Darüber hinaus hat die Forschung der letzten Jahre punktuell auch eine häufige Frequentierung von Territorial- oder Stadtgerichten festgestellt, besonders in solchen Gegenden, wo ein rabbinisches Gericht nicht vorhanden oder nur schwer erreichbar war.

Tolerierung in den Vereinigten Provinzen

Anders war die Situation in den Niederlanden, wo die Juden fast nie einer territorial reglementierten Sondergesetzgebung unterworfen waren. Der einzige Versuch in dieser Hinsicht stellt eine Art Judenordnung von 1616 dar, die Gültigkeit für Amsterdam hatte, danach aber nie wieder erneuert oder revidiert wurde. Die Art, wie sich die einzelnen Stadtregierungen in den Provinzen gegenüber den Juden positionierten, wurde ihnen seit 1619 selbst überlassen. Lediglich in Alkmaar, Haarlem und Rotterdam wurden zu Beginn des 17. Jahrhunderts zwischen den sefardischen Juden und den Stadtmagistraten kollektive Privilegien ausgehandelt. In Amsterdam jedoch und in zahlreichen anderen Orten wurden die Juden und ihr gemeinschaftliches Leben stillschweigend toleriert. Viele Magistrate hatten gegen die Anwesenheit der Juden keine grundsätzlichen Bedenken, allerdings gab es auch Städte wie Utrecht, die ihre Tore noch lange der nichtchristlichen Minderheit verschlossen hielten.

Die niederländischen jüdischen Gemeinden verfügten auch nicht über den korporativen Charakter, den sie andernorts in Mitteleuropa hatten. Dies bedeutete einerseits einen geringeren Grad von gemeindlicher Autonomie, andererseits aber auch mehr individuelle Freiheit. Die Liberalität bezüglich der Juden in den Vereinigten Provinzen hatte ihren Ausdruck nicht nur darin, dass sie beinahe die einzige politische Einheit in Europa waren, in dem Menschen zum Judentum konvertieren konnten, ohne bedrohliche Konsequenzen befürchten zu müssen, sondern auch darin, dass es bei einer entsprechenden Vermögenslage durchaus möglich war, keiner Religionsgemeinde anzugehören, aber dennoch als Bürger einer Stadt akzeptiert zu sein. Allerdings wurde auch in den Niederlanden das Bürgerrecht nicht in vollem Maße an Juden verliehen. Auch hier blieben sie von den meisten Zünften und Gilden ausgeschlossen.

In rechtlichen Auseinandersetzungen waren die christlichen Gerichte, im Fall der Niederlande also die calvinistisch geprägten, die Oberinstanz für Streitfälle mit jüdischer Beteiligung. Sie standen auch für komplett innerjüdische Rechtsbelange offen, wenn die beteiligten Parteien diese Gerichte der rabbinischen Rechtsprechung vorzogen. Im Jahr 1657 schließlich verfügten die Generalstaaten, dass die Juden „Subjekte und Einwohner" des Landes seien und erkannten sie somit als Untertanen an. Als Konsequenz daraus sind jedoch nicht wenige Eingriffe der christlichen Behörden in Interna der jüdischen Gemeinden zu verzeichnen gewesen, was schließlich den erwähnten geringeren Grad der Autonomie begründete. Dies schmälerte jedoch keinesfalls die hohe Attraktivität der Niederlande als Niederlassungsregion vor allem für die aschkenasische Bevölkerung Europas im 17. und 18. Jahrhundert.

III. Autonomie und politisches Handeln

Rahmen der Autonomie

Jüdische Gemeinden in Europa genossen während des Mittelalters und noch mehr in der Frühen Neuzeit oft eine weitgehende Autonomie, die ihnen von den Landes- und Schutzherren gegen Zahlung von Abgaben zugebilligt wurde. Diese Autonomie erstreckte sich zunächst auf die Bereiche des religiös geprägten Zusammenlebens der Juden. Da das ungestörte gemeinschaftliche, halachisch korrekte Leben in einer Gruppe ein überaus wichtiges Anliegen der Juden war, wurde diese Autonomie, wo immer möglich, auch angestrebt. Innerhalb dieser waren die Juden im Idealfall frei, die Religion zu praktizieren und die dafür notwendigen Institutionen zu unterhalten. Ferner war ihnen, je nach Grad der Autonomie, eine eigene Jurisdiktion in Religions- und Zivilsachen zugestanden, während das Strafrecht meist in der Hand der christlichen Gerichte verblieb. Teil der Autonomie war aber im Normalfall auch, sich intern um die Aufteilung der im Vergleich zu den Christen hohen Abgabenlasten für die landesherrlichen Kassen zu kümmern. Somit existierte ein handfestes fiskalisches Interesse von Seiten der Obrigkeit, die Autonomie zu achten und in bestimmten Grenzen zu fördern, da dies den Finanzfluss aus den jüdischen Steuerleistungen gewährleistete. Die Position der öffentlichen Amtsinhaber wurde daher von landesherrlicher Seite oft unterstützt, unter Umständen auch gegen innere Widerstände aus den Gemeinden. Nach außen traten jüdische Gemeinden als Korporationen auf, die rechtlich als Körperschaften verstanden wurden. Oft führten Gemeinden sogar ein eigenes Siegel – ganz in Anlehnung an die sie umgebende Praxis – für die Bestätigung von offiziellen Schriftstücken. Jedoch war dies nicht neu, da bereits aus einigen mittelalterlichen Gemeinden Siegel und deren Gebrauch überliefert sind.

Jüdische Gemeinden waren in ihrer Zusammensetzung nicht immer das Spiegelbild der Schutzzugehörigkeiten ihrer Mitglieder. In Orten mit geteilten Herrschaftsrechten konnte es Juden geben, die innerhalb des christlichen Rechts- und Fiskalsystems unterschiedlichen Obrigkeiten zugehörten, zusammen aber dennoch eine Gemeinde oder einen Gemeindeverband mit gemeinsamen Institutionen bildeten. Beispiele dafür sind etwa Fürth und die Dreigemeinde Altona-Hamburg-Wandsbek. Dies verdeutlicht, dass nicht etwa das Nachvollziehen herrschaftlicher Gegebenheiten ein vorrangiger Grund zur Bildung der Gemeinden sein musste, sondern vor allem das angestrebte gemeinsame Leben und Erleben der eigenen Religion, was nur in der Gemeinschaft befriedigend gelingen konnte. Intern wurde eine jüdische Gemeinde als *Kehila* bezeichnet, oft noch mit dem Zusatz *keduscha*, heilig, was noch einmal den religiösen Kontext betont.

Der zumeist einzige Grund für die parallele Existenz mehrerer autonomer Gemeinden an einem Ort war die unterschiedliche Herkunft und Liturgie ihrer Mitglieder. Sefardische und aschkenasische Juden bildeten, wo immer das zahlenmäßig möglich war, getrennte Gemeinden, wie in Amsterdam, Den Haag und Hamburg. Allerdings schloss das nicht aus, dass es gewisse Institutionen gab, die von beiden Gemeinschaften zusammen genutzt wurde, wie etwa die Einrichtungen zur Versorgung mit koscherem Fleisch.

Gemeinde-mitgliedschaft

Vollgültiges Mitglied in einer jüdischen Gemeinschaft konnte nicht einfach jeder am Ort ansässige Jude sein. Vielmehr waren dies im Regelfall verheiratete Männer, die Familienvorstände und Hausherren (*Ba'ale Battim*), die nach ihrem Vermögensstand eine Kapitalsteuer an die Gemeindekasse entrichteten und auch sonst Anteil an allen Abgaben und Pflichten hatten. Dies war die Grundvoraussetzung für deren vollständige Teilnahme am religiösen und gesellschaftlichen Leben in der Gemeinde. Nur ein Hausherr (*Ba'al Bait*) besaß das aktive und passive Wahlrecht für die Gemeindegremien. Mitglied konnte oft nur derjenige sein, der ein gewisses Grundkapital hatte, das ihn befähigte, angemessen an den Gemeindesteuern und -lasten teilzuhaben. Innerhalb der Gruppe der Hausherren wiederum waren es die vermögendsten und einflussreichsten, die eine Art Oligarchie bildeten und die Geschicke der Gemeinde bestimmten. Da die Führungspositionen unvergütet ausgefüllt werden mussten, kamen für die zeitaufwändige Bekleidung und Ausfüllung von Vorsteheraufgaben ohnedies nur vermögende Personen in Frage. Wenn ein Jude von außerhalb in einer Gemeinde Aufnahme finden wollte, benötigte er neben einem guten Leumund auch das notwendige Grundkapital, um überhaupt zugelassen zu werden. Darüber hinaus musste er auch ein Einzugsgeld (*Hakdama*) entrichten. Auch bei einem Wegzug aus der Gemeinde waren eine Abzugssteuer zu zahlen (*Oker Ma'ot*) und sämtliche Ausstände an Gemeindesteuern zu begleichen.

Frauen als Gemeindemitglieder

Frauen konnten nur dann die selbständige Mitgliedschaft in der Gemeinde erwerben, wenn sie als Witwen einen eigenständigen Haushalt, eben den ihres verstorbenen Ehemannes (fort)führten. Zwar mussten sie in diesem Fall, gemäß ihrem Vermögen, an den Gemeindelasten teilhaben, besaßen aber nicht das Wahlrecht.

1. Die Gemeindeorganisation

a) Die innere Organisation der Gemeinden

Gemeindevorsteher

Eine solch komplexe Gruppe von Individuen konnte naturgemäß nicht ohne innere Strukturen existieren, die zur Regelung und Ausgestaltung der Autonomie notwendig waren. Traditionell standen an der Spitze einer jeden jüdischen Gemeinde die Vorsteher, in Hebräisch meist *Parnassim* genannt, später auch *Manhigim* (Führer). Zuweilen wurden sie in manchen Gemeinden auch als *Gabbaim* tituliert, was eigentlich die Bezeichnung für die Zuständigen für eine oder mehrere Gemeindekassen war. Diese Terminologie steht für die zahlreichen aschkenasischen Gemeinden und die sefardischen gleichermaßen. Lediglich die Bezeichnung des Vorstands unterschied sich: in den aschkenasischen Gemeinschaften hieß dieser *Kahal*, während er in den sefardischen *Mahamad* genannt wurde. Fast nie gab es in einer Gemeinde nur einen Vorsteher. In den meisten Fällen sind wenigstens zwei gleichzeitig agierende *Parnassim* bezeugt, häufig sogar noch mehr. In Frankfurt a. M., wo sie die deutsche Amtsbezeichnung „Baumeister" trugen, waren es gar zwölf, wie auch in Prag, wo sie „Älteste" bezeichnet wurden. In Friedberg fungierten meist fünf, in zahlreichen polnischen Gemeinden zwischen drei und fünf und in Den Haag zwei. Diese wechselten sich in der Führung der Amtsgeschäfte monatlich ab, so dass es immer einen *Parnas Chodesch* (Monatsvorsteher) gab, der in dem entsprechenden Monat die Gemeindegeschicke in seinen Händen hielt. Meist rekrutierten sich die Vorsteher aus den Reihen der gemeindlichen Oligarchie, nicht selten waren sie sogar untereinander verwandt, was in kleineren Gemeinschaften ohnehin kaum vermeidbar war. Trotz des Bestrebens, keine engen Verwandten gleichzeitig in führenden Positionen zu haben, wurde das wiederholt umgangen. Selbst sehr komplexe, gestaffelte Wahlprozeduren für die Bestimmung neuer *Parnassim* in einem ein-, zwei- oder gar mehrjährigen Rhythmus konnten daran kaum etwas ändern. Insgesamt ist die innere Organisation der jüdischen Gemeinden nicht unähnlich zu der christlicher Handwerksgilden in jener Zeit gewesen. Da beide aus einer mittelalterlich-urbanen Tradition entstammten, war diese Ähnlichkeit sicher kein Zufall.

Kompetenzen der Vorsteher

Die *Parnassim* einer Gemeinde hatten meist sehr weit reichende Kompetenzen und es gab kaum einen Vorgang, der innerhalb der Gruppe geschehen konnte, ohne dass sie davon zumindest Kenntnis haben mussten. Sehr wesentlich war dabei die Gewährung oder Verweigerung des Aufenthaltsrechts von Juden in der Gemeinde (*Cherem Hajischuw*), wobei die Vorsteher in ihrer Haltung meist von den christlichen Autoritäten unterstützt wurden. Darüber hinaus standen Immobilienverkäufe innerhalb der Gemeinde, Steuersachen und natürlich die Annahme von Gemeindebediensteten unter der Aufsicht der *Parnassim*. Über all diese Angelegenheiten waren sie – mit graduellen Unterschieden – gegenüber den christlichen Obrigkeiten rechenschaftspflichtig, je nach den Freiheiten, die die Juden in den politischen Territorien genossen. Für die Frühe Neuzeit ist zu beobachten, dass in nicht wenigen Gemeinden die *Parnassim* richterliche Funktionen ausübten, insbesondere dann, wenn kein Rabbiner am Ort angestellt war. Aber selbst wenn es einen solchen mit einem Gerichtshof gab, hieß das nicht, dass die Vorsteher in jedem Fall voll und ganz auf richterliche Funktionen verzichtet hätten. Insbesondere Disziplinarverstöße einzelner Juden wurden oft von den *Parnassim* geahndet, ohne dass der Rabbiner dabei offen in Erscheinung trat.

Fürsprecher (Schtadlanim)

Herausragende und einflussreiche Mitglieder der Gemeinde – im Reich waren dies nicht selten vermögende Hofjuden – bekleideten oft das Amt des Fürsprechers (*Schtadlan*). Dieser wirkte nach außen in Verhandlungen mit den Obrigkeiten, um die Aufenthaltskonditionen zu verbessern, zu verändern oder andere Dinge zu regeln, die von den christlichen Herrschern abhängig waren. Nicht immer und überall gab es offiziell dieses Amt, aber der Begriff und die Tätigkeit (*Schtadlanut*) waren jeder jüdischen Gemeinschaft wohl bekannt. Nicht selten waren es die *Parnassim*, die bei Bedarf das Amt eines Fürsprechers ausfüllten; lediglich in Großgemeinden konnte dies eine andere Person sein, bei Bedarf sogar von außerhalb der Gemeinde, wenn der Einfluss einer solchen Person größeren Nutzen versprach.

Aufsicht über Gemeindefinanzen

Neben den *Parnassim* gab es fast überall die *Gabbaim*, die Verantwortlichen für die Gemeindekasse und verschiedene andere Fonds. Häufig wurde der Kassenwart *Gabbai Zedaka* genannt, was implementiert, dass er eigentlich für den Armenfonds zuständig gewesen wäre. Allerdings verwirrt die Terminologie, da gemeinhin dieser Armenfonds (*Zedaka*) nichts anderes war als die Gemeindekasse. Bedingt durch das Problem der hohen Armut, speziell unter den aschkenasischen Juden, war allerdings ein wesentlicher Posten der Gemeindelasten tatsächlich die Armenfürsorge, wodurch diese terminologische Vermischung zustande gekommen sein dürfte. In größeren Gemeinden mit einer ausdifferenzierteren Administration konnte es auch den Verwalter des *Erez-Jisrael*-Fonds geben, eines Fonds, in dem Spenden für die Gemeinden des Heiligen Landes gesammelt und von Zeit zu Zeit dorthin weiter geleitet wurden. Darüber hinaus gab es häufig auch einen Synagogenfonds, wo Mittel für den baulichen Erhalt und die innere Ausgestaltung der **Synagoge** gesammelt wurden. Ähnliches fand sich auch in zahlreichen Gemeinden in Bezug auf den Friedhof. Auch die Ämter der *Gabbaim* wurden meist durch Wahlen besetzt, besaßen aber wegen der schwierigen Finanzlage der meisten Gemeinden nur eine begrenzte Attraktivität.

E

Synagoge
Die Synagoge ist der typische Versammlungs-, Gebets- und Studienraum der Juden. Im Gegensatz zu christlichen Kirchen ist das Gebäude jedoch nicht geweiht, besitzt also als solches keine zugesprochene Heiligkeit. Daher musste eine Synagoge keinesfalls immer ein besonderes Gebäude sein. Je nach den finanziellen Möglichkeiten der Gemeinden und den rechtlichen Bestimmungen zum Synagogenbau konnte eine solche auch in einem größeren Raum eines Privathauses untergebracht sein. Zahlreiche kleine Landgemeinden in der Frühen Neuzeit verfügten nur über solch einen Gebetsraum. Oft war diese Variante dann auch die erste Lösung bei Neugründungen, bis nach einiger Zeit die Dauerhaftigkeit der jüdischen Präsenz und die finanzielle Opferbereitschaft der Mitglieder (der Bau musste privat finanziert werden) die Errichtung eines eigenständigen und, im Rahmen der Möglichkeiten, repräsentativen Gebäudes ermöglichte. Als Einrichtung gehörte eine Synagoge jedoch immer zu den grundlegenden Institutionen einer Gemeinde, für deren gemeinschaftlichen Unterhalt sie sorgte, um so eine angemessene Religionsausübung realisieren zu können. Zur Abhaltung eines vollwertigen Gottesdienstes bedarf es eines *Minjans*, d. h. der Anwesenheit von wenigstens zehn im religiösen Sinn volljährigen jüdischen Männern (über 13 Jahre alt). Verfügen diese auch über eine Torarolle (die fünf Bücher Mose), so kann daraus an festgelegten Tagen auch der wöchentliche Abschnitt gelesen werden. Frauen können, müssen aber dem Gottesdienst nicht beiwohnen. Liturgisch ist ihre Anwesenheit ohne Bedeutung. Für sie wurde meist eine getrennte Abteilung, oft in Form einer Frauenempore errichtet.

Bei anstehenden Entscheidungen von hoher Wichtigkeit für die Gemeinde wurden vom Vorstand weitere angesehene Personen hinzugezogen, die oft auch durch Wahlen bestimmt wurden: die Ältesten (*Towei Ha'ir*), von denen selbst die meisten schon Ehrenämter in der Gemeindeführung bekleidet hatten, was ihnen nicht nur Ansehen, sondern auch Erfahrung beschert hatte. Gab es in einer Gemeinde keine gewählten *Towim*, wie z. B. in vielen niederländischen und kleineren deutschen aschkenasischen Gemeinden, so wurden in wichtigen Angelegenheiten die verfügbaren früheren Vorstandsmitglieder und andere angesehene Persönlichkeiten konsultiert. Dabei handelte es sich um Anlässe wie die Wahl eines neuen Rabbiners, größere Bauvorhaben, umfangreichere Finanzsachen, aber auch um das Vorgehen bei wichtigen Verhandlungen mit den Schutzherren.

Ferner hatten größere Gemeinden, in denen auch Märkte mit starker jüdischer Beteiligung abgehalten wurden, die Marktaufsicht zu gewährleisten. Dafür wurden, ebenfalls oft durch Wahlen, mehrere Marktaufseher (*Memunim*) bestimmt, die auf die Einhaltung korrekter Maße, Gewichte und den Umgang mit den verschiedenen Währungen zu achten hatten, wie auch auf die rituelle Reinheit der gehandelten Lebensmittel.

Steuerschätzung

Bei großen Gemeinschaften fanden sich noch zwei weitere Funktionen innerhalb der Gemeindeadministration, die eng mit Finanzsachen befasst waren. Zum einen waren dies die Steuerschätzer (*Ba'alei Ma'arichim* oder *Schamma'im*), die in einem ein- oder zweijährigen Rhythmus aufgrund der Angaben der Haushaltsvorstände deren Steuerlast bestimmten, nicht ohne vorher die Besteuerten an die Pflicht zur korrekten Angabe ihres Kapitals zu erinnern. Bei Zweifelsfällen gab es einen Schatzungseid, der oft ein unveränderlicher jiddischer Text war, der in der Synagoge vor dem geöffneten Toraschrein von den zur Steuer zu veranlagenden zu leisten war. Bei starken Änderungen in der Vermögenssituation einer Familie konnte auch außerhalb der turnusmäßigen Schätzung eine neue Veranlagung zur Steuer erfolgen. Ferner gab es noch die *Gowim*, die Steuererheber, die die zu entrichtenden Beiträge bei den Hausvätern eintrieben. In einigen Gemeinden überschnitten sich die Aufgaben, so dass tatsächlich nicht immer beide Ämter zu finden waren.

Christliche Einflussnahme

Die genaue Zusammensetzung der Gemeindevorstände variierte, wie schon angemerkt, je nach der Größe der Gemeinde und den jeweiligen politischen Umständen. Besonders in Preußen und speziell in Berlin griffen um 1700 die Landesbehörden mehrfach in die Strukturen der Gemeindeführung ein, wobei das keinesfalls immer aus eigener Initiative geschah, sondern vielmehr rivalisierende Gruppen innerhalb der Gemeinden jeweils die ordnende Hand des Landesherren forderten, um ihre Vorstellung von den Strukturen und/oder der personellen Besetzung der Führung durchzusetzen. Damit verbunden waren natürlich ein allmählicher Niedergang der Gemeindeautonomie und der stetig wachsende Einfluss der Landesbehörden, was zu einem nicht geringen Teil von den Juden selbst verursacht wurde. Ab 1698 gab es beispielsweise in Berlin ein fünfköpfiges Vorsteherkollegium, das von den Gemeindemitgliedern gewählt, dem aber ein von der Regierung zu bestimmender Vorsitzender beigestellt wurde. Staatlicherseits gab es eine so genannte „Judenkommission", die sich um die Belange der Gemeinden zu kümmern hatte. Deren Verwaltungsmechanismen mussten von den Juden selbst genau gekannt werden und wurden zur Vereinfachung der Prozesse vielleicht auch an einigen Stellen kopiert. Solche Prozesse waren keinesfalls nur auf Preußen beschränkt: Die zunehmende Ausgestaltung des absolutistischen Staatswesens machte vor einer institutionellen Einbindung der jüdischen Korporationen nicht Halt und die engen gewollten und ungewollten Kontakte auf administrativer Ebene beeinflussten letztlich auch die Verwaltungspraktiken innerhalb der Gemeinden, wie besonders aus den Protokollbüchern der preußischen Gemeinden in Halberstadt, Frankfurt/O., Königsberg u. a. während des 18. Jahrhunderts zu ersehen ist.

Protokollierung der Beschlüsse

Die Mitglieder der Gemeindeführung trafen sich mehr oder weniger regelmäßig zu Zusammenkünften, in denen über anstehende Probleme innerhalb der Gemeinschaft beraten wurde. Wohl schon seit dem Spätmittelalter gab es Protokollierungen der Zusammenkünfte, aber seit der Mitte des 16. Jahrhunderts setzte sich anfangs in großen Stadtgemeinden, später auch in kleineren Gruppen der Brauch durch, zumindest eine Zusammenfassung der Beschlüsse in Form von Berichtsprotokollen in Protokollbüchern (*Pinkas Kahal*) niederzuschreiben. Bis zum frühen 19. Jahrhundert geschah dies in Hebräisch oder Jiddisch. Aus einigen Gemeinden haben sich auch Zwischenprotokolle erhalten, in denen ausführlich in Verlaufsprotokollen über die Verhandlungen in den *Kahalen* berichtet wird. Daraus wird ersichtlich, dass streckenweise sehr intensiv einzelne Aspekte beraten wurden, natürlich auch mit starkem Für und Wider.

Gemeindestatuten (Takkanot)

Die Protokollierung der Beschlüsse ging einher mit dem Verfassen von mehr und mehr ausführlichen Gemeindestatuten (*Takkanot*), in denen die Verhaltensregeln innerhalb der jüdischen Gemeinden normativ fixiert wurden. Dabei gab es Inhalte, die sich auf die Religionspraxis bezogen, bis hin zur Erläuterung liturgischer Fragen in der Synagoge (die offenbar immer wieder Diskussionspunkte darstellten), aber auch solche, die das gemeinschaftliche Leben innerhalb der jüdischen Viertel regelten. Es finden sich in den Paragraphen aber auch solche, die den Umgang mit der nichtjüdischen Umwelt zum Thema hatten, insbesondere das Verhalten bei Geschäftsabschlüssen mit Nichtjuden und das Achten der Geschäftsrechte eines anderen jüdischen Händlers (*Ma'arufija*). Wurden Teile der *Takkanot* von den Gemeindemitgliedern missachtet, so wurden dagegen von Seiten der Vorsteher Schritte unternommen, die dann wieder protokolliert wurden und unter Umständen auch in der Abänderung der Regeln resultieren konnten. Statuten sind als Quelle mit Vorsicht zu behandeln, da sie einerseits die gewollten Normen und nicht so sehr die Realität widerspiegeln, sie aber andererseits gerade wegen der erlassenen Verbote eines bestimmten Verhaltens Rückschlüsse auf die wahrscheinliche Realität erlauben.

Fanden sich in diesen Statuten Lücken oder zu großer Auslegungsspielraum, so wurden diese durch zusätzliche Beschlüsse geschlossen, die bei späteren Revisionen der *Takkanot* beachtet und mit aufgenommen wurden. Daher haben Gemeinden mit einer langen Geschichte häufig sehr umfangreiche *Takkanot* hervorgebracht, wie etwa Fürth, Friedberg und Hamburg/Altona/Wandsbek. Oft wurden die Statuten in Jiddisch verfasst, insbesondere im Reich und in den westlich davon liegenden Gemeinden, um so das Verständnis der gemeinschaftlichen Regeln zu gewährleisten, da bei weitem nicht mehr alle Juden ausreichend gebildet waren, um Hebräisch sicher verstehen zu können. In Ost- und Südostmitteleuropa, wo dieser Sachverhalt nicht ganz so eindeutig zutraf, waren hingegen die Statuten häufig in Hebräisch verfasst. Die *Takkanot* mussten an vielen Orten den christlichen Behörden zur Bestätigung vorgelegt werden, weshalb zu diesem Zweck auch Übersetzungen ins Deutsche angefertigt wurden. Zuweilen griffen die Behörden oder die Landesherren direkt in die Formulierung der Statuten ein, selbst Beispiele von behördlicherseits erlassenen *Takkanot* sind bekannt.

Anstellung von Rabbinern

Neben diesen gewählten Gemeindeführern gab es noch eine Reihe von Angestellten der Gemeinde, die teils durch eine Art „Auswahlverfahren" unter mehreren Bewerbern ausgesucht, teils auch durch „Vererbung" oder gezielte Ernennung besetzt wurden. Der bedeutendste Angestellte war der Gemeinderabbiner – wenn es einen solchen gab. Ihm oblag die Aufsicht über das religionsgesetzlich korrekte jüdische Leben innerhalb der Gemeinde und, damit verbunden, die Rechtspflege, wofür er, aufgrund seiner profunden Kenntnisse der *Halacha*, die geeignete Person war. Neu angestellte Rabbiner wurden meist zunächst für drei Jahre aufgenommen. Nach Ablauf dieser Zeit konnte die Anstellung verlängert, aber auch ein neuer Rabbiner berufen werden. Erst nach Ablauf mehrerer Amtszeiten und bei vorhandenem gegenseitigem Wohlwollen zwischen Vorstand und Rabbiner konnte zuweilen seine unbefristete Anstellung erfolgen. Im Beziehungsgeflecht zwischen Vorstand und Rabbiner gab es immer die gewisse Dialektik, dass eine herausragende Persönlichkeit auf dem Posten des Rabbinats zwar den Ruf der Gemeinde nach außen deutlich erhöhte, aber insgesamt für die Machtansprüche der Oligarchie und somit des Vorstands eine Bedrohung darstellte. Auch aus dieser Konstellation mag es sich erklären, dass nicht immer zwangsläufig die begabtesten Rabbiner auch angesehene Positionen erhielten.

Die Kandidaten, die für das Amt infrage kamen, durften nicht aus der entsprechenden Gemeinde kommen, um Voreingenommenheit bei der Wahl und bei später zu verhandelnden Rechtsfällen vorzubeugen. Ferner mussten sie über die so genannte *Smicha*, die Approbation zum Rabbiner, verfügen, die nach langen Studien an *Jeschiwot* erlangt werden konnte. Besonders in den Territorien des Reiches konnte es vorkommen, dass die Landesherren auf die Berufung von Rabbinern Einfluss nahmen, wogegen die Gemeindeführungen nur wenig oder nichts unternehmen konnten.

Rabbiner und Vorsteher

In größeren Gemeinden gab es *Jeschiwot*, zu denen jugendliche Schüler kamen, um bei den angesehenen Lehrern, unter denen im Idealfall der Rabbiner herausragte, zu lernen. Eine solche Institution verlieh der Gemeinde Ansehen weit über die Ortsgrenzen hinaus, bei entsprechenden Voraussetzungen natürlich auch dem lehrenden Rabbiner und Vorsteher der *Jeschiwa* (was nicht immer ein und dieselbe Person sein musste). Selbst im Fall eines berühmten Rabbiners achteten die Vorsteher darauf, dass ihre Kompetenzen innerhalb der Gemeinde nicht geschmälert wurden. Besonders bei großen Stadtgemeinden ist am ehesten eine klare Trennung der Geschäfte von Vorstand und Rabbinat zu beobachten, zuweilen sogar die schon erwähnten Übernahmen von Rechtskompetenzen durch die *Parnassim*. In kleinen Landgemeinden schien die Trennung bzw. das Übergewicht der *Parnassim* sehr viel weniger zu bestehen. Dort konnte ein vielleicht sogar regional fungierender Rabbiner deutlich größere Kompetenzen innerhalb der Gemeinden haben, bis hin zur Abfassung von Gemeindestatuten, der Aufsicht über die Wahlen und der Vornahme von Einträgen in das Gemeindeprotokollbuch.

Rechtsprechung

Bei der Ausübung der richterlichen Funktionen standen dem Rabbiner innerhalb seines *Beit Din* noch Beisitzer zur Seite, die nicht unbedingt approbierte Rabbiner sein mussten. In Großgemeinden wie Frankfurt oder Prag mit bedeutenden Gerichtshöfen hatten sie jedoch eindeutig eine höhere

Qualifikation, auch gab es dort mehrere Kammern des Gerichtshofes, um so mit der Menge der anstehenden Fälle, die auch von außen zahlreich herangetragen wurden, fertig zu werden.

Die Konditionen der Anstellung eines Rabbiners wurden in den Rabbinatsbriefen fixiert, die eine Art „Arbeitsvertrag" darstellten. Dort waren die Kompetenzen und Pflichten des Rabbiners mehr oder weniger genau erläutert, wie auch die Quellen seiner Einkünfte – neben einem Grundsalär noch diverse Gebühren für Eheschließungen, das Ausstellen von Gerichtsurteilen usw. – und mit der Anstellung verbundenen Sonderleistungen, die sich meist auf Steuerfreiheit, freie Wohnung und den unentgeltlichen Bezug von Heizmaterial im Winter beliefen. Das früheste bekannte Beispiel für einen Rabbinatsbrief stammt aus der Gemeinde Friedberg in der Wetterau, wo 1574 Man Todros Spira als Rabbiner der reichsstädtischen Gemeinde angenommen wurde. Danach sind zahlreiche weitere Belege aus vielen anderen Gemeinschaften überliefert, weshalb die Vermutung nahe liegt, dass es sich bei den Rabbinatsbriefen um einen typischen Brauch des frühneuzeitlichen Judentums handelte. Die Existenz dieser schriftlich fixierten Übereinkünfte deutet letztlich auch auf die von der Forschung oft festgestellte Professionalisierung des Rabbinats in der Frühen Neuzeit hin, jedoch zunehmend unter der Aufsicht der weltlichen Führung der Gemeinden.

Kantoren

Wenn den Rabbinern in der synagogalen Liturgie kaum eine Aufgabe zufiel, so waren hingegen die Kantoren (*Chasanim*) von größerer Bedeutung. Sie kantilierten die laut vorgetragenen Gebete während der Gottesdienste und hatten somit eine wichtige Position in der alltäglichen gemeinschaftlichen Religionspraxis. Sie mussten über ausgezeichnete Kenntnisse der Liturgie verfügen und dazu möglichst eine gute Stimme haben, um die Gebete, die meist gesungen vorgetragen wurden, würdig vor der versammelten Gemeinde darzubringen. Inwiefern gerade die zweite Bedingung immer überall im Zentrum des Interesses und in den Möglichkeiten der Kandidaten stand, lässt sich aus heutiger Sicht kaum noch sagen. Die Vorsänger, so eine andere Bezeichnung für dieses Amt, wurden oft auf noch kürzere Perioden angestellt. Vielfach zogen sie von Ort zu Ort, um sich hier oder dort für eine gewisse Zeit als *Chasan* zu verdienen. Größere Gemeinden, in denen es mehrere Gebetsgemeinschaften gab, konnten auch mehrere Vorsänger anstellen. Während der Hohen Feiertage im Herbst (Neujahr, Versöhnungstag und Laubhüttenfest) wurden temporär selbst in kleineren Gemeinden noch Aushilfskantoren eingestellt, um die Vielzahl der in der Synagoge abzuhaltenden Gottesdienste realisieren zu können.

Zuweilen wurden an die Kantoren oder ihre Frauen die Aufsicht und der Betrieb der **Mikwe** verpachtet. In kleineren Gemeinden wurde das Amt des Kantors oft mit anderen Aufgaben kombiniert. Sehr häufig waren sie gleichzeitig die rituellen Schächter, die das Vieh nach den besonderen Schächtregeln töteten und zerlegten sowie dabei auch auf seine rituelle Reinheit hin überprüften. Selbst diese zwei meist nicht sehr hoch dotierten Ämter reichten nur selten für den Lebensunterhalt, so dass sich nicht wenige Kantoren und Schächter auch noch als Privatlehrer verdingten. Zu diesen wichtigsten Ämtern kamen noch die des Synagogendieners und des Totengräbers, wobei auch diese kombiniert werden konnten, einerseits um der Gemeinde

Kosten zu ersparen, andererseits auch, um so überhaupt aus dem Salär eine Existenzgrundlage für den Angestellten zu ermöglichen.

E

Mikwe
Die Mikwe ist das rituelle Tauchbad der Juden. Es wird vor allem von Frauen nach der monatlichen Menstruation und nach Geburten, aber auch vor der Hochzeit aufgesucht, von Männern nur im Einzelfall. Dabei geht es ausschließlich um eine symbolische und nicht um die physische Reinigung. Da das in der Mikwe befindliche Wasser „lebendes", also natürlich fließendes Wasser sein muss, wurden sie meist als Kellerbäder eingerichtet, um so das Grundwasser auszunutzen. Wegen dieser Lage ließen sich bei Bauarbeiten und archäologischen Grabungen zahlreiche Tauchbäder finden, die oft als einzige Zeugen jüdischen Lebens an einem Ort verblieben.

b) Territoriale Organisationsformen

15. Jh. erste nachweisbare Anzeichen für übergemeindliche Organisationsstrukturen in Franken, Thüringen, Mähren und Polen
1517 erste Anzeichen für eine Territorialführung im Untererzstift des Kurfürstentums Mainz
1521 Einsetzung des Reichsrabbiners Samuel durch Kaiser Karl V. (bis 1543)
1525 erster Hinweis für ein Landesrabbinat in Günzburg für Schwaben
1530 gescheiterter Versuch des Erlasses einer Judenordnung für das gesamte Heilige Römische Reich
1559 Einsetzung des neuen Reichsrabbiners Jacob (bis 1574)
1580 erste urkundlich belegte Zusammenkunft des polnischen Vierländerrates
1616 erster nachweisbarer Landtag der Juden in Hessen-Kassel (frühester Beleg für einen nachweislich abgehaltenen jüdischen Landtag im Reich überhaupt)
1623 Verselbständigung der litauischen Territorialorganisation
1764 Auflösung des polnischen Vierländerrates
1808 Gründung des zentralisierten französischen Konsistorialsystems

Es wurde bereits darauf verwiesen, dass die zersplitterte Siedlungssituation der Juden in der Frühen Neuzeit besondere Formen der Gemeinschaft hervorbrachte, die es ermöglichten, trotz der Zerstreuung auf Kleinsiedlungen und meist kleine Landgemeinden ein strukturiertes und gemeinschaftliches Leben nach den Regeln der jüdischen Tradition zu ermöglichen. Dafür wurden schon seit dem Spätmittelalter Korporationen geschaffen, die die in einem Territorium verstreut lebenden Juden in gemeindeähnlichen Strukturen organisierten. In vielen Fällen, besonders in der Anfangszeit, entstanden diese Strukturen aus dem freiwilligen Bedürfnis der Juden heraus, gemeinschaftliche Institutionen zu pflegen. Später sind jedoch auch aufoktruierte Zusammenschlüsse und das intensive Eingreifen der Obrigkeiten zu beobachten.

Führung auf Reichsebene

Auf Reichsebene gab es kaum allgemein anerkannte und funktionierende Strukturen für die Organisation aller Juden, auch wenn während des 16. Jahrhunderts Ansätze dafür zu beobachten waren, wie die Ernennung von Emissären im Namen der „gesamten Judenschaft in Germanien", dem Versuch unter Führung Josefs von Rosheim, eine für das gesamte Reich geltende Judenordnung durchzusetzen, oder der Einsetzung von Reichsrabbinern, wie etwa Samuel, der 1521 durch Kaiser Karl V., offenbar ohne vorherige Nominierung durch die Juden. Die Aufgabe des Reichsrabbiners schien vor allem darin zu bestehen, die von den Juden zu entrichtenden Reichssteuern einzuziehen, wobei durch Interaktion mit regionalen und lokalen Gemeindeführern bis zu Samuels Tod 1543 und etwas darüber hinaus durchaus gemeinsam abgestimmte Aktionen der Juden innerhalb des Reiches zustande kamen. Sein Nachfolger Jacob, der zwischen 1559 und 1574 fungierte, war hingegen viel mehr auf die tatsächliche richterliche Funktion konzentriert. Nach ihm gab es offenbar keinen weiteren Reichsrabbiner mehr.

Typen der regionalen Organisation

Die regionalen Zusammenschlüsse wurden zunächst durch die vom Landesherren eingeforderten und kollektiv zu entrichtenden Schutzgelder begünstigt, deren Aufteilung auf die einzelnen Familien intern geregelt werden musste. Dies ging, nolens volens, nur durch Zusammenkünfte, auf denen die Verteilung ausgehandelt wurde, wie auch die Frage der Vertretung nach außen hin gegenüber den Inhabern des Judenregals. Da die zu erhebenden Schutzgelder bis zur Übergabe durch einen Verantwortlichen verwaltet werden mussten, ergaben sich somit, quasi automatisch, die grundlegenden Organisationsstrukturen innerhalb eines Territoriums. Das Territorium, in dem die Juden so lebten, wurde hebräisch als *Medina* (Land) bezeichnet, auch wenn es Gebilde gab, die mehr als nur ein Territorium umfassten (wie etwa Schwaben). Die Korporation erhielt die Bezeichnung *Bnei Hamedina* (Söhne des Landes). In der Forschung wird dabei in zwei Typen der Territorialkorporationen unterschieden. Die erste ist ein Gemeindeverband, also der Zusammenschluss mehrerer Gemeinden unter Nutzung gemeinsamer Institutionen, und die zweite Form ist die eines Zusammenschlusses von Individuen und Familien innerhalb eines Territoriums, in dem sonst nur wenig bis keine Lokalgemeinden vorhanden waren. In der Literatur wurden die Gebilde des zweiten Typs lange „Landjudenschaften" genannt, in jüngerer Zeit taucht auch der Begriff der „Landesjudenschaften" auf, parallel zu dem des „Landesrabbiners".

Verbreitung von regionalen Zusammenschlüssen

Solche Landesjudenschaften bestanden im Spätmittelalter bereits in Franken und in der Landgrafschaft Thüringen, hatten aber wegen der teilweisen oder vollständigen Ausweisungen der Juden aus diesen Territorien kaum über die Epochenwende hinaus Bestand. In der Frühen Neuzeit hingegen sind dann die ersten Hinweise für territoriale Organisationen erhalten für das Elsass, wo Josef von Rosheim bereits 1510 als Fürsprecher für die Juden des Unterelsass gewählt wurde. Für 1517 und die folgenden Jahrzehnte ist überliefert, dass es für die Juden des Erzstifts Mainz eine „gemeine Judenschaft" gegeben hat, die kollektiv für die Schutzgelder aufzukommen hatte. Dies impliziert in jedem Fall, dass es innerhalb dieser Gebilde Zusammenkünfte gegeben hatte, auf denen solche Fragen wie die der Ernennung eines Fürsprechers oder die Aufteilung der Schutzgelder besprochen wurden. Im habsburgisch dominierten Vorderösterreich, genauer der Region Schwaben um die Markgrafschaft Burgau gab es ebenso eine Gebietskorporation, in der die Gemeinde Günzburg eine zentrale Rolle spielte und seit 1525 nachweisbar dort der Landesrabbiner für die *Medinat Schwaben* residierte.

Zur Regelung anstehender Fragen und insbesondere die der Besteuerung entstand im weiteren Verlauf der Epoche die Institution der Landtage (*Jom Hawa'ad*). Diese Landtage, die von den christlichen Behörden genehmigt werden mussten, wurden im Abstand von mehreren Jahren abgehalten. Dort versammelten sich entweder – im Fall von überschaubaren Organisationen – alle Hausvorstände der verstreut lebenden Familien oder, wie zum Beispiel in Preußen, die mit Vollmachten ausgestatteten Deputierten der Gemeinden, weil die Zusammenkunft aller Hausvorstände wegen der großen Anzahl nicht realisierbar gewesen wäre.

Trotz der erwiesenen Existenz von Landesjudenschaften schon während des 16. Jahrhunderts haben wir keine eindeutigen Hinweise auf die regelmäßige Abhaltung solcher Zusammenkünfte vor dem frühen 17. Jahrhundert. Für die Territorialorganisationen in Hessen-Kassel, Kurtrier, im Hochstift Paderborn, in Hessen-Darmstadt und im Herzogtum Kleve gibt es bis 1650 Hinweise für die Institutionalisierung der turnusgemäßen Landtage. In den dann folgenden Dekaden sind die Quellen diesbezüglich noch viel ausführlicher. Es gab schließlich im 18. Jahrhundert etwa 50 verschiedene Landesjudenschaften innerhalb des deutschen Sprachraumes, dazu noch weitere ähnliche Organisationen in Polen, Böhmen, Mähren und sogar vereinzelt in den Niederlanden, dort vor allem in den brabantischen Generalitätslanden und in Ansätzen auch in Friesland.

In den Zeitintervallen zwischen den Landtagen gab es häufige Versammlungen der Führung der Landesjudenschaften, die ganz ähnlich zusammengesetzt waren, wie die der Lokalgemeinden. Diese Zusammenkünfte wurden als „kleiner Rat" (*Wa'ad katan*) bezeichnet. Dort wurden, analog zu den Vorsteherzusammenkünften in Ortsgemeinden, die alltäglichen Geschäfte der Gemeinschaft beraten und beschlossen. Ebenso wie in den lokalen Pendants wurden die Beschlüsse dann in einem Protokollbuch niedergeschrieben. In Korporationen mit bescheidenen Dimensionen vermischten sich zeitweise die schriftlichen Fixierungen der Vorstände der größten Lokalgemeinde, in der für gewöhnlich die Landtage und die kleinen Zusammenkünfte abgehalten wurden, mit denen der Landesjudenschaft. Dies wurde in solchen Fällen noch dadurch begünstigt, dass es Vorsteher in Doppelfunktionen sowohl in lokaler wie auch auf territorialer Ebene gab. Für die Territorialkorporationen wurden schließlich auch Statuten erlassen, die durch die Besonderheiten einer solchen Organisation leichte Modifikationen gegenüber den Standardinhalten der Lokalgemeinden aufwiesen.

Ende der Landesjudenschaften

Mit dem Ende des Alten Reiches zu Beginn des 19. Jahrhunderts endete auch die Epoche der jüdischen Territorialkorporationen. Sie waren im Verlauf der Frühen Neuzeit zu einem festen Bestandteil des absolutistischen Staatswesens geworden, der von der Obrigkeit zur steuerlichen Abschöpfung genutzt wurde und daher stark den Beeinflussungen durch die Behörden unterlag. Am Ende der Epoche des Absolutismus erschien durch die emanzipatorischen Ideen in Hinsicht auf die Juden das Konzept der Autonomie und somit eines „Staates im Staate" nicht mehr zeitgemäß. Daher wurden mit den Veränderungen der napoleonischen Epoche fast alle Landesjudenschaften aufgelöst, lediglich die Lokalgemeinden bestanden, meist unter einer neuen Rechtsgrundlage, als Körperschaften fort.

Im kaiserlichen Frankreich und den annektierten oder abhängigen Gebieten wurde ab 1808 das Konsistorialprinzip eingeführt, das zu gewissen Teilen auf der Idee einer überregionalen Vereinigung der Juden fußte und dabei eine straff zentralisierte Struktur schuf, an deren Spitze das Oberkonsistorium in Paris stand. Mit dem Ende der napoleonischen Ära wurde jedoch in allen Teilen des nunmehr Deutschen Bundes diese Institution wieder abgeschafft, während sie in Frankreich weiter bestehen blieb.

Polnischer Vierländerrat

In Polen erreichten die Organisationsstrukturen einen andernorts unerreichten Grad im *Wa'ad Arba Harazot*, dem Vierländerrat. Dieser setzte sich zusammen aus vier großen Gemeindeverbänden, die analog zu den polnischen Kronländern organisiert waren: Großpolen mit Posen als Zentrum, Kleinpolen mit Krakau und Lublin, Rotreußen und Podolien mit Lemberg und Wolhynien mit Kremenez und Wladimir-Wolynsk als Zentren jüdischen Lebens. Dazu kam noch separat die Organisation der Juden im Großfürstentum Litauen, das allerdings seit 1623 nicht mehr dem gesamtpolnischen Länderrat angehörte, sondern parallel daneben existierte. Jedes dieser Länder hatte eine gemeinsame Interessenvertretung sowie zentralisierte Rechtsinstanzen, die dann ihr Pendant auch noch einmal auf zentraler, gesamtpolnischer Ebene, eben dem Vierländerrat fanden. An dessen Spitze standen ein Landesältester, ein Schatzmeister sowie ein Fürsprecher (*Schtadlan*). Dazu kam noch ein zentraler rabbinischer Gerichtshof, dessen Entscheidungen in ganz Polen verbindlich waren, aber auch darüber hinaus immer wieder erbeten wurden. Selbst aus dem Reich und den Niederlanden sind Anfragen um Rechtsentscheide in innerjüdischen Streitfragen belegt. Dies verweist auf die Wichtigkeit, die dem polnischen Judentum, seinem musterhaften Organisationsgrad und seinen Rechtinstanzen auch außerhalb der Landesgrenzen beigemessen wurde. Es belegt aber auch, dass innerhalb des Judentums die von nichtjüdischer Seite festgelegten politischen Grenzen in internen rechtlichen Fragen nur sekundär von Bedeutung waren.

Der Vierländerrat hatte fast bis zum Ende des polnischen Königreiches in der zweiten Hälfte des 18. Jahrhunderts Bestand. Im Jahr 1764 wurde er aufgelöst, da sich seine innere Kraft offenbar deutlich abgeschwächt hatte und sein Wirken von der nichtjüdischen Umwelt kaum noch wahrgenommen wurde. Bedingt durch die neuen politischen Gegebenheiten nach den Teilungen Polens war diese Organisationsstruktur ohnehin nicht mehr praktikabel und erfuhr, abgesehen von einem kurzen Intermezzo 1788, keine Wiederbelebung mehr.

Mährische Territorialorganisation

In Mähren ist eine territoriale Organisation in Ansätzen schon um 1490 nachweisbar. Mehrere der wichtigsten Gemeinden schlossen dort einen Bund mit dem böhmischen und mährischen Judenmeister, sowie dem Oberhofmeister des Königreichs Böhmen, der gegen jährliche Zahlungen der direkte Ansprechpartner für die Belange der Juden bei Hof sein sollte. Auch in der Mitte des 16. Jahrhunderts ist dieser Bund weiter von Bedeutung gewesen. Im frühen 17. Jahrhundert gab es schließlich einen Ältesten der mährischen Judenschaft, der in Nikolsburg, der bedeutendsten Gemeinde der Markgrafschaft, lebte und von dort die gemeinschaftlichen Belange leitete.

Weiterer Ausdruck für den hohen Grad der Organisation waren die mährischen Landesstatuten, die, auf der Grundlage einer von Rabbi Jehuda Löw ben Bezalel (gest. 1609), dem damaligen mährischen Landesrabbiner, gesammelten Menge von Einzelbestimmungen, 1651 als allgemein verbindlich für alle Gemeinden der Region überarbeitet und verabschiedet wurden. In 311 Artikeln wurden viele Bereiche des gemeindlichen und übergemeindlichen Lebens der Juden in Mähren geregelt.

Böhmische Landesjudenschaft

In Böhmen, wo ein großer Teil der dort lebenden Juden sich in Prag aufhielt, daneben aber auch in mehreren hundert weiteren Orten auf dem Land, existierte für diese Gruppe der kleineren Gemeinden ebenfalls eine territoriale Organisation. Bis zur Mitte des 17. Jahrhunderts waren die Führer der Prager Gemeinde die Interessenvertreter für alle böhmischen Juden. Im Verlauf der Frühen Neuzeit entfernten sich die Strukturen der Prager Gemeinde und der Landesjudenschaft jedoch mehr und mehr voneinander, so dass schließlich sogar das Landesrabbinat ab 1690 nicht mehr in Personalunion vom Prager Oberrabbiner betreut wurde.

2. Politische Handlungsspielräume: Fürsprache *(Schtadlanut)* und Diplomatie

a) Auf lokaler und regionaler Ebene

1601 durch Verhandlungen des Gemeindeführers Nathan Schay werden die 1595 aus Hildesheim vertriebenen Juden wieder zugelassen
1687 Einrichtung des Landesrabbinats in Hannover auf Betreiben von Leffmann Behrens
1688 erste Zulassung von zwei Schutzjuden in Halle, u.a. auf Betreiben von Behrend Lehmann
1703 zeitweise Ansiedlung von Juden in Magdeburg auf Betreiben von Behrend Lehmann
1708 Öffnung der Stadt Dresden für den Hofjuden und Residenten Behrend Lehmann; der Haushalt wurde zum Kern der neuen Gemeinde der sächsischen Hauptstadt
1722 Emanuel Drach aus Frankfurt a.M. wird von der jüdischen Gemeinde als ständiger Vertreter nach Wien gesandt und wirkt dort wenigstens sechzehn Jahre

Die Existenz jüdischer Gemeinden hing ganz entscheidend von äußeren Faktoren ab, wie der generellen Bereitschaft der Landesherren, Juden überhaupt in ihren Territorien zu dulden sowie von den konkreten Konditionen ihrer Duldung. Die betroffenen Juden verstanden diese Grundgegebenheit und richteten sich darauf ein, indem sie versuchten, durch geschicktes und mehr oder minder erfolgreiches Agieren die Haltung der Herrscher in ihrem Sinne zu beeinflussen. Dies geschah, wie schon angemerkt, durch die Fürsprecher (*Schtadlanim*), die in aller Regel einflussreiche Mitglieder der Gemeinden waren. Oft handelte es sich um Vertreter der Oligarchie. In den Territorien mit übergemeindlichen Organisationsstrukturen waren es nicht selten gleichzeitig die Hofjuden an den Residenzen, die durch ihre Sonderstellung und ihren freien Zugang zu den Landesherren die geeignetsten Personen für diese Aufgabe waren. So wurden Konditionen der Schutzverhältnisse beeinflusst, Judenordnungen ausgehandelt und das Zuzugsrecht für weitere Individuen oder Familien erbeten. Wann immer sich die Haltung der Herren zuungunsten der Juden zu verändern drohte, waren die Fürsprecher ebenfalls sofort gefordert.

Nathan Schay in Hildesheim

Eine Person aus dieser Gruppe war z. B. Nathan Schay, der an der Wende vom 16. zum 17. Jahrhundert in Hildesheim lebte, dort die Geschicke der Gemeinde intensiv mitbestimmte und auch dafür sorgte, dass die Lebensbedingungen und die rechtlichen Voraussetzungen für die Juden im angrenzenden Herzogtum Braunschweig-Wolfenbüttel so günstig wie möglich gestaltet werden konnten. Nach der Ausweisung der Hildesheimer Juden 1595 vertrat er die Vertriebenen am Hof des Kölner Kurfürsten und Hildesheimer Fürstbischofs Ernst von Bayern (1554–1612) und klagte gegen die Vertreibung am Reichshofrat in Wien. An den Gesprächen zur Wiederzulassung war er ebenfalls beteiligt, wie auch am Aufbau der Gemeindestrukturen nach der erneuten Niederlassung von 1601, um nur einige Beispiele zu nennen. Er war darüber hinaus sehr wohlhabend, agierte als Geschäftspartner des Hildesheimer Fürstbischofs und passt somit als ein früher Vertreter in das sich in vielen anderen Territorien abzeichnende Muster des für seine Gemeinschaft agierenden Angehörigen der jüdischen Oberschicht.

Leffmann Behrends aus Hannover

Ein anderes Beispiel ist das des Leffmann Behrens aus Hannover (1634–1714). Er fungierte als Hofjude der in Hannover residierenden Herzöge und Kurfürsten Ernst August von Braunschweig-Lüneburg (1629–1698) und Georg, dem späteren englischen König George I. (1660–1727). Mit seinen groß angelegten Finanztransaktionen, mit denen er u. a. die Erlangung der Kurwürde für das Fürstenhaus Braunschweig-Lüneburg finanziert hatte, konnte er sich bei seinen Landesherren unentbehrlich machen und erlangte somit eine Position, von der aus er meist mit seinen Anliegen bei den Herrschern Gehör fand. Von ihm sind nicht nur einige persönliche Interventionen für die Erteilung von Schutzbriefen für andere Juden, vor allem Verwandte, überliefert, sondern auch sein eifriges Wirken für die noch junge und kleine jüdische Gemeinde in Hannover selbst. So ließ er einen Friedhof für die Juden der Stadt anlegen, errichtete auf seine Kosten eine Synagoge und erreichte 1687 die obrigkeitliche Erlaubnis, für die Juden der Stadt und des Umlandes, einen Landesrabbiner anzustellen.

Leffmann Behrens Anerkennung war so hoch, dass er es wagen konnte, am kurfürstlichen Hof im Jahr 1704 ein Religionsgespräch zwischen einem jüdischen Apostaten, der nun vehement die christlichen Positionen vertrat, und einem Rabbiner, Joseph Stadthagen (ca. 1645–1715), zulassen zu können, das unter Beisein der kurfürstlichen Familie stattfand. Der Apostat bewies dabei offenbar keine besonders geschickte Argumentationsweise und nach einigen Stunden wurde das Gespräch beendet, das für den auch im Neuen Testament bewanderten Rabbiner einen völligen Triumph darstellte, wenn man seiner eigenen Schilderung Glauben schenken darf.

Polnische Schtadlanim

Etwa zeitgleich lebte in Polen Moses Issakowicz (gest. ca. 1692), ein angesehener und sehr wohlhabender Führer der Gemeinde Krakau-Kasimiersz. Neben seinen Geschäften, denen er mit hoher Risikobereitschaft und zeitweise starken Verlusten nachging, war Moses lange Jahre einer der

Parnassim der so wichtigen jüdischen Gemeinde in der alten Königsstadt. Darüber hinaus ist auch überliefert, dass er zwischen 1668 und 1670 an führender Position im Vierländerrat tätig war und darüber hinaus in seiner Position als *Parnas* mehrmals nach Warschau an den Königshof fuhr und dort für die Rechte seiner Glaubensgenossen eintrat. Ein anderer Krakauer Gemeindeführer war Issaschar Beer (gest. 1691), der ebenfalls als vermögender Handelsmann seinen Lebensunterhalt verdiente, sich darüber hinaus in der großen Gemeinde lange in führender Position befand und schließlich sogar 1677 an die Spitze des Vierländerrates gewählt wurde, wo er im Interesse der gesamten polnischen Judenheit wirken konnte.

Samson Wertheimer in Wien

Samson Wertheimer (1658–1724), einer der einflussreichsten Hofjuden im Südosten des Reiches, war nicht nur ein europaweit agierender Bankier, sondern auch Oberrabbiner und Führer der Juden in Ungarn, insbesondere der im Burgenland lebenden. Er hatte ein Haus in Eisenstadt, aber auch ein Palais in Wien, wo er wegen seiner Finanzgeschäfte zumeist weilte, darüber hinaus auch in Worms und Frankfurt a. M. weitere Wohnsitze. Als Führer der Juden in den Siebengemeinden des Burgenlandes war er stets bemüht, sich bei den Obrigkeiten, in diesem Fall vor allem die Fürsten Esterhazy, für sie einzusetzen. Seine Anwesenheit und die seines Onkels Samuel Oppenheimer (1630–1703) in Wien mit ihrem großen Gefolge begründete de facto die neue Gemeinschaft der Juden in Wien nach der Vertreibung von 1670/71, auch wenn sie offiziell als Gemeinde noch lange Zeit nicht bestehen durfte. Solange die Haushalte der Hofjudenfamilien in der Stadt Bestand hatten, so lange durften sich auch die Angehörigen des Haushalts, also Verwandte und Dienstpersonal sowie Angestellte, in Wien aufhalten. Die bereits weniger Vermögenden und einflussreichen Nachkommen Oppenheimers und Wertheimers hatten jedoch schon wieder mit deutlich größeren Widerständen gegen ihre Anwesenheit in der Hauptstadt der Habsburger zu kämpfen. Im Jahr 1752 wurden in Wien 452 jüdische Bewohner gezählt, von denen nur zwölf als Familienoberhäupter über Schutzbriefe verfügten und die anderen zu ihren Haushalten gehörten, im Schnitt 37 pro privilegiertem Haushalt. Ein solches Verhältnis bedurfte ohne Zweifel einer Erklärung gegenüber den Behörden und musste klug verhandelt werden.

Vertreter der Frankfurter Gemeinde in Wien

Die bedeutendste jüdische Gemeinde im Reich in Frankfurt a. M. unterhielt im 18. Jahrhundert sogar eine Art „ständige Vertretung" in Wien, um dort die Verhandlungen mit dem kaiserlichen Hof und den Beamten wie auch anstehende Prozesse am Reichshofrat unmittelbar vorantreiben zu können. Da Frankfurt eine freie Reichsstadt war, unterstand auch die jüdische Gemeinde dem kaiserlichen Hof und musste prinzipiell die Steuern dorthin entrichten. Diese Konstellation führte immer wieder zu Konflikten mit dem Frankfurter Stadtrat und anderen Gremien der Bürgerschaft, die die Unmittelbarkeit der Gemeinde zum Kaiser nicht immer akzeptieren wollten. Besonders in der Regierungszeit Kaiser Karls VI. (1685–1740) gab es in dieser Frage Turbulenzen, die noch durch eine den Juden ungünstige Haltung des Herrschers und Forderungen der Judensteuern, der so genannten **Kronsteuer** und dem **Opferpfennig**, verstärkt wurden. Die Frankfurter Gemeinde hatte mit mehreren von Karls Vorgängern Vereinbarungen getroffen, die sie von der Zahlung dieser Steuern ablösten. Um genau in diesen Fragen direkt am Hof verhandeln zu können, wurde Emanuel Drach, ein angesehenes Mitglied der Frankfurter Gemeinde, um 1722 nach Wien gesandt und verblieb dort wenigstens bis 1738 als Gesandter. Seine Tätigkeit war nicht ohne Erfolg, was dazu führte, dass Karl VI. seine Forderungen in der Kronsteuer 1726 gänzlich fallen ließ und beim Opferpfennig der Gemeinde entgegen kam. Allerdings geschah das nicht ohne Beihilfe einiger einflussreicher Wiener Hofjuden, die den Frankfurtern in dieser Frage beistanden. Sicher war dieser Erfolg dann letztlich der Grund, warum Emanuel Drach noch wenigstens weitere zwölf Jahre als gut vernetzter Vertreter der Frankfurter Juden in Wien blieb, wo er trotz seiner Stellung immer wieder mit den Schwierigkeiten des für Juden beschränkten Aufenthaltsrechts für sich und seine Familie zu kämpfen hatte. Zwischen 1773 und 1788 fungierte Moses Koblenz aus der Frankfurter Gemeinde in ähnlicher Position in Wien.

E

Kronsteuer
Die Kronsteuer war eine 1433 erstmals erhobene Sonderabgabe, die von den Juden in den Reichsstädten anlässlich der Krönung eines neuen Kaisers an diesen entrichtet werden musste.

E

Goldener Opferpfennig
Beim Opferpfennig handelte es sich um eine 1342 erstmals erhobene Kopfsteuer von den erwachsenen männlichen Juden und jüdischen Witwen des Reiches, die direkt in die kaiserliche Kasse floss. Sie betrug einen Gulden pro Kopf und Jahr.

Behrend Lehmann in Halberstadt

Als abschließendes Beispiel für regional bzw. territorial tätige *Schtadlanim* soll noch der sächsische Resident Behrend Lehmann (1661–1730) in Halberstadt Erwähnung finden. Von seinem Agieren profitierte nicht nur die Halberstädter Gemeinde, der er zu Beginn des 18. Jahrhunderts eine prächtige Synagoge stiftete, wie auch ein bald angesehenes Lehrinstitut für die traditionellen religiösen Studien (eine *Klaus*, s. S. 67). An der Wende vom 17. zum 18. Jahrhundert wurden wieder die ersten Juden in Dresden, Magdeburg und Halle zugelassen, als Lehmann dort Geschäftsniederlassungen für sein Handelshaus errichten durfte. Über Jahrhunderte hinweg waren Juden diese Orte verschlossen geblieben. Solche Neuzulassungen zu arrangieren, war ein schwieriges diplomatisches Unterfangen, das nur gelingen konnte, wenn der Fürsprecher über gehöriges Ansehen, erwiesene Dienste und – nicht zuletzt – ausreichende Geldmittel verfügte. Behrend Lehmann hatte all dies, konnte sich Ansehen am preußischen und sächsischen Hof verschaffen und besaß so großes diplomatisches Geschick, dass es nicht nur die von ihm bereitgestellten ungeheuren Beträge waren, die Kurfürst August den Starken (1670–1733) im Jahr 1697 auf den polnischen Thron brachten, sondern auch sein Verhandlungsgeschick mit den beteiligten polnischen Entscheidungsträgern. Selbstredend gab es auch viele andere beteiligte, christliche Diplomaten, die am Zustandekommen der Thronbesteigung Anteil hatten, jedoch wurde Lehmanns Rolle meist unterbewertet. Wem in der internationalen (und nichtjüdischen) Politik so ein Coup gelungen war, dem war es offenbar auch keine Schwierigkeit, jüdische Niederlassungen an Orten zu gründen, wo bislang so etwas vehement verhindert wurde. Als sächsischer Resident (eine Art diplomatischer Vertreter) des Dresdener Hofes in Halberstadt und Hoffaktor in Sachsen durfte er in der Hauptstadt einen eigenen Haushalt errichten, zu dem, ähnlich wie bei Wertheimer in Wien, eine große Zahl von Bediensteten gehörten, so dass es ab 1708 in Dresden wieder eine von den christlichen Behörden misstrauisch beobachtete jüdische Gemeinschaft gab.

Einer der beiden 1688 wieder für Halle zugelassenen Schutzjuden, Assur Marx, war der Buchhalter von Behrend Lehmann und so ein aufs Engste mit dessen Geschäften vertrauter Mitarbeiter. Für den Halberstädter Hofjuden war die Schaffung eines Netzwerkes von Stützpunkten wichtig, vor allem in exponierten Städten mit einer umfangreicheren Wirtschaft. Ähnliches geschah schließlich 1703, als sich zeitweise Juden in Magdeburg-Sudenburg (wo sie schon im Mittelalter gelebt hatten) niederließen, erneut mit Unterstützung und im Interesse von Behrend Lehmann.

Die aufgeführten Beispiele verdeutlichen, dass die Juden in Mitteleuropa die politischen Situationen und Möglichkeiten klar erfasst und sich in ihrem – keinesfalls immer passiven – Agieren an die Gepflogenheiten der Umwelt angepasst hatten. Davon zeugen die zahlreichen, hier nur exemplarisch angedeuteten Bemühungen der Fürsprache, die lokal und regional an nicht wenigen Stellen Erfolge aufwiesen, die Lebenskonditionen der Juden verbesserten oder gar überhaupt neue Lebensräume für sie schufen.

b) Auf überregionaler Ebene und gemeinschaftliches Wirken

1530	gescheiterter Versuch zur Einbringung eines Entwurfs einer reichsweit geltenden Judenordnung über Zins und Handel durch Josef von Rosheim
1539	Josef von Rosheim erreicht beim Kurfürsten Johann Friedrich von Sachsen die Aufhebung des Durchzugsverbots für die ernestinischen Länder von 1536
1543–45	nach einer Ritualmordbeschuldigung in Franken erreicht Josef von Rosheim im Zusammenwirken mit anderen Juden den Erlass eines Privilegs von Karl V. (Carolinum), das den Juden reichsweit ihre Rechte sichert und sie vor Ritualmordbeschuldigungen schützen soll
1700	Verhinderung der Auslieferung von Johann Andreas Eisenmengers Buch „Entdecktes Judentum“ durch eine gemeinsam betriebene Protestaktion vor allem von Leffmann Behrens und Samson Wertheimer
1744/45	europaweiter Versuch zur Verhinderung der geplanten Vertreibung der Juden aus Böhmen und Mähren

Josef von Rosheim

Auch auf überregionaler Ebene waren Fürsprecher tätig. Im 16. Jahrhundert war das die bekannte Person des Josef von Rosheim (1478?–1554), der innerhalb des Heiligen Römischen Reiches jahrelang für die Interessen der „gemeinen Judenheit“ eintrat, auch wenn es oft um territoriale oder lokale Interessenvertretung ging. Auch nach ihm gab es einige weitere Personen, die als Vertreter der gesamten Judenschaft im Reich genannt werden, auch wenn ihre Wirksamkeit bei weitem nicht mehr die des Josef von Rosheim erreichte. Nicht zuletzt war dies den sich ändernden Machtverhältnissen im Reich geschuldet: Die faktische Zersplitterung des Judenregals in unterschiedliche territoriale Rechte führte letztlich auch das Selbstverständnis einer deutschen Gesamtjudenschaft während der Frühen Neuzeit ad absurdum, da bei den vielen regionalen und lokalen Existenzbedingungen eine einheitliche gemeinschaftliche Vorgehensweise nicht mehr real erschien.

Obwohl Josef von Rosheim am Rand des Reiches im Elsass lebte, erlangte er in der ersten Hälfte des 16. Jahrhunderts innerhalb der Judenschaft eine herausragende Position als Fürsprecher in zahlreichen Notlagen von Juden in Städten und Territorien des Reiches. Neben einem zweifellos entwickeltem Selbstbewusstsein und guten Kenntnissen der Rechtsgrundlagen und -möglichkeiten hatte Josef sicher erkannt, dass persönliche Kontakte zu den Entscheidungsträgern den politischen Zielen am dienlichsten waren. Darüber hinaus hatte er jedoch auch Ambitionen, eine den politischen Realitäten angemessene gemeinsame Rechtsgrundlage für die Juden des Reiches zu schaffen, wie etwa die versuchte Einbringung einer von jüdischer Seite entworfenen, reichsweit gültigen Judenordnung über Zinsen und Geschäfte im Jahr 1530 zeigt.

Versuchte Einbringung einer reichsweiten Judenordnung

Josef von Rosheim erlebte beim Augsburger Reichstag 1530 nicht nur die Auseinandersetzungen zwischen Protestanten und Katholiken, sondern, was aus seiner Sicht zunächst bedeutsamer schien, die Beratungen über die „Reichspolizey-Ordnung", deren verabschiedete Schlussfassung den Juden jeglichen Geldverleih gegen Zinsen untersagte. Die Zinsnahme war in der Frühen Neuzeit immer noch einer der Hauptvorwürfe gegen das Geldgeschäft generell und insbesondere gegen jüdische Geldleiher. Durch die Verabschiedung dieser Ordnung durch die Reichsstände hatte sie im Prinzip überall Rechtskraft, auch wenn die Realitäten territorial und lokal letztlich immer etwas anders waren. In dem von Josef und anderen Juden entworfenen Dokument mit zehn Artikeln versuchten sie, einen für das Reich insgesamt geltenden Verhaltenskodex für jüdische Geldhändler und Geschäftsleute vorzuschlagen, der diesen eine gewisse Existenzgrundlage und Rechtssicherheit bewahrt und die Verbindungen zu ihren christlichen Partnern geregelt hätte. Trotz Josef von Rosheims Bemühungen wurde der Entwurf niemals dem Kaiser vorgelegt, noch erhielt er Rechtskraft durch eine Annahme auf Reichsebene. Letztlich zeigt er aber, dass in dieser Zeit durchaus aktives politisches Handeln der Juden auf Reichsebene vorhanden war.

Bemühungen gegen Vertreibung aus Sachsen

Im Jahr 1536 hatte Kurfürst Johann Friedrich von Sachsen (der „Großmütige", 1503–1554) in einem Mandat die Ausweisung aller Juden aus seinen Territorien, also im Wesentlichen aus den thüringischen Kerngebieten, bestimmt. Dies stand im Zusammenhang mit der bei den Ernestinern (der thüringischen Linie des wettinischen Fürstenhauses) erfolgreich eingeführten Reformation und der ablehnenden Haltung Luthers gegenüber den Juden. Josef bemühte sich, gegen dieses nicht nur für die Juden im Herrschaftsbereich des sächsischen Kurfürsten fatale Mandat vorzugehen. Unter diesem litten auch jüdische Handelsleute, die wegen des Durchzugsverbots für das zentral gelegene Gebiet wichtige Handelsstraßen de facto nicht mehr benutzen durften, wovon besonders der „Hohe Weg" von Frankfurt a.M. über Leipzig bis hin nach Polen betroffen war. Der schnelle Warenverkehr zwischen den Messen in den verschiedenen Städten und Regionen war damit stark eingeschränkt. Josef suchte sofort den persönlichen Kontakt zu Johann Friedrich und Luther selbst, der jedoch nicht zustande kam, obwohl der jüdische Fürsprecher mit Empfehlungsbriefen an beide von der freien (und protestantischen) Reichsstadt Straßburg sowie von den Reformatoren Martin Bucer und Wolfgang Capito ausgestattet war.

1539 schließlich konnte Josef von Rosheim den Kurfürsten in Frankfurt a. M. treffen und erlangte einige Erleichterungen, die den Juden wieder den zeitlich begrenzten Aufenthalt auf den Landstraßen ermöglichten. Luther vermied jedoch zeitlebens ein direktes Gespräch. 1543 wurden in einem erneuten Mandat Johann Friedrichs die Erleichterungen unter Bezugnahme auf die Lehren des Reformators wieder rückgängig gemacht, da die Juden das kurfürstliche Entgegenkommen ausgenutzt hätten. Weite Teile Thüringens wurden so für lange Zeit für Juden unpassierbar, von einer Möglichkeit zur Niederlassung in größerem Maßstab ganz zu schweigen. Auch wenn Josef letztlich an dieser Stelle kein dauerhafter Erfolg beschieden war, zeigt doch sein Vorgehen sehr gut, wie zielgerichtet und geschickt er sein Anliegen persönlich vorantrieb, obwohl er selbst nicht in der Region lebte, die Beschränkungen aber, wie erläutert, sehr viel mehr als die zahlenmäßig in jener Zeit ohnehin kleine jüdische Gruppe in Thüringen treffen mussten.

Ritualmordbeschuldigungen und „Speyrer Judenprivileg"

Ein weiteres Beispiel soll die Tätigkeit Josef von Rosheims in der Fürsprache auf höchster Ebene verdeutlichen. Im November 1543 kam es im fränkischen Dorf Oberhaid, nordwestlich von Bamberg gelegen, zu einer Ritualmordbeschuldigung. Ein christliches Kind wurde tot in einem Brunnen aufgefunden und fünf Juden des Ortes, drei Männer und zwei Frauen, wurden des Mordes beschuldigt und für über dreißig Wochen inhaftiert, vernommen und gefoltert, ohne aber die Vorwürfe zu gestehen. Über längere Zeit unterstützte der Würzburger Bischof Konrad III. (1490–1544) die Anklage, wogegen Josef von Rosheim, der sich Ende Dezember 1543 einschaltete, bei Kaiser Karl V. dagegen intervenierte. Vor allem aber wandte er sich gegen die Inhaftierung, Folter und Abschirmung der Juden. Erst im Mai 1544 wurden die Beschuldigten freigelassen, letztlich tatsächlich durch das persönliche Eingreifen Kaiser Karls beim Würzburger Bischof.

Doch nicht nur Josef und der Kaiser bemühten sich in dieser Angelegenheit, auch die Juden einiger Orte in der gefürsteten Grafschaft Henneberg-Schleusingen versuchten, über den Grafen Wilhelm IV. und seine Verbindungen zum Würzburger Bischof freies Geleit und Zugang zu den Verhafteten zu bekommen, um sie in ihrer schwierigen Situation zu unterstützen. Dies wurde schließlich auch einigen Juden gestattet. Ob diese sich zuvor mit Josef von Rosheim diesbezüglich verständigt hatten, ist nicht mehr rekonstruierbar, aber nicht ausgeschlossen.

Es ist durchaus möglich, dass die Erteilung des Privilegs vom 5. April 1544, des „Carolinums" („Speyrer Judenprivileg") – also noch vor Freilassung der Angeklagten – durch die Beschuldigung zu Oberhaid und Josefs Vorgehen dagegen mitbegründet ist. Die Formulierung des Privilegs selbst legt dies nahe, da im Text untersagt wird, Juden ohne gerichtliche Erkenntnis zu verhaften, zu peinigen oder hinzurichten. Vor allem wird verboten, ohne hinreichende Zeugen und Beweise die Juden des Gebrauchs von Christenblut zu beschuldigen, oder einen Juden deswegen gefangen zu nehmen, zu foltern oder hinzurichten.

Aus diesem Beispiel wird ersichtlich, wie sich Formulierungen und Intentionen in einem Privileg, hier dem Carolinum von 1544, durch konkrete Ereignisse beeinflusst werden konnten. Josef von Rosheim war hier, vielleicht auch durch das Zusammenwirken mit anderen Juden, und nicht zuletzt durch die Finanzleistung erfolgreich, wenn auch das später erneuerte Privileg durch die territoriale Zersplitterung des Reiches nur noch wenig Effekt haben sollte. Dennoch war damit eine gewisse, wenn auch begrenzte Rechtsgrundlage gegeben, die in den Zeiten des erstarkenden allgemeinen Gerichtswesens, von dem auch bald die Juden profitierten, durchaus Langzeitwirkung haben konnte und damit von jüdischer Seite erstrebenswert schien.

In den Akten der christlichen Behörden erscheint Josef von Rosheim meist mit besonderen Amtsbezeichnungnen: Regierer, Befehlshaber, Oberster usw., die wohl meist das hebräische *Parnas uManhig* (Vorsteher und Führer) reflektieren. Zeitweise wurde Josef von Maximilian I. (1459–1519) deswegen sogar belangt, denn außer dem Kaiser sollte es keine weiteren Befehlshaber über die Juden geben.

Spätere Gesandte des 16. und 17. Jhs.

Auch nach Josef von Rosheims Tod 1554 war die Idee eines oder mehrerer Fürsprecher noch für längere Zeit lebendig. In den Quellen finden sich noch bis in das frühe 17. Jahrhundert hinein Hinweise auf die so genannten „Gesandten der Judenschaft in Germanien", auch wenn ihre nachweislichen Aktivitäten und Erfolge nicht mehr den Maßstab des Josef von Rosheim erreichten. 1559 und 1565 ist Cosmann zum Rade aus Worms als Empfänger von Privilegien eines Gesandten nachweisbar (zusammen mit seinem Sohn Chaim), schon 1566 aber waren es wahrscheinlich Abraham aus Fürth und Jakob aus Roth, 1570 dann möglicherweise Joachim Ferber aus Nordhausen. Einige dieser Personen sind auf Reichstagen nachweisbar, ließen Privilegien bestätigen oder betrieben am Reichshofrat Klagen gegen Landesherren. Dies läst nicht nur auf eine hohe Mobilität sowie auf die Unterstützung größerer Teile der Juden in Deutschland schließen, sondern auch auf das persönliche Geschick und diplomatische Können der Gesandten. In der Zeit des Wechsels vom 16. zum 17. Jahrhundert schließlich agierte dann vor allem die Führungsschicht der Prager jüdischen Gemeinde in solchen Angelegenheiten, insbesondere in der Person des „königlichen und kaiserlichen Hofjuden" Jakob Fröschl (gest. 1623), der selbst die Angelegenheiten der Frankfurter Juden am Reichshofrat vertrat.

Verhinderung von Eisenmengers Buch

Ein dreiviertel Jahrhundert darauf konnte im Zusammenwirken mit anderen einflussreichen Hofjuden Leffmann Behrens aus Hannover das Erscheinen von Johann Andreas Eisenmengers (1654–1704) antijüdischem Buch „Entdecktes Judentum", das 1700 in Frankfurt a.M. gedruckt worden war, durch eine gerichtliche Verfügung um elf Jahre verzögern, bevor es schließlich 1715 in einem Neudruck in Preußen auf den Markt kam. Eisenmengers Werk, dass in seiner verleumderischen Heftigkeit aus den häufig erschienenen christlichen Darstellungen des Judentums heraussticht, hatte offenbar schon vor der geplanten Auslieferung mit seinen Inhalten genügend Publizität erreicht, so dass Behrens und Behrend Lehmann, der andere wichtige Partner in der gerichtlichen Anfeindung, früh genug darüber informiert waren und entsprechend handeln konnten. Das Zusammenwirken, vor allem auch mit Samson Wertheimer in dieser Frage, zeigt eine wieder entstandene Fähigkeit zu konzertierten Aktionen der Juden im Reich, die bald darauf, freilich mit anderen Beteiligten, noch einmal große Bedeutung erlangen sollte.

Internationales Vorgehen gegen böhmische Vertreibung

Im Verlauf des Österreichischen Erbfolgekriegs (1740–1748) wurde Prag 1744 kurzzeitig von preußischen Truppen besetzt. Im Fall einer Besatzung war die jüdische Gemeinde einer Stadt durch ihre außergewöhnliche Rechtsstellung in der Regel besonders gefährdet, da der Schutzgarant, nämlich das bisherige Stadtregime oder der Landesherr, entweder de facto nicht mehr existierten bzw. in ihren Handlungsspielräumen stark eingeschränkt waren. Daher war sehr oft zu beobachten, dass die jüdischen Gemeinden im Fall der drohenden Besatzung, nicht selten schon vor ihrem eigentlichen Beginn, Kontakte zu den Truppenkommandeuren aufnahmen und durch Zusicherung oder tatsächlicher Zahlung von größeren Beträgen sich den Schutz der neuen Machthaber vor der fast immer drohenden Plünderung erkauften. Dieses aus der Sicht der Juden mehr als verständliche Verfahren, welches auch von Stadtmagistraten bei einer drohenden Besatzung angewandt wurde, konnte zwar effizient für den Zeitraum der Besatzung sein. Es barg aber die Gefahr, dass dadurch das Verhältnis zur christlichen Bevölkerung, die zuweilen geplündert wurde, während den Juden das aufgrund der vorherigen Absprachen nicht geschah, vergiftet wurde. Im Fall von Prag 1744 zeigten sich aber noch weit schlimmere Konsequenzen für die jüdischen Einwohner der Stadt.

Schon beim Anrücken der preußischen Vorhut in die Stadt konnte beobachtet werden, wie sich Vertreter der jüdischen Gemeinde erfolgreich bemühten, sofort militärischen Schutz für ihr Wohnviertel zu erhalten. Nachdem sich die Preußen fest in Prag etabliert hatten, begannen einige jüdische Händler einen regen Handel mit Plündergut aus böhmischen Schlössern, dass die preußischen Soldaten zu Geld machen wollten. Die Nachrichten über diese Ereignisse kamen der noch jungen, aber sehr katholischen und antijüdisch eingestellten Königin Maria Theresia (1717–1780) zu Ohren, die daraufhin in Wien bis zum Ende des Jahres 1744 zum Schluss kam, die Juden als Strafe für die „Anbiederung" an den Feind aus Prag und ganz Böhmen zu vertreiben. Obwohl die mährischen Juden mit den Kriegshandlungen nichts zu tun gehabt hatten, wurden auch sie später mit in den Beschluss eingeschlossen. Noch vor Unterzeichnung des Befehls durch Maria Theresia räumten Ende November die Preußen Prag und in den Tagen bis zum Anrücken der regulären habsburgischen Truppen wurde die Prager Gemeinde genau aus den oben geschilderten Gründen gebrandschatzt. 20 Menschen verloren ihr Leben und kaum ein Haus blieb unangetastet. Aus diesem Grund und noch vielmehr aus der sich mehr und mehr abzeichnenden Gefahr einer Vertreibung, die mehrere zehntausend Menschen betroffen hätte, begannen die Prager Gemeindeführer Hilfsgesuche an einflussreiche jüdische Persönlichkeiten zu richten, die sich in ganz Europa bemühen sollten, die Gefahr der Vertreibung publik zu machen und wo immer möglich dagegen zu intervenieren.

Zunächst wurden Briefe nach Wien, Dresden, Hannover, Frankfurt a.M. und Amsterdam geschickt, darüber hinaus auch an andere Einzelpersonen, unter ihnen der Sohn des berühmten Wiener Hofjuden Samson Wertheimer, Wolf (um 1680–1765), der bald darauf eine zentrale Position in der Koordination der diplomatischen Bemühungen spielen sollte. Viele der Adressaten kopierten die Briefe und sandten diese weiter, um so den Wirkungskreis zu vergrößern. In Wien versuchte der einflussreiche Hofjude Baron Diego d'Aguilar (1699–1759) sich bei Maria Theresia zu verwenden, jedoch zunächst ohne Erfolg. Die Bemühungen mussten also auf einflussreiche Christen ausgedehnt werden, was durch die Vermittlung der Hofjuden geschah. So wurden die holländischen Generalstaaten und der englische König für die Sache interessiert, die ihre Botschafter anwiesen, sich in Wien entsprechend einzusetzen. Beide Länder waren Österreichs Verbündete im Krieg. Weiter wurden der sächsische Kurfürst (gleichzeitig polnischer König), der dänische König, die Republik Venedig, mehrere Kirchenfürsten und sogar der Papst um Mithilfe gebeten, die sie, jeder auf seine Art und mit unterschiedlicher Intensität, auch gewährten. Die Gründe dafür waren vielschichtig: einerseits war es den meisten aufgeklärten Häuptern Europas suspekt, eine so große Gruppe von Menschen aufgrund der Verfehlungen Einzelner kollektiv zu bestrafen, andererseits versäumten die jüdischen Unterhändler nicht darauf zu verweisen, welche katastrophalen ökonomischen Folgen das Auslöschen der Prager und böhmischen Judenschaft für ganz Europa haben musste. Zudem erlangten die Absichten der österreichischen Herrscherin eine ungewöhnliche Aufmerksamkeit in der europäischen Öffentlichkeit. Die mehr und mehr Verbreitung findenden Zeitungen berichteten ständig über die vordergründigen Vorgänge, natürlich aber kaum über die dahinter ablaufende Diplomatie.

Diese hatte aber noch keine wirklichen Früchte hervorgebracht, so dass die Prager Juden Ende März 1745 in einem langen Zug die Stadt verließen, sich teilweise in einem offenen Lager sammelten oder über Sachsen und Preußen nach Polen oder Holland zogen, während andere sich nach Italien wandten. Überraschend hob Maria Theresia dann im Mai desselben Jahres die Ausweisung aus den Ländern Böhmen und Mähren auf. Diese Wendung ist wahrscheinlich darauf zurückzuführen, dass der internationale Widerstand gegen den Vertreibungsplan bald mit der Frage der Nachfolge auf dem römisch-deutschen Kaiserthron verknüpft wurde, den die ehrgeizige Königin so gern für ihren Mann Franz von Lothringen (1708–1765) gewinnen wollte. Die Verhandlungen dafür wurden in und bei Augsburg geführt, wo sich zeitgleich auch Wolf Wertheimer aufhielt. Die Anwesenheit der hohen Diplomaten Europas nutzte er für weitere Interventionen, die offenbar zu diesem Erfolg führten. Der Umstand, dass dann der Gatte von Maria Theresia wirklich noch im selben Jahr zum römisch-deutschen König gewählt wurde und schließlich als Franz I. Stephan die Kaiserwürde annahm, dürfte die strenge Habsburgerin milder gestimmt haben, wie auch die Tatsache, dass ihre Absichten und deren Verwirklichung solch eine vehemente Ablehnung an den meisten europäischen Höfen hervorrief. Danach wurden die Verhandlungen weitergeführt, um auch die Rückkehr der Prager Juden zu ermöglichen, die bis 1748 gegen hohe Finanzleistungen realisiert werden konnte.

Ohne die konzertierten Bemühungen einflussreicher Juden an den europäischen Fürstenhöfen wäre der glimpfliche Ausgang der Affäre kaum denkbar gewesen. Es ist bemerkenswert, zu welcher kollektiven Leistung die europäischen Juden trotz der Diasporasituation in der Lage waren und mit welcher Geschwindigkeit die wichtigen Nachrichten verbreitet wurden. Anhand dieser und der zuvor geschilderten Ereignisse wird deutlich, wie sehr sich die Juden trotz der Zerstreuung und der regionalen Unterschiede in den religiösen Gebräuchen doch immer noch als eine Art Gemeinschaft verstanden, deren Wohlergehen für viele nach wie vor eine existenziell wichtige Angelegenheit war. Gemeinschaftliche Anstrengungen in solchen Dimensionen waren bis dahin nie unternommen worden und sollten danach auch erst wieder im 19. Jahrhundert möglich und nötig werden. Ferner wird ersichtlich, dass der Status der Juden in der absolutistischen Welt immer noch fragil und leicht antastbar war, sie allerdings keinesfalls der immer nur duldenden und passiven Rolle, die ihnen noch immer häufig zugeschrieben wird, gerecht wurden. Vielmehr verstanden sie es häufig, wie in diesem Kapitel dargestellt, den Gang der Ereignisse zu beeinflussen.

IV. Religion, Kultur, Alltag und Demografie der frühneuzeitlichen Juden

1. Geistig-religiöses Leben

a) Bildung

15.–18. Jh. Gründung bzw. Stiftung sowie Unterhalt von zahlreichen gemeindlichen und privaten Talmudhochschulen in beinahe allen mittleren und großen Gemeinden Europas

Religiöse Notwendigkeit von Bildung

Die religiöse Ausbildung der männlichen Kinder und Jugendlichen hatte im Judentum seit jeher einen hohen Stellenwert. Der Erhalt der Religion und die korrekte Lebensführung nach dem Regelwerk der *Halacha* erforderten Kenntnisse des Hebräischen und die Fähigkeit, die reiche Traditionsliteratur zu studieren. Weiter mussten die alltäglichen hebräischen Gebete gelesen werden können, womit prinzipiell die Notwendigkeit für jeden männlichen Juden gegeben war, sich in dieser Sprache Kenntnisse anzueignen. Die Vermittlung des Lehrstoffes erfolgte entweder durch Gemeindelehrer (*Melamdim*) in einer Art bescheidenen Elementarschule (*Cheder*) oder durch private Lehrer, wenn die Eltern dazu die finanziellen Mittel besaßen. Für die Ausbildung der Kinder gaben die Gemeinden meist keine allzu hohen Beträge aus, was wiederum den Effekt hatte, dass die Lehrer schlecht bezahlt waren und in ihrem eigenen Bildungsstand zum Teil große Lücken aufwiesen. Meist zogen sie von Gemeinde zu Gemeinde und verdienten sich so mehr schlecht als recht ihren Unterhalt. Im 17. und 18. Jahrhundert stammten viele von ihnen aus Polen, von wo sie wegen der sich verschlechternden Lebensbedingungen weiter westwärts gewandert waren. Neben diesen Lehrern gab es noch die so genannten „Behelfer“, junge Hilfslehrer, meist selbst noch Jugendliche, die schon genügend Kenntnisse hatten, um den jüngsten Schülern das hebräische Alphabet und erste Lesekenntnisse beizubringen.

Hebräische Lesekenntnisse

Die Kinder erhielten Unterricht vom 5. oder 6. Lebensjahr an bis etwa zum 13., wenn die finanziellen Möglichkeiten der Eltern dies gestatteten. Vermittelt wurden zunächst Lesekenntnisse im Hebräischen sowie das Schreiben in hebräischen Buchstaben, was dann meist zum Schreiben des Jiddischen, der bei den aschkenasischen Juden verbreiteten Alltagssprache, genutzt wurde. Mit den Lesekenntnissen wurde das Studium der Gebete und der hebräischen Bibel fortgesetzt, in fortgeschrittenem Alter dann das Studium der ***Mischna***, was im Idealfall den Endpunkt der grundlegenden Schulbildung darstellte. In größeren Gemeinden erfolgte dieser Unterricht dann in den so genannten *Talmud-Tora*-Schulen, wo gegebenenfalls ein in der jüdischen Tradition und Religion weiter gebildeter Lehrer angestellt war, der manchmal sogar die *Smicha*, die Rabbinatsapprobation besaß. Das Ende der Studien dort fiel in etwa zusammen mit der *Bar Mizwa*, dem religiösen Initiationsritus bei männlichen Jugendlichen im Alter von 13 Jahren. Danach galten sie als *Bachurim* (Jugendliche) und sollten ihr Studium an einer *Jeschiwa* fortsetzen. Dieses Curriculum war ein Ideal, das so jedoch in vielen Landgemeinden des 16. und 17. Jahrhunderts nicht verwirklicht werden konnte.

E

Mischna
Die *Mischna* ist die Sammlung des rabbinischen Wissens der Antike und wurde um das Jahr 200 redigiert. In ihr ist auf Hebräisch das religionsgesetzliche Wissen aus der Zeit der antiken jüdischen Staatlichkeit bewahrt. Spätere Erörterungen der Religionsgelehrten in Palästina und Babylonien über die Inhalte (*Gemara*) ergänzten dann die *Mischna* zum Jerusalemer bzw. Babylonischen Talmud.

Lehrmethoden und Inhalte

In Selbstzeugnissen, die eine wichtige Quelle über das Lernen darstellen, werden die Lehrmethoden oft als sehr schlecht beschrieben. Nachlässiger Unterricht in Gruppen von Kindern unterschiedlichen Alters und körperliche Züchtigungen gehörten offenbar zum Alltag. Die Lehrmaterialien waren kaum für den Unterricht mit Kindern geeignet, so dass diese mit den behandelten Texten nicht selten überfordert waren. Im aschkenasischen Kulturraum gehörten säkulare Inhalte kaum zu den Curricula in den jüdischen Schulen. Man kann jedoch annehmen, dass die Kinder der Oberschicht sehr wohl auch andere Inhalte als die traditionell-jüdischen vermittelt bekamen, da sie sonst, wie etwa im Fall von Hofjudenfamilien, kaum über die notwendigen Kenntnisse verfügt hätten, das väterliche Geschäft mit der nichtjüdischen Umwelt fortzusetzen.

Fremdsprachen wurden, wenn überhaupt, offenbar vor allem durch übenden Gebrauch erlernt. Die Fähigkeit zu ihrem aktiven schriftlichen Gebrauch war jedoch kaum vorhanden. Wenn die jüdischen Gemeinden Schriftstücke für die christlichen Behörden verfassen mussten, so wurden dafür christliche Schreiber gemietet. Bei nichtreligiösen Inhalten ist am frühesten die Beschäftigung mit und Vermittlung von mathematisch-astronomischen Fragen bei den aschkenasischen Juden anzutreffen gewesen, auch dadurch begründet, dass einige Kenntnisse aus diesen Wissenschaften für die Bestimmung des jüdischen Kalenders nötig waren und sind. Dazu waren für die Betreibung eines Handelsgeschäftes, unabhängig von dessen Dimension, mathematische Grundkenntnisse vonnöten. Im Großen und Ganzen erfolgte jedoch bis zum Beginn der jüdischen Aufklärung keine Neubewertung oder -ausrichtung der elementaren jüdischen Lehrinhalte während der gesamten Frühen Neuzeit.

Bei den Sefarden war die Situation etwas anders. Durch die engen Kontakte, die viele von ihnen zur christlichen Umwelt hatten, war die Aneignung weltlichen Wissens früher und in breiterem Maß goutiert als bei den Aschkenasen. Zudem sprachen sie traditionell neben dem Ladino, einer alten Variante des Spanischen, durchsetzt mit hebräischen Begriffen, auch oft Portugiesisch. Durch die guten Fernhandelsbeziehungen vieler Sefarden zu anderen Gemeinschaften innerhalb dieser Diaspora kam häufig noch die Kenntnis anderer Sprachen hinzu. Es ist nicht zuletzt diese kulturelle Offenheit, verbunden mit einem – für europäisch-christliche Augen – „unjüdischem" Habitus, die den Sefarden die Niederlassung in Städten vor allem während des 17. Jahrhunderts deutlich erleichterten.

Lernen an Jeschiwot

An den Elementarunterricht schloss sich für viele Jünglinge das Studium an einer *Jeschiwa* an. Sie wechselten in der Zeit vom 14. bis etwa zum 18. Lebensjahr dafür häufig diese Lehrinstitute, um andere Lehrer und andere

Lehrmethoden zu hören. Innerhalb des Reiches waren die renommiertesten *Jeschiwot* in Frankfurt a. M., Friedberg, Altona, Worms, Metz, Fürth und besonders in Prag, darüber hinaus auch in Osteuropa, und hier besonders in Glogau, Posen und Krakau. In Mähren verfügten die größeren Gemeinden mit einem eigenen Rabbiner oft über bescheidene *Jeschiwot*, eben jene, die von Ascher Levi aus Reichshofen in seiner Lebenschronik beschrieben wurden (in der Chronik beschriebene Jahre: 1598–1635). Ascher Levi, aus dem Elsass kommend, wanderte offenbar meist zu Fuß über Frankfurt, Franken, Prag und mehrere mährische Orten bis nach Wien und wieder zurück, wobei er mehrere *Jeschiwot* besuchte und in den Gemeinden als „Behelfer" seine Einkünfte erzielte. Aus seinen Schilderungen ist ersichtlich, dass er damit beileibe kein Einzelfall war, sondern seine Reisen oft in Gesellschaft gleichaltriger *Jeschiwa*-Studenten unternahm.

Talmudstudien

Als Grundlage für den Unterricht in den *Jeschiwot* dienten der Talmud sowie die zahlreichen Kompendien der religionsgesetzlichen Auslegungen und Kommentare. Besonders die von rabbinischen Autoritäten glossierten Werke dieser Art waren begehrt, wurden kopiert und mit der Einführung des Buchdrucks dann auch gedruckt und so verbreitet. Der Talmud wurde vielerorts sogar erst ab dem 15. Lebensjahr erarbeitet, wobei Traktate mit intimen Details menschlichen Lebens aus Gründen der Züchtigkeit noch viel später behandelt wurden. Erst der Buchdruck und die gedruckten Gesamtausgaben des Talmud ermöglichten dann das intensive Studium mit diesem Werk. Wer von den Jeschiwaschülern seine Studien überdurchschnittlich gut absolvierte und eine traditionelle Bildung erlangte, die weit über dem Durchschnitt lag, konnte – frühestens ab einem Alter von 23 – zum Rabbiner approbiert werden, indem ihm die *Smicha* (Approbation) und der Titel *Morenu* (unser Lehrer) verliehen wurden. In manchen Gemeinden wurde dem jedoch noch die Bedingung hinzugefügt, dass der Kandidat schon zwei Jahre verheiratet gewesen sein musste. Die Erlangung der Approbation und des Titels waren das höchste Bildungsideal für die Juden. Der soziale Status eines traditionell so ausgebildeten Mannes war sehr hoch und lag über dem eines erfolgreichen und vermögenden Geschäftsmannes. Allerdings hieß die Erlangung der Approbation nicht, auch gleichzeitig eine Anstellung als Rabbiner einer Gemeinde zu erhalten. Es gab zahlreiche Kandidaten, aber die Anzahl der freien Stellen der Gemeinderabbinate oder Vorsteher von *Jeschiwot* oder ähnlichen Institutionen entsprach längst nicht der Anzahl der Rabbiner.

Bildung für Mädchen

Über den Unterricht für Mädchen ist man viel weniger informiert. Er scheint in jedem Fall deutlich weniger institutionalisiert gewesen zu sein als bei den Jungen und Jugendlichen. Sehr oft lernten sie zu Hause das hebräische Alphabet, was sie dann befähigte, jiddische, oft verkürzte Bibelübersetzungen, jiddische Gebetbücher (*Tchines*) oder einfache Kommentare zu lesen. Wichtig ist hier das Buch *„Ze'ena uRe'ena"* (Jiddisch: *Zenne Renne*; „Geht heraus und seht"), das in der Frühen Neuzeit in unzähligen Ausgaben für jüdische Frauen und hebräisch ungebildete jüdische Männer verfasst wurde. Den elementaren Unterricht erhielten die meisten Mädchen wahrscheinlich von ihren Müttern, von denen sie auch die notwendigen Kenntnisse zur Führung eines jüdischen Haushaltes unter Beachtung der rituellen Reinheitsregeln erwarben. In der begüterten Oberschicht scheint es auch andere Akzente gegeben zu haben. In den berühmten Memoiren der Glikl von Hameln (1646–1724) wird berichtet, dass sie als Jugendliche, also ca. um 1660, in der Lage war, Französisch zu sprechen und Klavier zu spielen. Dies scheint jedoch eher die Ausnahme als die Regel gewesen zu sein.

Erst mit dem Einsetzen der jüdischen Aufklärung in der zweiten Hälfte des 18. Jahrhunderts änderte sich die Situation allmählich, zunächst vor allem in Deutschland und in Österreich-Ungarn.

b) Rabbinische Gelehrtheit

1567	Erstdruck des halachischen Kompendiums „*Schulchan Aruch*" von Josef Caro
Um 1570	Isaak Luria entwickelt sein Modell der Kabbala
1752/53	europaweiter Disput über die angebliche Anhängerschaft von Jonatahn Eybeschütz zum Sabbatianismus

Lernen und Gelehrsamkeit, so wurde bereits verdeutlicht, waren Grundkonstanten der jüdischen Tradition. Das Lernen der heiligen Schriften und religionsgesetzlichen Texte fand nicht nur im Kindheits- und Jugendalter statt, sondern war und ist Grundbestandteil des täglichen Lebens gesetzestreuer Juden. Vermehrtes Studium war nicht etwa mit einem klaren Berufsziel verbunden, sondern wurde als Erfüllung eines religiösen Gebotes angesehen, weshalb sich die jüdische mit der christlichen Tradition an dieser Stelle kaum vergleichen lässt.

Rabbinisches Wissen

Jüdische Gemeinden benötigten für die tagtägliche Auseinandersetzung und Interpretation der Religionsgesetze gelehrte Männer, die in der reichen Traditionsliteratur der Bibel, der *Mischna* und *Gemara* sowie ihren unzähligen Kommentaren bewandert waren, diese als die verbindlichen Quellen für Entscheidungen über Alltagssituationen zu nutzen verstanden und der Gemeinde und insbesondere den lernenden Männern als Führer im Dickicht der sich nicht selten widersprechenden Produkte dieser Literatur zur Verfügung standen. Somit gewinnt der den Rabbinern verliehene Titel *Morenu* (unser Lehrer) an Bedeutung. Es wurde ebenfalls schon bemerkt, dass die Erlangung der Approbation nicht automatisch mit einer Tätigkeit als Rabbiner verbunden war. Vermögende Gelehrte bevorzugten es oft, sich weiter in Ruhe ihren Studien hinzugeben, anstatt den zwangsläufig entstehenden Alltagsgeschäften eines Gemeinderabbiners nachgehen zu müssen.

Institutionalisierung des Gemeinderabbinats

Die Frühe Neuzeit ist die Epoche der zunehmenden Institutionalisierung des Gemeinderabbinats in den meisten Gemeinden Europas, und insbesondere der aschkenasischen. Zwar blieben Rabbiner in hohem Ansehen wegen ihrer Gelehrtheit, hatten aber eindeutig an Einfluss verloren, indem sie sich meist dem Diktat der Gemeindevorsteher beugen mussten, in ihren Entscheidungen von diesen abhängig waren und – nicht zuletzt – von diesen angestellt oder entlassen wurden.

Voraussetzungen

Dennoch gab es zwischen 1500 und 1800 eine Reihe von gelehrten Juden, die in den Augen ihrer Zeitgenossen und vielfach bis heute als Autoritäten angesehen werden und deren Schaffen auf dem Gebiet der traditionell-jüdischen Literatur von Belang war und ist. Dazu gehörten vor allem die Rechtsgutachten sowie Kommentare und Erläuterungen von Abschnitten der Bibel und des Talmud. Da jedoch die schriftlichen Zeugnisse dieses Schaffens kaum zu Lebzeiten eines Rabbiners veröffentlicht und gedruckt wurden, sondern häufig erst posthum von seinen Schülern, Nachfolgern oder Anhängern, gründete sich der Ruf eines Gelehrten zunächst auf andere Aspekte: Neben einem ausgewiesen scharfen Verstand, hervorragendem Gedächtnis und eifrigem Lernwillen half es einem Rabbiner durchaus, wenn er aus einer anerkannten Familie mit langer und besonders enger Bindung an die Gelehrtheit stammte. Oft war das Verhältnis zwischen Vater und Sohn auch das zwischen Lehrer und Schüler, weshalb sich der gute Ruf vergangener Generationen einer Familie nicht ganz unberechtigt auch auf die nachfolgenden übertrug. Wenn ein Gelehrter dann diesen Ruf wiederum durch Zulauf an Schülern rechtfertigen konnte und so Bekanntheit auch über seinen Wohn- oder Wirkungsort hinaus erlangte, dann war ein wichtiger Schritt in der allgemeinen Anerkennung getan. Schließlich war es auch von immenser Bedeutung, als juristische Autorität wahrgenommen zu werden, indem so genannte Responsen (Rechtsgutachten) von einem Rabbiner erbeten und auch erteilt wurden, die, wenn sie glaubwürdig waren und von anderen bestätigt wurden, als Präzedenzentscheidungen galten und für spätere, ähnliche Fälle ihre Relevanz behielten.

Konditionen

Wenn ein Gelehrter nicht über eigene oder angeheiratete finanzielle Ressourcen verfügte, die ihm ein unabhängiges Leben ermöglichten, dann war er gezwungen, den Dienst in einer Gemeinde aufzunehmen. Das Ansehen der Gemeinde, der Zulauf von Studenten an eine von einem bestimmten Rabbiner geleiteten *Jeschiwa*, günstige äußere Existenzbedingungen und nicht zuletzt die finanziellen Zuwendungen für die Amtsführung entschieden darüber, ob ein Gelehrter eine Position annahm, wie lange er dort im Amt verblieb und ob er sich eines Tages einer anderen Stellung, nicht selten weit entfernt vom bisherigen Aufenthaltsort, zuwandte. Die im Folgenden exemplarisch vorgestellten Rabbiner bewegten sich oft in einem Netz mit den folgenden Hauptknotenpunkten: Prag, Frankfurt a. M., Metz, Altona, Krakau, Vilna und Lemberg, wozu dann noch eine Reihe von anderen Stationen kommen konnten, die meist am Beginn einer Laufbahn standen, da sie von geringerer Bedeutung waren. Im Zentrum stehen hier Gelehrte des aschkenasischen Kulturraums, der für das europäische Judentum der dominierende war. In den im Verhältnis wenigen sefardischen Gemeinden gab es ebenso Rabbiner, die sich innerhalb Europas vor allem zwischen den großen Zentren Venedig und Amsterdam bewegten und besonders durch die Förderung des hebräischen Buchdrucks in der niederländischen Metropole seit dem 17. Jahrhundert Einfluss auf die jüdische Geisteswelt nahmen. Hier ist vor allem die Person des auch philosophisch gebildeten Menasse ben Israel (1604–1657) zu nennen.

Jakob Polak

Einer der frühesten, für die jüdische Geistesgeschichte der Frühen Neuzeit relevanten Persönlichkeiten war Jakob ben Josef Polak (vor 1470 bis nach 1522). Er stammte ursprünglich aus Bayern, war dann Rabbiner in Prag und ging um 1492/94 nach Krakau, wo er zum geistigen Führer für die bedeutende Hauptstadtgemeinde ernannt wurde. Vom polnischen König Alexander (1461–1506) erhielt er sogar eine Urkunde, in der er als „doctor judaeorum“ betitelt und als Richter über die Juden in Kleinpolen, vielleicht auch darüber hinaus, eingesetzt wurde. Mit Polak gelangten die intensiven

Talmudstudien nach Polen, wo es vor seiner Ankunft noch keine Tradition institutionalisierten jüdischen Lernens gegeben hatte. In Krakau gründete er die erste *Jeschiwa* in Polen überhaupt, die bald darauf große Bedeutung für die polnischen Juden und darüber hinaus erlangen sollte. Wie schon zuvor in Prag wurde Polak auch in Krakau in innerjüdische Auseinandersetzungen verwickelt, die ihn schließlich 1522 zum Verlassen der Stadt zwangen. Danach verlieren sich seine Spuren. Aus seiner Feder sind keine Werke überliefert, weshalb sich seine Bedeutung vor allem auf die Gründung der bald darauf außerordentlich wichtig werdenden polnischen Geisteswelt innerhalb des Judentums begrenzt.

Josef ben Efraim Caro

Ein jüdischer Gelehrter, der zwar nie in Europa nördlich der Alpen persönlich gelebt oder gewirkt hatte, konnte jedoch mit seinen Werken und Lehrmeinungen eine beinahe schon singuläre Langzeitwirkung erlangen. Josef ben Efraim Caro (1488–1575), der noch vor der Vertreibung der Juden von der iberischen Halbinsel dort geboren wurde, ging danach mit seiner Familie ins türkische Exil, wo er mehrere Jahrzehnte lebte und studierte, bevor er sich 1536 in Safed in Palästina niederließ. Dort existierte zu jener Zeit eine florierende Gemeinde, deren Geisteselite sich intensiv mit dem Studium der **Kabbala** und des Talmud beschäftigte.

E

Kabbala
Die Bedeutung des Wortes ist „Überlieferung". Die Kabbala ist eine mystische Lehre, die ihre Ursprünge bereits in der Spätantike hatte, dann aber im mittelalterlichen Spanien zu großer Blüte gelangte. Innerhalb der Kabbala gibt es eine Wechselbeziehung zwischen „Oben" und „Unten", d. h. zwischen Gott und den Menschen, bzw. zwischen Makro- und Mikrokosmos. Die Vollkommenheit des göttlichen Makrokosmos manifestiert sich im Mikrokosmos, den Gott benötigt, um seine zehn geistigen Kräfte der Allmacht wirken lassen zu können, die so genannten *Sefirot*. Ziel des kabbalistischen Mystikers ist es, diese Wechselwirkung zu verstehen und dafür aus seinem eigenen Ich herauszutreten, um so die Grenzen zwischen Subjekt und Objekt zu durchbrechen. Dafür gibt es Techniken, die vom Kabbalisten studiert werden und das Wirken des *Sefirot* beeinflussen sollen. Die Kabbala wurde auch im frühneuzeitlichen Judentum intensiv studiert, jedoch erst ab einem fortgeschrittenen Alter, da zur Durchdringung dieser Mystik ein reifer und gefestigter Geist vorausgesetzt wurde. Das Hauptwerk der Kabbala ist das gegen Ende des 13. Jahrhunderts in Spanien entstandene Buch *„Sohar"*.

Im Jahr 1522 begann Caro sein Hauptwerk, *„Beit Josef"* (Das Haus Josefs), in dem er versuchte, den unzähligen halachischen Regeln und Auslegungen, die in den unterschiedlichen Traditionen des Judentums durchaus widersprüchlich sein konnten, eine klar geordnete Struktur und eindeutige Inhalte zu geben. Caro verließ sich dabei zunächst auf die talmudischen Grundlagen sowie, an zweiter Stelle, auf die halachischen Kodifizierungen von Jakob ben Ascher (ca. 1270–1340), einem spanischen Gelehrten, der in seinem Hauptwerk *„Arba'a Turim"* (Vier Säulen) einer ähnlichen Absicht nachgegangen war und die *Halacha* zu ordnen suchte. Caro verfolgte die Veränderungen halachischer Regeln und legte diese in *„Beit Josef"* dar, so dass es bis heute eine unübertroffene Quelle für die Genese der *Halacha* bis ins 16. Jahrhundert hinein ist. Josef Caro arbeitete 20 Jahre an diesem mehrbändigen Werk, dessen erster Teil erst 1555 gedruckt wurde. Zeitgleich verfasste er mehrere hundert Responsen, denen aufgrund seiner tiefen Kenntnisse der jüdischen Religionsgesetze große Bedeutung beigemessen wurde.

Da *„Beit Josef"* in seiner Ausführlichkeit nur für einen begrenzten Kreis von Gelehrten handhabbar war, entschloss sich Caro, eine verkürzte Version seines Werkes herauszugeben: den *„Schulchan Aruch"* (der „Gedeckte Tisch"). In 30 Sektionen wird dort die wesentliche *Halacha* verständlich und ohne legendenhafte Ausschmückung dargelegt und es spricht für die Qualität des Autors, dass dieses Werk bis heute weltweit die Grundlage für jeden gesetzestreuen jüdischen Haushalt darstellt und noch immer als die allgemein gültige „Enzyklopädie" der *Halacha* gilt. Die erste gedruckte Ausgabe wurde 1567 in Venedig produziert. Die Kenntnis und Wertschätzung des Werkes verbreitete sich schnell in der jüdischen Welt, auch in Europa.

Moses Isserles

Schnell wurde für das aschkenasische Judentum klar, dass die halachischen Ausführungen Caros sich vor allem in der Tradition der Sefarden befanden, die für die Aschkenasen nicht in jedem Fall verbindlich oder hinreichend waren. Eben diese Lücke wurde von einem Gelehrten aus Krakau, Moses Isserles (vor 1530–1572) ausgefüllt. Aus dem Akronym seines Namens in Hebräisch (Rabbi Moses Isserles) wurde der gängige Name für ihn in der Literatur gebildet: ReMA. Er stammte aus einer wohlhabenden Familie und erhielt seine Bildung in polnischen *Jeschiwot*. In seiner Auseinandersetzung mit der *Halacha* wählte er sich ähnliche Themen wie Josef Caro (mit dem er in schriftlichem Kontakt stand) nämlich die Diskussion und korrekte Darstellung der *Halacha* und ihrer Praxis. Dafür glossierte er den *„Schulchan Aruch"* von Caro mit dem Brauchtum der aschkenasischen Juden, weshalb das Werk somit universale Gültigkeit bekam. Seine Glossen wurden unter dem Namen *„Hamappa"* („Die Tischdecke", die über Caros „Gedeckten Tisch" gezogen wurde) 1569–71 erstmals gedruckt und sind, genau wie Caros Grundlage, bis heute von hoher Relevanz. Von Chajim ben Bezalel (1520–1588) aus Friedberg wurde jedoch Kritik an Isserles' *„Mappa"* laut, da sie sich nach seiner Ansicht vor allem auf das Brauchtum der polnischen Judenheit stütze und die Gebräuche der in Deutschland lebenden Juden außer Acht lasse. Dies ist ein wichtiger Hinweis darauf, dass innerhalb der aschkenasischen Welt durchaus noch feiner differenziert wurde. Isserles gründete in Krakau eine *Jeschiwa* aus eigenen Mitteln, aus der u.a. der später bekannte Historiograf und Astronom David Gans (1541–1613) hervorging, von dem an anderer Stelle noch die Rede sein wird. Moses Isserles vertrat die damals nicht häufig geäußerte Ansicht, dass das Studium bestimmter profaner Schriften und Wissenschaften durchaus von Nutzen sein konnten. Insbesondere die Astronomie fand sein Interesse und er versuchte, diese den *Jeschiwa*-Studenten nahe zu bringen, auch wenn sein Weltbild (und das vieler anderer gelehrter Juden) sich immer noch am geozentrischen des Ptolemäus orientierte.

Jehuda Löw ben Bezalel („Hoher Rabbi Löw")

Einer der bedeutendsten rabbinischen Gelehrten des 16. Jahrhunderts überhaupt ist Jehuda Löw ben Bezalel gewesen, genannt auch der „Hohe Rabbi Löw", im Akronym MaHaRaL (Morenu HaRaw Löw – Unser Lehrer, der Rabbi Löw) (ca. 1525–1609). Er stammte aus einer Gelehrtenfamilie, die ihre Wurzeln in Worms hatte, aber um 1520 nach Posen übersiedelte. Sein älterer Bruder war der oben genannte Chajim ben Bezalel aus Friedberg. Über die frühen Studien Jehudas ist so gut wie nichts bekannt. An exponierter Stelle trat er erstmals 1553 auf, als er das von Kaiser Maximilian II. (1527–1676) eingerichtete mährische Landesrabbinat übernahm und für 20 Jahre innehatte. Dort war er maßgeblich an der ersten Formulierung der mährischen Landesstatuten beteiligt, die den Juden in den dortigen Gemeinden ein nachhaltiges kollektives Bewusstsein gaben. Im Jahr 1573 wechselte er nach Prag und bekleidete für elf Jahre die Position eines Klausrabbiners an der Privatsynagoge des Finanziers, Vorstehers und Fürsprechers Mordechai Meisel (1528–1601). Als 1583 das Amt des Prager Oberrabbiners vakant wurde, erhielt Jehuda Löw nicht den Ruf darauf, da seine teils polarisierenden Lehrmeinungen, die nicht im Trend der Zeit lagen, den Vorstehern offenbar zu weit gingen.

E

Klaus

Eine *Klaus* war in zahlreichen aschkenasischen Gemeinden der frühneuzeitlichen Welt ein Lehrhaus, das durch eine private oder gemeindliche Stiftung unterhalten wurde. Dort versammelten sich gelehrte Juden zum gemeinschaftlichen Studium und Gebet, manchmal auch zur Lehre für Kinder und Jugendliche, die zumeist auch aus den Mitteln der Stiftung unterhalten wurden. In großen Gemeinden konnte es sogar mehrere *Klausen* geben, wie es zum Beispiel in Hamburg, Mannheim und Fürth der Fall war.

In den darauf folgenden Jahren war Jehuda Rabbiner in Posen, wieder in der *Klaus* in Prag und auch noch einmal in Mähren, bevor er schließlich 1599, schon als betagter Mann, zum Prager Oberrabbiner gewählt wurde. In dieser Funktion beschloss er schließlich auch sein Leben. Jehuda Löw hinterließ ein umfangreiches Gesamtwerk, von dem sich jedoch nicht alles erhalten hat. Dazu gehören vor allem Kommentare zu einigen Talmudtraktaten, zu Teilen aus der hebräischen Bibel sowie ein Superkommentar (Kommentar zum Kommentar) zum wohl bekanntesten Bibelkommentar von Schlomo Jizchaki, genannt RaSchI (1040–1105). Zu den Grundkonstanten in den Werken Jehuda Löws zählen die Betonung eines Lebens nach den jüdischen Geboten als einzigen Weg zur menschlichen Perfektion, die Zentralität der Mischna im täglichen Studium, Reformbedarf in der jüdischen Bildung (wobei hier keine frühaufklärerischen Ideen gemeint sind) sowie das Verbot des Genusses unkoscheren Weines, der damals durchaus im Judentum seine Verbreitung hatte. Eine besondere Gegnerschaft entwickelte er in Bezug auf die damals beliebte und viel praktizierte Methode des *Pilpul*, des Ausdiskutierens kleinster Detailfragen innerhalb der *Halacha*. Schon zu seinen Lebzeiten wurden mehrere Werke von ihm in Prag und Krakau gedruckt. Zu den Schülern gehörten der schon erwähnte David Gans, Jomtow Lipmann Heller (1579–1654), der in Zusammenhang mit Prag und Krakau Bedeutung erlangte, sowie Elijah ben Mosche Loans (1555–1635), einem der wichtigsten Gelehrten der deutschen Stadtgemeinden Friedberg und Worms.

Der bis heute allgemein hohe Bekanntheitsgrad von Jehuda Löw rührt aber nicht so sehr aus diesen Werken, sondern vielmehr aus den Legenden, die sich um das Leben des „Hohen Rabbi Löw" ranken. Eine davon hat einen realen Hintergrund. Es ist die geheimnisumwobene Audienz, die Jehuda 1592 bei Kaiser Rudolf II. (1592–1612) hatte, über die jedoch so gut wie nichts bekannt ist. Es gibt immer wieder Vermutungen, dass der hauptsächliche Gesprächsinhalt Fragen der Alchemie und des Okkultismus gewesen sein könnten, für die sich der Kaiser, der in Prag residierte, so sehr interessierte. Da über die wirklichen Themen nichts bekannt ist, wurden die Legenden umso reicher. Eine behauptet, dass es dabei um eine Diskussion über den freien Willen des Menschen gegangen sei, der von Rudolf II. bejaht, von Jehuda Löw jedoch verneint wurde. Die zweite Legende, der jegliche Grundlage fehlt, ist die um die geheimnisvolle Schöpfung des Golem, eines aus Ton gefertigten Wesens, dem der Rabbi Leben eingehaucht habe um es zu seinen Diensten zu haben. Jedoch ging der Golem bald darauf eigene und unvorhergesehene Wege, so dass sich Rabbi Löw gezwungen sah, ihn wieder zu vernichten. Die Golemlegende ist jedoch schon viel früher belegbar als für das 16. Jahrhundert, so dass sie Jehuda Löw lediglich im Laufe der Zeit angedichtet wurde. Noch bis in die Mitte des 20. Jahrhunderts entstanden Legenden um angebliche Wunder, die vom „Hohen Rabbi Löw" in Prag vollbracht worden seien.

Isaak Luria

Isaak ben Salomon Luria (1534–1572) wirkte Zeit seines Lebens nie in Europa, obwohl er väterlicherseits möglicherweise aus einer aus Deutschland ausgewanderten Familie stammte. Jedoch war die Ideenwelt des ARI, so das Akronym (*Adonenu Rabenu Izchak*), auf dem Gebiet der Mystik, insbesondere der Kabbala so einflussreich, dass sie innerhalb weniger Jahrzehnte zu einem Hauptanliegen jüdischen Lernens in der gesamten Diaspora wurde, vor allem unter der Geisteselite in Europa. Luria wurde in Jerusalem geboren und wuchs in Ägypten auf, bevor er sich schließlich um 1570 in Safed in Galiläa niederließ, wo das Studium der religiösen und kabbalistischen Literatur des Judentums ohnehin schon in großer Blüte stand. Isaak Luria, der seine esoterischen Studien bereits in Ägypten begonnen hatte, studierte auch in Safed weiter, versammelte aber auch bald eine Schar von Schülern um sich, denen er sein Weltbild vermittelte. Der sicher bedeutendste Schüler war Chajim Vital (1543–1620), der für die spätere Verbreitung von Lurias Lehre unentbehrlich werden sollte, da dieser selbst so gut wie nichts schriftlich hinterlassen hatte.

Die lurianische Kabbala bot mit ihrem Modell eine Erklärung für die Gegebenheiten jüdischen Lebens in der Diaspora, indem sie das Schicksal der verstreut lebenden Juden in einen Zusammenhang mit der Schöpfungsgeschichte stellte. Diese bestand aus vier Abschnitten, wovon der letzte kurz vor der Vollendung stehe. Dazu bedürfe es noch die Mithilfe aller Juden, um den *Tikkun*, also die Beseitigung des unvollkommenen Zwischenzustandes, zu vollziehen und das Kommen des Messias zu beschleunigen. Dies sollte durch striktes Achten der Gebote geschehen. Die Katastrophen, die die Juden in der jüngeren Vergangenheit erlebt hatten, also Pogrome und Vertreibungen und letztlich auch das Exil, wurden als „Geburtswehen des Messias" gedeutet und bekamen so einen nachvollziehbaren Sinn. Dieses Modell der Kabbala bekam quasi eine Doppelfunktion sowohl als Interpretation wie auch als Faktor der Geschichte. Da das jüdische Schicksal sich überall auf der Welt zumindest ähnelte, konnte die lurianische Kabbala als universales Denkmodell ihren großen Erfolg haben, der in der ersten Hälfte des 17. Jahrhunderts einsetzte und sich beispielsweise im SchLaH des Jesaia Horowitz niederschlug. Für die gesamte Frühe Neuzeit und noch darüber hinaus bis heute sollte die Beschäftigung mit der Kabbala und insbesondere mit dem lurianischen Modell für die jüdische Geisteselite dominant bleiben.

Jesaja Horowitz

Ein weiterer Gelehrter von nachhaltiger Bedeutung war Jesaja ben Abraham Halevi Horowitz (ca. 1565–1630), auch SchLaH genannt. Dieses Akronym geht auf den Namen seines Hauptwerkes *„Schne Luchot Habrit"* („Die zwei Gesetzestafeln") zurück. Sein Lebensweg weist die so häufig anzutreffende hohe Mobilität auf, die bei vielen jüdischen Gelehrten jener Epoche auszumachen ist. Geboren wurde er in Prag, folgte als Jugendlicher seinem Vater nach Polen und lernte in Krakau. Im Jahr 1600 wurde er Rabbiner der ukrainischen Gemeinde Dubno und schon zwei Jahre danach Vorsitzender des rabbinischen Gerichts und Vorsteher der *Jeschiwa* in Ostraha, bevor er schließlich 1606 zum Oberrabbiner in Frankfurt a. M. gewählt wurde. Dort blieb er bis zur Vertreibung der Juden im Fettmilch-Aufstand 1614, um sich daraufhin wieder nach Prag zu begeben, wo er als Rabbiner bis 1621 fungierte. Wenn bis hier sein Itinerar schon bedeutend war, so wird es noch durch seine abschließende Reise nach Palästina bekrönt, wo er ab 1621 lebte und zum Rabbiner der Jerusalemer aschkenasischen Gemeinde berufen wurde. Unter seiner Ägide erlebte die aschkenasische Gemeinschaft in Palästina einen gewissen Aufschwung, der nicht nur auf Jerusalem begrenzt war. Obwohl Jesaja Horowitz aus einer wohlhabenden Familie entstammte und ihm immer ein überdurchschnittlicher Lebensstandard gesichert war, strebte er ständig Positionen innerhalb einer Gemeinde an, obwohl dafür offenbar keine ökonomischen Zwänge vorgelegen hatten.

Das erwähnte Hauptwerk *„Schne Luchot Habrit"* ist eine Kombination von *Halacha*, Homilie sowie lurianischer Kabbala und hat die Intention, eine Handlungsrichtlinie für ein ethisches Leben darzustellen. Das Werk, das in zwei Teilen 1649 in Amsterdam erstmals gedruckt wurde, erlangte große Popularität, die bis heute in orthodoxen Kreisen erhalten ist. Horowitz bejahte die Existenz des freien menschlichen Willens (wie sie auch in der lurianischen Kabbala vorkam) vehement und leitete sie von der Natur der Allwissenheit des Schöpfers ab. Der Mensch habe die Wahl zwischen Gut und Böse und für beide sei die Quelle der Wille Gottes.

Zwi Hirsch Aschkenasi („Chacham Zwi")

Einer neuen Generation von Gelehrten gehörte Zwi Hirsch ben Jakob Aschkenasi (1660–1718) an. Sein Leben ist gekennzeichnet durch eine ebenso hohe physische, wie auch innerjüdisch-kulturelle Mobilität. Geboren wurde er in Mähren als Sohn einer ursprünglich aus Vilna stammenden Familie, die sich vor den Pogromen während des Ersten Nordischen Krieges gerettet hatte. Seine grundlegende Bildung erhielt er noch in Mähren, wurde dann aber als Jugendlicher auf eine sefardische *Jeschiwa* in Thessaloniki geschickt, wo er sich mit den andersartigen Gebräuchen dieser Gruppe bekannt machte. Ein solcher Bildungsweg war keinesfalls häufig. In Thessaloniki mit ihrer großen sefardischen Gemeinschaft verbrachte er zwei Jahre, daraufhin noch ein Jahr in Belgrad bei den dortigen Sefarden und erlangte in deren Bräuchen, Traditionen und Lehrmeinungen eine solche Gewandtheit, dass er den Titel eines *Chacham* erhielt, das sefardische Pendant zum aschkenasischen Rabbinertitel. Mit dieser Doppelbildung stellte er ohne Zweifel einen seltenen, wenn auch nicht singulären Fall dar, der eine hohe Bekanntheit erreichte. Neben dieser jüdischen Doppelkompetenz dürfte er, bedingt durch die kulturelle und regionale Mobilität auch mehrere Sprachen gesprochen haben. Man kann sicher davon ausgehen, dass dazu Jiddisch, Hebräisch und Ladino gehörten, vielleicht auch noch Deutsch.

Nach einem kurzen Aufenthalt in Ofen (Buda) erhielt Zwi eine Anstellung als Rabbiner der sefardischen Gemeinde in Sarajevo, wandte sich dann aber, nach der Heirat mit der Tochter des Altonaer Oberrabbiners Meschullam Salman Neumark-Mirels in die norddeutsche Dreiergemeinde, wo er für 18 Jahre an einer *Klaus* in Altona lehrte. Als 1708 sein Schwiegervater verstarb, erhielt er kurzzeitig die Position des (aschkenasischen) Altonaer Oberrabbiners, musste es aber wegen einer stark angefeindeten halachischen Entscheidung zur Reinheit geschächteter Tiere bald wieder aufgeben.

Im Jahr 1710 wurde er schließlich von der immer weiter aufstrebenden aschkenasischen Gemeinde in Amsterdam auf das dortige Rabbinat berufen. Sein Jahresgehalt war mit 1000 niederländischen Gulden außergewöhnlich hoch und entsprach dem Dreifachen des sonst üblichen Satzes. Bald verband ihn eine enge Freundschaft mit dem sefardischen Rabbiner Amsterdams, so dass es den Anschein hatte, dass mit der Person von Zwi Hirsch ein Glücksgriff getan und er bestens dazu geeignet war, die gewissen Spannungen zwischen den beiden Gemeinschaften in Amsterdam zu entschärfen. Eine kurz darauf erscheinende Responsensammlung, die besonderes Lob bei den Sefarden erfuhr, verstärkte diesen Eindruck noch. Allerdings gab es wenige Zeit danach einen Bruch in dieser anfänglichen Idylle, der sich an einer Diskussion über eine Schrift eines Jerusalemer Emissärs entzündete, die von Zwi Hirsch als sabbatianisch, also stark herätisch eingestuft wurde, während sein sefardischer Amtskollege völlig anderer Meinung war. Dieser schaffte es bald, eine starke Opposition gegen den aschkenasischen Rabbiner um sich zu scharen, so dass dieser es 1714 vorzog, sein Amt aufzugeben und sich über London nach Polen zu begeben, wo er 1718 starb. Seine außergewöhnlichen kulturell-religiösen Orientierungen waren zwar interessant und fielen auch den Zeitgenossen auf, könnten aber letzten Endes vielleicht doch zu exotisch für seine Zeit gewesen sein, um unbestritten ihre Position behaupten zu können.

David Oppenheim

Zur selben Generation gehörte auch David Oppenheim (1664–1736), der zwar in seiner aschkenasischen Umgebung verblieb, dafür aber in anderer Hinsicht eine facettenreiche Persönlichkeit aufwies. Er stammte aus Worms und erhielt seine grundlegende Bildung in Friedberg, Metz und Landsberg a.d. Warthe. Selbst aus einer wohlhabenden Familie stammend, heiratete er schließlich eine Tochter des Hannoveraner Hofjuden Leffmann Behrens und verankerte so seine Zugehörigkeit zur jüdischen Oberschicht seiner Zeit. Schon mit 26 Jahren wurde er auf das Rabbinat in Nikolsburg berufen, war verantwortlich für die dortige große *Jeschiwa* und fungierte zugleich auch als Landesrabbiner für Mähren. Es ist bekannt, dass er trotz dieser Funktionen oft und weit verreiste, vor allem zu seinem Schwiegervater nach Hannover, aber auch auf die Messen in Leipzig, wo er in eigenen wirtschaftlichen Interessen gehandelt haben dürfte. Er begnügte sich nicht mit dem Umstand, dass er sein Leben auf ein hohes Eigenkapital stützen konnte, sondern pflegte und vermehrte dieses durch Handel und den Verleih größerer Beträge an Mitglieder der christlichen Oberschicht. Diese Kontakte nutzte er auch wiederholt für gezielte Fürsprache im Interesse der Juden.

Zu Beginn des 18. Jahrhunderts wurde die Stellung David Oppenheims innerhalb des europäischen Judentums noch einmal nachhaltig gefestigt. 1701 wurde er auf Lebenszeit zum mährischen Landesrabbiner ernannt, im selben Jahr auch zum „Fürsten des Heiligen Landes", was bedeutete, dass er für das europaweit agierende Solidarsystem zur Unterstützung der Gemeinden Palästinas zuständig war. Bald darauf erhielt er mehrere Avancen großer Gemeinden zwischen Litauen und der Rheinpfalz für die Übernahme der jeweiligen Rabbinatsposten. Jedoch schlug Oppenheim alle diese aus, bis er schließlich 1702 die Wahl zum Prager Oberrabbiner annahm. Diese Position war zwar angesehen, aber nicht unproblematisch, da die Vorgänger Oppenheims nicht selten unter starken Intrigen in der Gemeinde gelitten hatten. Seine Stellung wurde aber noch gefestigt, indem er auf Bitten der Prager Vorsteher von Kaiser Joseph I. (1678–1711) auf Lebenszeit in dieser Position bestätigt wurde.

Seit 1715 bündelte er noch mehr Macht in seinen Händen, als er schließlich auch zum Oberrabbiner der böhmischen Landesjudenschaft ernannt wurde, obwohl dieser Posten einige Jahrzehnte zuvor vom Prager Rabbinat getrennt worden war. Seine jährlichen Einnahmen aus seinen Ämtern beliefen sich auf ca. 800 Gulden, die er in seiner guten ökonomischen Situation aber kaum nötig gehabt hätte. Einen Teil davon überließ er schließlich den 1717 eingeführten böhmischen Kreisrabbinern, die einen Teil seiner Kompetenzen in den Landgemeinden übernahmen.

Merkwürdigerweise ist von seinen religionsgesetzlichen Auslegungen und Schriften kaum etwas publiziert worden, obwohl sich die Manuskripte in nicht geringer Zahl erhalten haben. Dazu zählen zahlreiche Rechtsgutachten, Predigten und Kommentare zu einem großen Teil des Talmuds. Bedeutend sind seine ca. 70 *Haskamot*, Druckapprobationen für Werke anderer jüdischer Autoren, ohne die sich so gut wie nie ein Werk publizieren ließ. Die Häufigkeit, mit der seine Approbation gesucht wurde, zeigt, dass seine Zustimmung als Gütesiegel verstanden wurde, wie auch seine Bereitschaft zur Erteilung auf großes Interesse an der traditionellen Literaturproduktion hindeutet. Bekannt ist die bibliophile Leidenschaft Oppenheims. Er sammelte und pflegte alte Drucke und Handschriften, die er jedoch aus Gründen der Zensur nicht in Prag selbst, sondern in Hannover im Haushalt seines Schwiegervaters aufbewahrte. Die Bibliothek hatte einen Umfang von ca. 7000 Drucken und etwa 1000 Handschriften, darunter befand sich ein Druck des Talmuds auf Pergament von 1715, der allein 1000 Dukaten gekostet haben soll. Große Teile seiner Bibliothek sind nach wie vor erhalten und bilden den Kern der Bodleian Library in Oxford, wohin sie in der ersten Hälfte des 19. Jahrhunderts verkauft wurden.

Außergewöhnlich war auch der Unterhalt einer jüdischen Theatergruppe, die offenbar aus *Jeschiwa*-Studenten gebildet wurde und mit der Oppenheim Purimspiele aufführen ließ, satirische Theaterstücke, die in der Zeit des karnevalartigen Purimfestes (Februar/März) in zahlreichen jüdischen Gemeinden aufgeführt wurden. Dafür ließ er eigens ein Stück, „Akta Ester", drucken. Purimspiele werden als die Wiege der jüdischen Theatertradition angesehen. Allerdings wurde diese Ambition des vielschichtigen Prager Oberrabbiners von seinen Zeitgenossen nicht kritiklos hingenommen, da die Aufführung und der Besuch von Theaterstücken nicht als probate Beschäftigungen im traditionellen Sinn angesehen wurden.

Jonathan Eybeschütz

Einige Dekaden danach erschütterte die Affäre um Jonathan Eybeschütz (1690/95–1764) die europäischen Juden und machte diesen Gelehrten innerhalb kurzer Zeit auch über das Jdentum hinaus bekannt. Bevor die Beschuldigungen gegen seine angeblich stark abweichlerischen Ansichten laut wurden, war er jedoch schon wegen seiner offenbar großen didaktischen Begabung mehrfach aufgefallen und hatte sich somit in die führende Gruppe der jüdischen Geisteselite in der ersten Hälfte des 18. Jahrhunderts eingereiht. Nach Studien in Polen, Mähren, Prag und Wien – dort beim Rabbiner und Hofjuden Samson Wertheimer – ließ er sich 1715 in Prag nieder und wurde Leiter einer *Jeschiwa*. Im Verlauf der nächsten 26 Jahre blieb er in der böhmischen Hauptstadt, bis er 1741 auf den Posten des Metzer Rabbinats berufen wurde. Ab 1750 schließlich fungierte er in der Dreiergemeinde Altona-Hamburg-Wandsbek bis zu seinem Tod.

Eybeschütz-Emden-Debatte

Schon bald nach dem Wechsel in die Dreigemeinde wurden gegen ihn von dem bei der Rabbinerwahl unterlegenen Kandidaten, Jakob Emden (1697–1776), schwere Anschuldigungen erhoben. Emden, der ein Sohn des zuvor erwähnten Zwi Hirsch Aschkenasi war, hatte zwar auch eine intensive rabbinische Bildung genossen, konnte jedoch nicht dasselbe Echo als brillanter Lehrer hervorrufen wie Eybeschütz. Jakob Emden war nur einmal für dreieinhalb Jahre als Gemeinderabbiner in Emden angestellt gewesen, bevor er sich in Altona niederließ und eine hebräische Druckerei betrieb. Seine Vorwürfe richteten sich gegen die angebliche Anhängerschaft von Eybeschütz zu der herätischen Sekte des Sabbatai Zwi, wofür Emden in von Eybeschütz gefertigten Amuletten aus der Metzer Zeit versteckte Hinweise gefunden haben wollte. Die Druckerei von Emden wurde daraufhin viel für die insgesamt 24 polemischen Schriften gegen den Altonaer Oberrabbiner genutzt, der sich ebenfalls in gedruckten Texten rechtfertigte. Die Angelegenheit zog bald europaweit ihre Kreise und verwickelte zahlreiche jüdische Gelehrte aus mehreren Ländern, die sich entweder für die Integrität von Eibeschütz aussprachen (die Rabbiner aus Polen) oder die Position Emdens unterstützten (mehrheitlich die Gelehrten der deutschen Gemeinden). Es wurden in dieser Angelegenheit daher Bannsprüche gegen die eine oder die andere Seite erlassen und sogar die christlichen Behörden wurden in die Affäre mit einbezogen, die jedoch die Person des Oberrabbiners unterstützten und eine Neuwahl anberaumten, die Eybeschütz erneut mit überragendem Ergebnis für sich entschied.

Die Unterstützung für Eybeschütz gipfelte schließlich in einer Schrift mit fünfzig Briefen und den Unterschriften von mehr als 300 Rabbinern aus ganz Europa, die sich auf seine Seite gestellt hatten und ihm vom Vorwurf des Sabbatianismus freisprachen: *„Luchot Edut“* („Tafeln der Zeugenschaft“). Jedoch verstummten die Vorwürfe nie ganz, sondern loderten 1760 wieder auf, als sich ausgerechnet Wolf, ein Sohn von Jonathan Eybeschütz, offen zum Sabbatianismus bekannte und aus diesem Grund eine ganze *Jeschiwa* in Hamburg geschlossen wurde. Durch diese Affäre, die nie endgültig geklärt wurde (bis heute gehen einige Wissenschaftler davon aus, dass der gerühmte Oberrabbiner Eybeschütz tatsächlich Sabbatianer war), geriet das Studium der Kabbala, das offenbar in Grenzbereichen zu abwegigen Interpretationen führen konnte, innerhalb des deutschen Judentums nachhaltig in Misskredit und verschwand nach mehreren Jahrhunderten relativ schnell aus den Lehrplänen der *Jeschiwot*. Es ist nicht auszuschließen, dass dieses so entstandene Vakuum neue Inhalte in Form der jüdischen Aufklärung (*Haskala*) begünstigte. Der Umstand, dass Eybeschütz mit Moses Mendelssohn, dem Vorreiter der *Haskala* korrespondierte und Naftali Herz Wessely, einer der ersten führenden *Maskilim* (jüdische Aufklärer), zu seinen Schülern gehörte, zeigt, dass sich in der Mitte des 18. Jahrhunderts in der Tat ein Umbruch in der jüdischen Geistesgeschichte andeutete und dennoch gewisse Kontinuitäten weiter bestanden.

Jakob Emden

Dieser Umbruch kann selbst in der Person des oft als religiös-konservativ dargestellten Jakob Emden gefunden werden. Neben den Streitschriften gegen seinen Kontrahenten ist heute sein bekanntestes Werk sicher die *„Megillat Sefer"* („Buchrolle"), eine Art autobiografisches Werk, ein Genre, dass sonst nicht gerade zum klassischen literarischen Schaffen von Rabbinern jener Zeit gehörte. Darin schildert Emden nicht nur viel Persönliches, zuweilen sogar Intimes, sondern berichtet auch über seine Annäherung an die profanen Wissenschaften (wie Erdkunde, Medizin, Fremdsprachen) bis hin zur Romanliteratur seiner Zeit. Er war so offen und kritisch gegenüber dem Hauptwerk der kabbalistischen Literatur, dem *„Sohar"*, dass er zu dem Schluss kam, dass dieses Buch keinesfalls in der Antike entstanden sein konnte, wie behauptet wurde, sondern im mittelalterlichen Spanien, wofür Begriffe und der zeituntypische Gebrauch von Gebeten ein klares Indiz darstellten. Jedoch wagte sich Emden nicht soweit, diese Entdeckungen offen zu verbreiten, sondern kam zu dem Schluss, dass der mittelalterliche Autor Seelenfunken des angeblichen antiken Verfassers in sich aufgenommen habe und deshalb wie dieser habe schreiben können. Bei der Beschäftigung mit dem Christentum ging Emden schließlich sogar so weit zu sagen, dass diese Religion letzten Endes doch viel zur Erhaltung des Gottesglaubens bei einem Großteil der Menschen beigetragen habe. Vielleicht war es diese Zwiespältigkeit zwischen religiösem Konservatismus und einer gewissen Offenheit, die Emden zeitlebens zu einer Art Außenseiter innerhalb des Judentums machte.

Löwenstamm-Dynastie in Amsterdam

Mit dem Schwager von Jakob Emden, Arie Löb ben Saul Löwenstamm (1690–1755), der 1740 auf den Sitz des Amsterdamer aschkenasischen Rabbinats berufen wurde, installierte sich dort quasi eine Dynastie von Gelehrten dieser Familie, die genau genommen schon mit Zwi Hirsch Aschkenasi begonnen hatte. Arie Löb heiratete nämlich eine Tochter des *Chacham* Zwi, wodurch die familiäre Bindung zustande kam. Aus dieser Beziehung erklärte sich schließlich die vehemente Unterstützung, die Jakob Emden aus Amsterdam in seinem Konflikt mit Eybeschütz erhielt. Einer seiner Söhne, Saul ben Arie Löb (1717–1790) folgte ihm in der Amsterdamer Position, nachdem er zuvor in Osteuropa einige Gemeinderabbinate bekleidet hatte. An dieser Stelle ist somit ein gewisses Novum zu beobachten, das sonst in der Welt des frühneuzeitlichen Judentums nicht die Regel darstellte: die Nachfolge von Söhnen im Amt des von ihren Vätern ausgeübten Rabbineramtes. Saul förderte weiter die von seinem Vater gegründete *Jeschiwa* in Amsterdam, wodurch diese Gemeinde eigentlich, im Kontrast zu ihrer sonstigen Bedeutung, erst spät eine Position innerhalb der traditionell-religiösen

Studien des aschkenasischen Judentums erhielt. Sauls Hauptwerk war *„Binjan Ariel"* („Das Gebäude Ariels"), ein dreiteiliges Kommentarwerk über Teile der Bibel und den Talmud. Saul pflegte auch nach seinem Amtsantritt in Amsterdam gute Kontakte zur polnisch-jüdischen Geisteselite. Nach seinem Tod folgte wiederum sein Sohn Jakob Moses (1747–1815) in das Amt.

Saul ben Arie Löb Löwenstamm ist eines der Beispiele für eine Tendenz, die sich bei der Ausübung des Rabbineramtes in der zweiten Hälfte des 18. Jahrhunderts in einigen Großgemeinden zeigte: Rabbiner verblieben seitdem auffallend lange in einem Amt, bekleideten es quasi als „Lebensstellung". Saul ben Arie Löb Löwenstamm amtierte in Amsterdam 35 Jahre, sein Schwager Saul Halevi aus Emden (ca. 1713–1785) in Den Haag 37 Jahre, Pinchas Halevi Horowitz (ca. 1730–1805) war bis zu seinem Tod 34 Jahre Rabbiner in Frankfurt a. M. und Jecheskel Landau, der berühmte Zeitgenosse in Prag, behielt dieses Amt für 39 Jahre. Inwiefern diese Tendenz auch für mittlere und kleinere Gemeinden gilt, ist statistisch noch zu untersuchen.

Jecheskel Landau

Jecheskel Landau (1713–1793) soll die Reihe der hier vorgestellten Beispiele rabbinischer Gelehrsamkeit in der Frühen Neuzeit beschließen. Landau wurde in Polen geboren und galt schon als junger Mann als überdurchschnittlich begabt und gebildet. Seit 1743 war er Rabbiner in Jampol und folgte 1754 einem Ruf nach Prag, wo er bis zu seinem Tod in einer bis dahin ungekannten Amtsdauer das Prager Rabbinat wieder enorm aufwertete und die Zugehörigkeit zur ersten Reihe der jüdischen Geisteszentren unterstrich. Einem Ruf nach Frankfurt im Jahr 1759 folgte er nicht.

Auch Landau war 1752 in den Emden-Eybeschütz-Streit verwickelt und stellte sich auf die Seite seines Altonaer Amtskollegen, nicht ohne jedoch zur allgemeinen Mäßigung im Diskurs aufzurufen. Literarisch ist er bedeutend durch eine Sammlung von ca. 860 Responsen unter dem Titel *„Noda Bijehuda"* („Bekannt in Juda"), die sich zuweilen durch eine pragmatische Milde in der Auslegung der *Halacha* auszeichnen. Abweichlern vom normativen Judentum stand er jedoch unerbittlich gegenüber. Sowohl der Sabbatianismus sowie ein Ableger davon, der so genannte Frankismus, der auch in Böhmen einige Gefolgschaft hatte, wurden von ihm vehement bekämpft. Ebenso polemisierte Landau gegen den osteuropäischen Chassidismus.

Ambivalent hingegen war seine Rolle in der Haltung zur jüdischen Aufklärung. Die anfänglichen Sympathien, die er der Bewegung um Moses Mendelssohn entgegen brachte, wandelten sich bald in Abneigung, wodurch im zeitgenössischen Diskurs die Person des Prager Oberrabbiners zum Sinnbild für das alte, traditionelle Judentum wurde. Dies schloss aber nicht aus, dass er die Chancen der josephinischen Toleranzpatente erkannte und auch die Einrichtung von Profanschulen für die jüdische Jugend nicht rundweg ablehnte (wobei er hier fast ohne Handlungsalternative war, da die Anweisung zur Einrichtung auf das kaiserliche Toleranzpatent zurückging). Den revolutionären Ideen des pädagogischen Reformers Naftali Herz Wessely über den religiösen Wert von Profanbildung vermochte er jedoch nicht zu folgen.

Seine Person und auch andere Gelehrte, die hier vorgestellt wurden, zeigen, dass etwa ab 1700 Vertreter der traditionellen jüdischen Geisteselite nicht mehr in jedem Fall für die Abgeschlossenheit der jüdischen Welt vor allen äußeren Einflüssen plädierten, auch wenn sie noch längst nicht bereit waren, an den Grundwerten des Judentums zu rütteln. Auch hier wird der epochentypische Prozess der allmählichen Transformation jüdischer Kultur deutlich in der Gleichzeitigkeit der traditionellen Werte und Normen und einer allmählichen Öffnung nach außen sowie einer zunehmenden Akzeptanz allgemeiner, moderner Werte.

c) Jüdische Gelehrte und die Profanwissenschaften

1592 Erstdruck der Geschichtschronik *„Zemach David“* von David Gans
1612 erscheint das astronomische Werk *„Magen David“* von David Gans
1707 Erstdruck der Weltchronik *„Ma'asse Tuwia“* von Tuwia Kohen
1743 Erstausgabe der Chronik *„Sche'erit Jisrae“l* von Menachem Mann Amelander

Neben den Vertretern der klassisch-religiösen Gelehrtheit gab es in der Frühen Neuzeit immer wieder Personen, die ihr Wissensspektrum so erweiterten, dass sie einerseits den üblichen Bildungskanon durchliefen, andererseits aber auch auf bestimmten Gebieten Kenntnisse und Fähigkeiten erwarben, die nicht in erster Linie zu den typischen Inhalten jüdischer Gelehrtheit gehörten. Durch diese Beschäftigungen kamen manche von ihnen nolens volens mit der nichtjüdischen Umwelt weit mehr und in anderer Art und Weise in Berührung, als der Rest ihrer Glaubensgenossen. Im Folgenden werden einige besonders herausragende Personen vorgestellt, die mit ihren Werken außergewöhnliche Wege beschritten und dennoch damit Arbeiten publizierten, die innerhalb der jüdischen Welt neue Standards setzen sollten und die sich zudem durch eine besondere Lebensdauer auszeichneten.

David Gans: Astronom und Historiograf

Einer dieser Gelehrten war der Historiograf und Astronom David Gans (1541–1613). Er wurde im westfälischen Lippstadt geboren, durchlief den typischen Bildungsweg in Bonn und Frankfurt a. M. und studierte als Jugendlicher schließlich auch in Krakau bei Moses Isserles und später in Prag noch bei Jehuda Löw ben Bezalel. In der böhmischen Hauptstadt ließ er sich 1564 nieder und eröffnete dort ein Handelsgeschäft. Obwohl Gans offenbar die rabbinischen Studien soweit durchlaufen hatte, dass ihm der *Morenu*-Titel verliehen wurde, fungierte er nie in einem Gemeindeamt oder als Rabbiner. Stattdessen scheinen ihm das verhältnismäßig offene Vorbild seines Krakauer Lehrers und die vergleichsweise tolerante Atmosphäre in Prag in jener Zeit, zeitgleich mit dem so genannten „Goldene Zeitalter“ für die Juden, bei seinen Ambitionen Pate gestanden zu haben, sich ungewöhnlichen, wenn auch keinesfalls verpönten Wissensgebieten zuzuwenden. Er intensivierte seine Kenntnisse in der Mathematik und der Astronomie soweit, dass er die Berechnungen des jüdischen Kalenders vornehmen konnte. Seine astronomischen Kenntnisse legte er schließlich auch in einem Manuskript dar, das 1612 stark verkürzt unter dem Namen *„Magen David“* („Schild Davids“) in Prag publiziert, vollständig aber erst lange nach seinem Tod unter dem Titel *„Nechmad weNa'im“* („Nett und Angenehm“) in Jessnitz 1743 gedruckt wurde. Sein astronomisches Weltbild orientierte sich jedoch noch nicht an dem von Kopernikus, sondern hielt weiter am geozentrischen des Ptolemäus fest. Als Gelehrter von Rang in solchen Fragen bekam er in Prag Kontakt zu den christlichen Hofastronomen Kaiser Rudolfs II., Tycho Brahe (1546–1601) und Johannes Kepler (1571–1630), mit denen er sich wiederholt in freundschaftlicher Atmosphäre traf und wissenschaftliche Probleme diskutierte. Durch diese Verbindung hatte Gans Anschluss an die erste Riege der europäischen Gelehrtenwelt der Epoche gefunden, was ihn deutlich von seinen Glaubensgenossen unterschied.

Eine größere Publizität erreichte David Gans jedoch noch zu Lebzeiten durch seine Geschichtschronik *„Zemach David"* („Davids Spross"). Diese Chronik gliederte die Weltgeschichte seit der Erschaffung bis in die Lebenszeit des Verfassers streng chronologisch und unterteilte diese in die jüdische und allgemeine Historie. Für den weltgeschichtlichen Teil stützte er sich auf deutsche Geschichtschroniken, für den jüdischen Teil auf ähnliche Vorarbeiten, die ihm zur Verfügung standen. Davon gab es allerdings nicht allzu viele und das Werk von Gans ist das erste in diesem Genre überhaupt, das aus der Feder eines aschkenasischen Juden stammte. Mit den Inhalten und offenbar auch dem Stil hatte der Autor anscheinend nachhaltig den Geschmack seiner potenziellen Leserschaft getroffen, denn nach der hebräischen Originalausgabe von 1592, gedruckt in Prag, erschien genau 100 Jahre darauf eine durch David ben Moses Reindorf aktualisierte Version, die die Ereignisse seit dem Erstdruck aufnahm. Noch im selben Jahr wurde in Leiden eine ins Lateinische übertragene Ausgabe gedruckt und 1698 in Frankfurt a. M. eine jiddische. Selbst im Jahr 1849 wurde das Werk in Warschau erneut aufgelegt, wiederum aktualisiert. Teilweise lässt sich der Erfolg des Buches daraus erklären, dass die Beschäftigung mit der Geschichte im Judentum ohnedies angesehen war und seit der Abfassung der Bibel eine lange, wenn auch nicht immer aktiv gepflegte Tradition aufwies. Die historische Identifikation spielte im Judentum seit jeher eine wichtige Rolle für das kollektive Bewusstsein. Ungewöhnlich war jedoch die gleichwertige Beachtung der allgemeinen Geschichte durch David Gans.

Delmedigo: Arzt und Philosoph

Ein kultureller Grenzgänger war Josef Salomon Delmedigo (1591–1655), der aus einer angesehenen, kretischen Gelehrtenfamilie stammte und somit nicht ursprünglich zum mitteleuropäischen Kreis jüdischer Gelehrtheit gehörte. Schon im Alter von 15 Jahren begann er seine Studien an der Universität Padua in den Fächern Astronomie, Mathematik, Medizin und Philosophie. Einer seiner Lehrer war der herausragende Astronom Galileo Galilei (1564–1642). Nach Abschluss seiner Studien (durch diese und durch seine Herkunft beherrschte er Hebräisch, Lateinisch, Griechisch, Spanisch und Italienisch) praktizierte er eine Zeit lang als Arzt auf Kreta, zog aber bald darauf in einem großen Bogen und voller Unrast im Lauf seines Lebens über Kairo, Konstantinopel, Vilna, Hamburg, Amsterdam, Frankfurt a. M. bis hin nach Prag, wo er verstarb. Er lebte, unabhängig von seinen Aufenthaltsorten, vielfach in einer Umgebung, die zwischen Verehrung für seine rabbinische Gelehrsamkeit und sein Können als Arzt einerseits, und Ablehnung seines Interesses für die Profanwissenschaften und für damals moderne, aus Italien stammende philosophische Ansichten andererseits schwankte. Neben philosophischen Fragen interessierte er sich auch intensiv für kabbalistische Studien und versuchte mithilfe dieser Mystik, Antworten auf Probleme zu finden, die die Philosophie seines Erachtens nach nicht lösen konnte. Daher ist in seinen Ausführungen ein die späteren Leser oft irritierendes Hin- und Herschwanken zwischen rationalistischen Ideen und spirituell-mystischen Gedankengängen zu finden.

Aus seiner Feder sind lediglich zwei Werke in den Druck gegangen, eines davon – eine Sammlung von Responsen – 1629 durch Menasse ben Israel in Amsterdam, sowie ein kabbalistischer Traktat, das 1629/31 in zwei Teilen erschien. Neben diesen beiden Schriften muss es zahlreiche andere gegeben haben, die jedoch nur in Manuskriptform existierten und sich nach Delmedigos eigener Auskunft mit naturwissenschaftlichen, ethischen und philosophischen Fragen auseinandersetzten. Jedoch war seinen Werken insgesamt keine so hohe Popularität beschert, wie den der anderen hier vorgestellten Angehörigen der jüdischen Geisteselite, die sich auch mit weiteren Fragen als nur den traditionell-religiösen befasste. Vielleicht war die Ablehnung, die Delmedigo mit seinem Streben nach profanem Wissen entgegenschlug, auch in späteren Zeiten mit dafür verantwortlich, dass sein Ruf verblasste und seine Bekanntheit erst in der Mitte des 19. Jahrhunderts durch die einsetzende Forschung zu ihm im Rahmen der „Wissenschaft des Judentums" wieder stieg.

Seinen Lebensunterhalt verdiente Delmedigo die meiste Zeit über als Arzt. In Polen war er der Leibarzt des Fürsten Radziwill und viele Adlige zählten zu seinen Patienten. Während der kurzen Hamburger Zeit, wo es wegen des Überschusses von Ärzten in der sefardischen Gemeinde keine Arbeitsmöglichkeit für seine eigentliche Profession gab, wirkte Delmedigo als Rabbiner und in Amsterdam, wo dasselbe Problem bestand, als Lehrer. In Frankfurt a. M. jedoch fungierte er als Arzt der jüdischen Gemeinde.

Tuwia Kohen: Arzt und Naturgelehrter

Etwa zwei Generationen später lebte der Mediziner und Gelehrte Tuwia ben Mosche Kohen (1652–1729), der in Metz und Krakau aufwuchs und dort die jüdische Bildung durchlief. Im Jahr 1678 wurde er an der Universität Frankfurt a. O. als erster jüdischer Student überhaupt immatrikuliert und studierte Medizin, ausgestattet mit einem Stipendium des brandenburgischen Kurfürsten Friedrich Wilhelm. Später setzte er seine Studien in Padua fort. Nach deren Abschluss 1683 mit einem Doktorgrad in Philosophie und Medizin wanderte Kohen in die Türkei und fand dort sein Auskommen als Hofarzt mehrerer Sultane in Adrianopel und Konstantinopel. Im Jahr 1715 schließlich zog er weiter ins Heilige Land, um sich in Jerusalem bis zu seinem Tod ganz dem religiösen Studium hinzugeben.

Offenbar inspiriert durch seine Studien und Tätigkeit als Arzt verfasste er eine Art Enzyklopädie unter dem Titel *„Ma'asse Tuwia"* („Das Werk Tuwias"), in dem er theologische, astronomische, geografische, botanische und natürlich ausführlichst medizinische Themen abhandelte. Im Gegensatz zu Gans ging Kohen schon auf das kopernikanische, heliozentrische Weltbild ein, verwarf es jedoch aus religiösen Gründen und bezeichnete Kopernikus sogar als den „Erstgeborenen des Teufels". An diesem Beispiel zeigt sich, dass letztlich in derartigen Fragen das Judentum noch weit konservativer war als das Christentum, das sich doch schon einige Zeit davor zur Anerkennung der wissenschaftlichen Erkenntnisse in Bezug auf das Sonnensystem hatte durchringen können. Sonst jedoch hatte Kohen durchaus moderne wissenschaftliche Ansichten, etwa was die Exaktheit von Messungen anbetraf. Die Quellen für seine medizinischen Erörterungen stammten aus der gesamten anerkannten Fachliteratur seiner Zeit, die ihm durch seine Kenntnisse in Latein (die er für das Medizinstudium benötigt hatte) komplett offen stand. Aus seiner geäußerten Kritik nicht nur gegenüber der antijüdischen Haltung mancher Professoren in Frankfurt a. O., sondern auch in Hinsicht auf den blinden Aberglauben mancher Kabbalisten zeigt sich zudem, dass Kohen einen unabhängigen und offenen Blick für die zeittypischen Mängel der Gesellschaft hatte.

„*Ma'asse Tuwia*" blieb in jener Epoche das einzige hebräische Werk mit medizinischen Inhalten, das mit zahlreichen Abbildungen ausgestattet war. Die Intention des Autors war auf den ersten Blick eine Art universelles Handbuch für Ärzte und Laien gleichermaßen zu verfassen, was jedoch durch die Dichte des Werkes nur begrenzt gelingen konnte. Trotzdem blieb der breite Erfolg nicht aus: Schon kurz nach dem Erstdruck in Venedig 1707 erschien es erneut 1715, 1728, 1769 und 1850 ebenfalls in dieser Stadt,1721 in Jessnitz und wurde im 19. und 20. Jahrhundert noch sechs Mal nachgedruckt, was für seine ungebrochene Popularität spricht. Seine klar ausgedrückte Treue zur jüdischen Kultur und Religion, wie auch seine Suche nach Wissen und Erkenntnis, nicht zuletzt um das Judentum wieder auf ein hohes und anerkanntes intellektuelles Niveau zu heben, dürften dies begründet haben.

Jiddische Historiografie: Menachem Mann Amelander

Ein Schriftgelehrter von etwas anderer Art war Menachem Mann ben Salomon Halevi Amelander (1698-ca.1767). Er wurde in Amsterdam geboren und studierte dort und in Prag, bevor er sich wieder langfristig in der niederländischen Hauptgemeinde niederließ. Ihm ist, neben anderen Arbeiten, besonders die Verbreitung von jiddischer Literatur zu verdanken, die zu seiner Zeit für viele Juden der Schlüssel zum Erwerb von Wissen geworden war, da das Hebräische im 18. Jahrhundert bereits von vielen nicht mehr ausreichend beherrscht wurde. Im Jahr 1733 veröffentlichte er eine Übersetzung der Bibel ins Jiddische, zusammen mit dem hebräischen Originaltext und einem ebenfalls wieder ins Jiddische übertragenen Bibelkommentar.

Am bedeutendsten aber war sein historiografisches Werk „*Sche'erit* Jisrael" („Der Rest Israels"), das als jiddische Ergänzung zu dem sehr viel älteren und die antike Geschichte behandelnden Buch „*Josippon*" entstand und publiziert wurde. Unter Verwendung jüdischer und christlicher Quellen verfasste Amelander eine Geschichte des Judentums seit der Zerstörung des zweiten Tempels, unter punktueller Einbeziehung allgemeiner Ereignisse. Naturgemäß richtete er besonderes Augenmerk auf die jüngere jüdische Geschichte in den Niederlanden, für die seine Darstellung sogar einigen dauerhaften Wert besitzt. Amelander schrieb vor allem für die aschkenasischen Juden, woraus sich die Wahl des Jiddischen erklärt. Sein Buch erreichte eine ungeheure Popularität: es sind wenigstens zwölf verschiedene Ausgaben in Jiddisch und sechzehn in Hebräisch bekannt und sogar eine in Niederländisch, die 1855 erschien. Fast alle Ausgaben wurden jeweils bis zum Jahr der Drucklegung von den jeweiligen Herausgebern ergänzt, so dass sie immer wieder auf dem aktuellen Stand der Ereignisse waren. Mit diesem Erfolg stellte er das ältere „*Zemach David*" von David Gans deutlich in den Schatten.

Wenn auch die wenigen hier gezeigten Beispiele das Gesamtbild vielleicht nicht ausreichend darstellen mögen, so zeigen sie doch eine Tatsache sehr deutlich: Neben der traditionellen Bildung als Juden wandten sich diese Personen einem begrenzten Kreis von Wissensgebieten zu, die letzten Endes doch immer einiges Ansehen in ihrer Kultur hatten. Astronomie, Medizin und Historiografie waren anerkannt und, wie aus den auflagenstarken Werken erkennbar ist, erfolgreich. Wenn jedoch fremde philosophische Überlegungen hinzukamen, wie im Fall von Delmedigo, konnte schnell die Grenze der tolerierten „Andersartigkeit" erreicht werden, noch dazu, wenn sie offenbar für die Befindlichkeiten der vormodernen jüdischen Gesellschaft zu früh kamen.

d) Nichtreligiöse Studien an christlichen akademischen Einrichtungen

1644/45	erste Immatrikulation eines Juden an der Universität Leiden
1678	Tuwia Kohen immatrikuliert sich als erster jüdischer Student an der Universität Frankfurt a. O.
1712	Immatrikulation von Salomon Fürst als Dolmetscher für Jiddisch und Hebräisch an der Universität Königsberg
1721	erste Promotion eines Juden im Fach Medizin an der Universität Frankfurt a. O.

Jüdische Studenten in Padua

Die in der Frühen Neuzeit noch weitgehende Verbindung von akademischen Studien und der jeweils passenden religiösen Zugehörigkeit war dafür verantwortlich, dass Juden der Zugang zu Universitäten und Hochschulen anfangs nahezu völlig versperrt war und sich im Verlauf der Epoche erst langsam löste. Neben Theologie, Philosophie und Jura gab es allerdings nur noch Medizin im Fächerkanon der meisten Universitäten, wo sich, wegen der fehlenden religiösen Bezüge, dann auch die ersten Juden als Studenten und Promovenden fanden. Jedoch war das anfangs nicht innerhalb des Reiches der Fall, sondern vor allem in Norditalien, insbesondere an der berühmten medizinischen Fakultät in Padua. Der Zulauf jüdischer Studenten dorthin war beträchtlich: zwischen 1520 und 1800 wurden an dieser Universität ca. 350 Juden zu Doktoren der Medizin promoviert. Dazu hatten sie zuvor Latein lernen müssen, um den Lehrveranstaltungen folgen und die Examina ablegen zu können. Bedingt durch dieses Faktum waren diese Studenten also gezwungen, sich umfangreiche Kenntnisse außerhalb des klassisch-jüdischen Kanons anzueignen. Latein konnte nur durch die Lektüre von Texten in dieser Sprache erlernt werden, die in den seltensten Fällen aus der Feder von Juden stammten. Somit eröffnete sich ihnen zwangsläufig durch die Lektüre jener Texte eine neue Welt.

Öffnung anderer Universitäten für Juden

Viele der jüdischen Studenten kamen aus dem Europa nördlich der Alpen und konnten sich nach ihren Studien entweder als Gemeindeärzte oder als privat praktizierende Ärzte, auch mit nichtjüdischen Patienten, verdingen. Ab dem 17. Jahrhundert finden sich auch einige jüdische Medizinstudenten in den Matrikeln der bedeutenden Universität in Leiden in den Vereinigten Provinzen der Niederlande, wo die religiöse Toleranz dies sehr viel früher ermöglichte als im Reich. Innerhalb der Reichsgrenzen war die Universität Frankfurt a. O. die erste, die Juden zum Studium der Medizin zuließ. Im Jahr

1678 immatrikulierte sich dort Tuwia Kohen, über den schon weiter oben berichtet wurde. Dennoch sollte es mehr als 30 Jahre dauern, bis ab 1721 an der preußischen Universität Juden in diesem Fach auch promovieren durften. Bald darauf folgten Halle (1724) und Marburg (1758), die gegen die volle akademische Ausbildung jüdischer Ärzte keine Einwände mehr erhoben. Es ist auffällig, dass dies durchweg protestantische Universitäten waren, die ihre Öffnung einerseits der sich allgemein ausbreitenden Aufklärung, andererseits auch dem in jener Zeit starken Pietismus schuldeten, dessen Intention freilich immer die „Bekehrung" der Juden blieb. Wenn die Studenten der traditionellen religiösen Studien aus Deutschland vor allem nach Polen wanderten, so kamen im 18. Jahrhundert die osteuropäisch-jüdischen Studenten der Medizin nach Deutschland und begründeten so ein Grundmuster, das für den Erwerb von Profanwissen durch Juden noch bis ins 20. Jahrhundert hinein erkennbar bleiben sollte.

In anderen Fächern hingegen setzte die Öffnung verzögert ein und begann auf einem mit dem Judentum aufs Engste verbundenen Gebiet, dem Studium und der Lehre des Hebräischen. Schon seit dem 16. Jahrhundert sind immer wieder getaufte Juden als Lektoren für Hebräisch an mitteleuropäischen Universitäten anzutreffen gewesen. Seit der Mitte des 17. Jahrhunderts hingegen sind dann auch die ersten ungetauften Juden in den Matrikeln aufgeführt, erneut an der niederländischen Universität in Leiden, wo 1644/45, 1667 und 1680 jüdische Studenten bzw. Lektoren für Hebräisch genannt sind. Im Jahr 1712 wurde Salomon Fürst (ca. 1660 – ca. 1725) als Lektor und Dolmetscher für Hebräisch und Jiddisch an der Universität Königsberg eingestellt. Bis 1800 folgten weitere 80 Juden, die sich an der ostpreußischen Universität immatrikulierten und somit auch den besonderen akademischen Bürgerstand erwarben, der sie aus der allgemeinen Gerichtsbarkeit ausnahm und allein der Universität unterstellte. Ab 1754 fungierte Samuel Haas als Universitätsrechenmeister in Gießen. Diese Stellungen stellten jedoch die absolute Grenze für Juden in der christlich geprägten akademischen Welt dar, nie gab es in der Frühen Neuzeit Professoren jüdischen Glaubens an europäischen Universitäten und auch nach 1800 sollten noch Jahrzehnte vergehen, bevor sich an diesem Umstand etwas änderte.

2. Buchwesen

1512	Gründung der ersten jüdischen Druckerei im nördlichen Europa in Prag
1516	Gründung der hebräischen Druckerei des Christen Daniel Bomberg in Venedig sowie einer weiteren christlichen Druckerei für Hebräisch in Basel
1533–1544	hebräische Druckerei des Chajim Schwarz in Augsburg
1534	erste jüdische Druckerei in Krakau
1562	Einrichtung einer hebräischen Druckerei in Lublin
1610–1630	hebräische Druckerei in Hanau
1626	Beginn des hebräischen Buchdrucks in Amsterdam

1670	Gründung der hebräischen Druckerei in Wilhermsdorf
1684	Gründung der hebräischen Druckerei in Sulzbach
1688	Gründung der jüdischen Druckerei in Dyrhernfurth
1694	Gründung einer jüdischen Druckerei in Dessau
1760	Einrichtung der Orientalischen Buchdruckerei in Berlin

Es steht außer Frage, dass die Erfindung des Buchdrucks für eine Religion, die sich so stark mit dem Studium von Texten befasst wie das Judentum, eine ungemein bedeutende Neuerung darstellen musste. Bis zur Einführung der Drucktechnik auch für hebräische und jiddische Schriften war wie für die allgemeine Umwelt die einzige Verbreitungsmöglichkeit von literarischen Produkten die handschriftliche Kopie, die herzustellen sehr zeitaufwändig und teuer war. Daher stand sie bei weitem nicht allen Interessierten immer und in ausreichender Menge und Qualität zur Verfügung. Die Mengen der im Verlauf der Frühen Neuzeit gedruckten und abgesetzten Bücher in hebräischer und jiddischer Sprache sprechen diesbezüglich für sich und zeigen, welch hoher Bedarf bei den Juden Europas für die breite Produktion ihres Schrifttums vorhanden war.

Anfangs gab es nur sehr vereinzelt Druckereien, die auch wirklich von Juden betrieben wurden. Das mag einerseits an der allgemeinen Verzögerung liegen, mit der sich technische Neuerungen auch bei ihnen durchsetzten, andererseits mit der Problematik von jüdischen Handwerksbetrieben in zahlreichen Regionen Europas zusammenhängen. Daher überrascht es nicht, dass gerade dort die ersten jüdischen Buchpressen in Betrieb genommen wurden, wo die Haltung gegenüber handwerksähnlichen Berufen aufgeschlossener war: in Prag sowie in Polen, wo in Krakau und Lublin die ersten jüdischen Druckerpressen liefen.

Erste jüdische Druckereien in Prag und Krakau

Im Jahr 1512 eröffnete in Prag der nicht unvermögende Gerschom ben Salomon Kohen (gest. 1544) die erste jüdische Druckerei nördlich der Alpen und löste damit eine Welle von bald weiteren Gründungen aus. Schon zehn Jahre danach gab es in der böhmischen Hauptstadt mehrere Druckereien, die aus der ersten hervorgegangen waren. Allerdings konnte Gerschom Kohen 1527 ein kaiserliches Privileg erlangen, dass ihm eine Monopolstellung sicherte und alle anderen Prager Pressen zur Schließung zwang. Die Druckerei der Familie Kohen hatte für das gesamte 16. Jahrhundert Bestand und erlebte zu ihrem Ende hin eine neue Blüte. Selbst der Familienname wurde von der ausgeübten Tätigkeit beeinflusst, wofür der Zusatz „Buchdrucker" bzw. auch „Impressor" spricht. Auch die Einrichtung der ersten Druckerei in Krakau 1534 ging auf die Prager zurück, da die drei Brüder Samuel, Ascher und Eljakim Halicz zuvor ihre Fertigkeiten bei Kohen in der böhmischen Hauptstadt erlernt hatten. Jedoch konvertierten sie drei Jahre darauf zum Christentum, was den Absatz ihrer hebräischen Bücher bei den Juden nicht eben erleichterte. Als ab 1569 die Druckerei des Isaak ben Aaron von Prostitz ihre Produktion aufnahm, wurde Krakau nachhaltig von großer Bedeutung für die hebräische Buchproduktion. In den folgenden 60 Jahren wurden dort mehr als 200 Titel produziert, davon 73 in Jiddisch. Auch im 17. Jahrhundert sollte Krakau diesbezüglich von Bedeutung bleiben, jedoch gab es im 18. Jahrhundert merkwürdigerweise keine hebräische Druckerei mehr in dieser wichtigen Gemeinde.

Daniel Bomberg in Venedig

Im Zeitalter des Humanismus und der Renaissance erwachte auch bald bei gebildeten Christen ein Interesse an hebräischen Druckwerken. Diesem Interesse kam als erster der aus Antwerpen stammende Daniel Bomberg (gest. zwischen 1549–1555) nach, der 1516 in Venedig eine hebräische Druckerei eröffnete. Bis 1549 veröffentlichte er in über 200 Büchern systematisch die Grundtexte des Judentums, darunter 1520–1523 die erste gedruckte Ausgabe beider Talmude mit päpstlicher Billigung. Die hier erstmals vorgenommene Paginierung der Seiten ist bis heute die einzig verbindliche. Für sein großes und finanzaufwendiges Unternehmen beschäftigte der gebildete Drucker jüdische Arbeiter und Lektoren für die Korrektur der Druckfahnen. Bombergs christliche Druckerei für hebräische Bücher blieb nicht die einzige in Europa, vielfach entstanden auch in Deutschland andere, von Christen betriebene Pressen, die vor allem den eigenen Bedarf an hebräischem Schriftgut deckten, während Bombergs Unternehmen lange vor allem den jüdischen Markt belieferte.

Während des weiteren Verlaufs des 16. Jahrhunderts gab es in Deutschland jedoch keine fest etablierten hebräischen Druckereien. Lediglich in Augsburg, Freiburg, Heidelberg, Konstanz und einigen anderen Orten gab es temporär einige Druckereien, die hebräische Druckerzeugnisse produzierten. Venedig, Prag und die osteuropäischen Pressen versorgten die Gemeinden des Kontinents mit den nötigen Büchern. Dies spiegelt auch einigermaßen die Situation der jüdischen Siedlung in Europa wider: Während in Böhmen, Italien und Osteuropa die Situation vergleichsweise erträglich oder besser war, hatten die Juden in der Mitte des Kontinents mit Ausweisungen und Vertreibungen zu kämpfen, die jeden Gedanken an kulturelle Etabliertheit zunichte machten. Dazu kamen das päpstliche Druckverbot und die Talmudverbrennung von 1553, die der weiteren Ausbreitung des jüdischen Buchdrucks zunächst einen Dämpfer versetzten.

Folgerichtig ist dann die Zeit der Konsolidierung seit dem 17. Jahrhundert auch die Epoche des Aufschwungs für die entstehenden Druckereien in Deutschland. Schon zwischen 1610 und 1630 existierte eine Presse für hebräische Bücher in Hanau, der jedoch kein dauerhaftes Bestehen vergönnt war, wie überhaupt die Zeit des Dreißigjährigen Krieges wiederum die Entwicklung innerhalb des Reiches nicht begünstigte.

Hebräischer Buchdruck in Amsterdam

Von enormer Bedeutung war dann die Aufnahme des Druckbetriebs in Amsterdam durch den Sefarden Menasse ben Israel, von dem an anderer Stelle schon die Rede war. Er orientierte sich nicht an dem venezianischen Stil der Lettern, sondern entwarf eigene, die *Otiot Amsterdam* (Amsterdamer Lettern), die bald darauf so populär wurden, dass sie im Weiteren das Druckbild fast aller hebräischen Druckerzeugnisse in Europa bestimmten. Wegen der Beliebtheit wurde bei nicht wenigen Werken sogar bewusst falsch als Druckort Amsterdam angegeben, um die Verkaufschancen zu heben, andere begnügten sich mit der Angabe, dass sie Amsterdamer Lettern benutzt hatten. Die Erzeugnisse der Amsterdamer Druckereien waren bald fast überall in Europa zu finden und brachen die Vorherrschaft der venezianischen und Prager Pressen. Im 18. Jahrhundert erlangte das Druckhaus des Salomon Proops (1702–1734) Berühmtheit und dominierte noch weit bis ins 19. Jahrhundert hinein die Produktion religiöser Schriften in der niederländischen Metropole.

Jüdische Druckereien in Deutschland

Echte Bedeutung erlangte der jüdische Buchdruck in Deutschland durch die Gründungen in der zweiten Hälfte des 17. Jahrhunderts. Begünstigt wurde dies nicht nur durch die langsam liberaler werdende Atmosphäre in den deutschen Kleinstaaten, die den Betrieb der Druckereien ermöglichte, sondern auch der Umstand, dass durch die Pogrome in Osteuropa seit der Mitte des 17. Jahrhunderts die Buchproduktion stark zurückgegangen war. Dies erhöhte den Bedarf unter den immer noch zahlenmäßig stark in Polen vertretenen Juden nach Büchern aus anderen Druckereien, wie es auch die Zuwanderung professioneller Druckereiarbeiter aus Polen nach Deutschland förderte. Die Presse im fränkischen Wilhermsdorf wurde 1670 durch ein gräflich-hohenlohisches Privileg ins Leben gerufen, da man sich aus merkantilistischen Gründen die verstärkte Abnahme von Papier aus den eigenen Papiermühlen versprach. In Sulzbach entstand, zunächst zur Deckung des Bedarfs des Lokalfürsten an mystisch-jüdischer Literatur 1684 eine Druckerei, die schließlich bis 1851 insgesamt über 700 Titel hervorbringen sollte und somit zu den bedeutendsten Einrichtungen des jüdischen Buchdrucks gehörte. 1688 gründete Sabbatai Bass aus Prag (1641–1718) im niederschlesischen Dyrhernfurth eine Druckerei, die besonders für den osteuropäischen Markt wichtig werden sollte, ähnlich wie die seit 1695 in Anhalt bestehenden Druckereien, zunächst in Dessau, später in Halle, Jessnitz und Köthen. Weitere bedeutende Druckereien wurden in Frankfurt a.O., Frankfurt a.M., Altona, Fürth und anderswo betrieben. Man schätzt, dass bis zum Ende des 18. Jahrhunderts etwa ein Drittel aller hebräischen Bücher in Europa aus Druckereien in Deutschland stammten.

Gedruckte Talmudausgaben

Die aufgezeichnete Entwicklung kann auch aus einer Kartierung der während der Frühen Neuzeit gedruckten Talmudausgaben nachvollzogen werden. Dieses wichtige Werk traditionell-jüdischer Gelehrtheit war und ist eines der Basistexte und wurde in der jüdischen Bildung in großen Mengen als Lehrmittel benutzt, weshalb hier ständig ein hoher Bedarf an neuen Exemplaren bestand. Die ersten und für lange Zeit verbindlichen Drucke waren die des Daniel Bomberg zwischen 1520–1523. Knapp 30 Jahre danach wurde in Lublin eine weitere Ausgabe produziert, gefolgt von dem Druck aus Saloniki 1563. Zwischen 1578–1581 wurde in Basel der Talmud ein weiteres Mal gedruckt. Diese Ausgabe sollte als Grundlage für viele weitere Drucke in Europa dienen. In den Jahren 1602–1620 wurden in Krakau sowohl der Babylonische, wie auch der Jerusalemer Talmud neu aufgelegt. 1644–1648 erfolgte der Druck erstmals in Amsterdam. Ein bedeutsames Unternehmen war schließlich die bekannte Edition aus Frankfurt a.O., die 1696 erstmals hergestellt wurde. Die Finanzierung erfolgte aus den privaten Mitteln des Halberstädter Hofjuden Behrend Lehmann. Obwohl die erste Auflage 5000 Exemplare umfasste, war sie bald vergriffen. Während des 18. Jahrhunderts wurde der Talmud schließlich noch weitere zehn Mal gedruckt, darunter wieder in Frankfurt a.O., Frankfurt a.M. und Amsterdam. Kurios ist dabei die Ausgabe von 1721/22, die mit Mitteln des Samson Wertheimer produziert, dann aufgrund von gerichtlichen Auseinandersetzungen beschlagnahmt und erst 1753 freigegeben wurde.

Druck von Haskala-Büchern

Mit der Errichtung der Orientalischen Buchdruckerei 1760 in Berlin wurde allmählich ein Paradigmenwechsel bei der thematischen Ausrichtung der Druckerzeugnisse eingeleitet. Die jüdische Aufklärung und ihre reiche Buchproduktion nahmen von hier ihren Ausgang und öffnete die Produktionspalette nicht nur für weltliche Themen, sondern im weiteren Verlauf auch für andere Sprachen als die der zunächst genuin jüdischen wie Hebräisch und Jiddisch.

3. Messianismus und religiöse Massenbewegungen

Um 1532	messianische Hoffnungen um Salomon Molcho und David Reuveni
1648	erste Erklärung Sabbatai Zwis bezüglich seiner messianischen Sendung
1665	Ausrufung des Sabbatai Zwi zum Messias in Smyrna
1666	Konversion von Sabatai Zwi und einigen Anhängern zum Islam
1759	Konversion von 500 Frankisten zum Katholizismus
1787	Niederlassung der Frankisten in Offenbach

Messianismus im Judentum

Das Judentum ist, entgegen der Konstellation im Christentum, eine Religion, deren Anhänger daran glauben, dass das Kommen des Erlösers und Messias erst noch aussteht. Durch diese Grundvoraussetzung wurden im Judentum immer wieder Bewegungen begünstigt, die das nahe Kommen des Messias vorhersagten oder gar eine Person für die Rolle des Erlösers favorisierten. Begünstigt wurde in der Frühen Neuzeit der Glauben an das Erscheinen eines Messias durch die mystisch-kabbalistische Vorstellungswelt in der lurianischen Ausformung (nach dem Modell des Isaak Luria). Besonders Nachrichten von messianischen Gesandten aus dem Orient fielen auf fruchtbaren Boden, da die Nähe zum alten Stammland Israel und der Glaube an die „Heimführung" der verstreuten bzw. verlorenen Stämme der Juden zum Begleitrepertoir der messianischen Strömungen gehörten. Daher war letztlich die Hinwendung von Juden aus Europa zum Heiligen Land nicht nur ideell, sondern auch in Form von religiös motivierter Migration nach Palästina in kleinen oder größeren Gruppen Teil des Erscheinungsbildes messianischer Bewegungen. Ein Beispiel, wenn auch für Mitteleuropa mit nur begrenzter Bedeutung, war das Aufleben messianischer Hoffnungen um Salomon Molcho (ca. 1500–1532) und David Reuveni. Besonders ersterer versuchte, Kaiser Karl V. zu einem christlich-jüdischem Unternehmen gegen die Türken zur Befreiung des Heiligen Landes zu bewegen. Allerdings scheiterte dieses Vorhaben kläglich, da sich Karl V. dem nicht anschloss, sondern Molcho in Mantua verbrennen ließ, weil er als zum Judentum zurückgekehrter „Neuchrist" galt.

a) Sabbatianismus

Die größte messianische Bewegung der Frühen Neuzeit und die größte innerhalb des Judentums nach der Antike überhaupt war die des Sabbatai Zwi

(1626–1676) in der zweiten Hälfte des 17. Jahrhunderts. Die eigentlichen Ereignisse um Aufstieg und Fall der schillernden Figur des Sabbatai Zwi in der Levante und den dortigen großen jüdischen Gemeinden spielten sich in den Jahren 1665/66 ab. Die Nachrichten über den angeblichen Messias strahlten weit bis in das nordwestliche Europa, bewegten zahlreiche Juden und brachten Unruhe in nicht wenige Gemeinden. Selbst nach dem offensichtlichen Scheitern von Sabbatai Zwi dauerten Hoffnungen und Sehnsüchte noch lange an. Zu ersehen ist dies aus den geschilderten Ereignissen um die Auseinandersetzungen zwischen Jonathan Eybeschütz und Jakob Emden in der Mitte des 18. Jahrhunderts über die angebliche Anhängerschaft des ersteren zu den antinomistischen Ideen des falschen Messias aus Smyrna.

Aufkommen des Sabbatianismus

Wer war Sabbatai Zwi und was sind die Grundzüge seines Erscheinens und Wirkens gewesen? Er wurde geboren und wuchs auf in Smyrna (Izmir). Schon verhältnismäßig früh erlangte er den Titel *Chacham* und beschäftigte sich nachweislich mit der Kabbala und der Lektüre ihrer Hauptwerke. In der Phase der späten Adoleszens zeigten sich bei ihm die ersten Symptome einer wahrscheinlich manisch-depressiven Psychose, die offenbar noch gekoppelt war mit paranoiden Zügen. Die damit verbundenen, wechselnden Gemütszustände erregten in Verbindung mit seiner traditionellen Gelehrtheit und der asketischen Lebensweise bald einiges Aufsehen, das sowohl Anhängerschaft wie Ablehnung innerhalb der jüdischen Welt hervorrief. Im schicksalsträchtigen Jahr 1648, als die Pogrome in Osteuropa unter Führung der Chmelnicki-Kosaken wüteten und die Kunde davon bald alle Gemeinden der jüdischen Welt erreichte, erklärte Sabbatai Zwi das erste Mal, dass er von einer Stimme zum Erlöser Israels bestimmt worden sei. Die Verbindung dieser Erklärung mit den Pogromen und einer älteren gematrischen Berechnung (wobei der Zahlenwert der hebräischen Buchstaben zu Hilfe genommen wird) aus dem Buch Sohar, wonach dieses Jahr das der Auferstehung und Erlösung sei, erregte einiges Aufsehen, wenn auch noch beschränkt auf Smyrna. Die religiösen Führer bannten auch bald den sonderbaren Mann, so dass er die Stadt verlassen musste und in den nächsten Jahren in großer Unrast durch verschiedene Gemeinden der Levante zwischen Konstantinopel und Ägypten zog. Dabei erregte er immer wieder durch seine in manischen Gemütszuständen vollzogenen kabalistisch-antinomistischen Handlungen Aufsehen und sammelte schon bald eine gewisse Anhängerschaft.

Ausbreitung der Bewegung

Wirklich große Wirkung sollte Sabbatai Zwi aber erst durch das Zusammentreffen 1665 mit der Person des Nathan von Gaza, einem hoch gebildeten und literarisch versiertem Gelehrten erlangen, der bald darauf die Position des „Propheten" des „Messias" Sabbatai Zwi einnahm. Nach der offen propagierten Erhöhung des „Gesalbten" in Gaza und der theologisch-systematischen Einordnung und Propagierung seines Erscheinens durch Nathan von Gaza erlangte die zur Massenbewegung angewachsene Gruppe eine ungeahnte Unterstützung vor allem durch die Juden der großen levantinischen Gemeinden, aber auch in Italien und, nach Eintreffen von zahlreichen, euphorischen Nachrichten über die Exaltationen und Handlungen des „Messias", auch in mitteleuropäischen Gemeinden. Vor allem die sefardischen Gemeinschaften gerieten dadurch in einige Unruhe, ganze Familien verkauften Hab und Gut und machten sich auf die Reise ins Heilige Land, um dem sich dort bildenden Königreich des „Erlösers" nahe zu sein. Aber auch in aschkenasischen Gemeinden Hollands, Deutschlands und in Polen löste die Kunde aufgeregtes Interesse aus, die oft in Vorbereitungen für das Kommen des „Messias" mündeten, wie etwa aus den zeitgenössischen Memoiren der Glikl von Hameln (1646–1724) oder einer Konvertitenautobiografie aus der Hand des Friedrich Albrecht Christiani zu ersehen ist. Danach gab es in den größeren Gemeinden Norddeutschlands aber auch in Bruchsal im nördlichen Baden euphorische Aufregung unter den Juden, die durch die zahllosen Briefe und andere Berichte aus dem Nahen Osten ausgelöst wurden. Auffällig ist in jedem Fall die Schweigsamkeit der offiziellen Protokolle jüdischer Gemeinden aus Mitteleuropa zu den Vorgängen: Obwohl es ohne Zweifel diesbezüglich in vielen Gemeinden Diskurse gegeben hat, wurden diese nicht Gegenstand der protokollarisch festgehaltenen Erörterungen der Gemeindeführungen. Im Gegensatz zu den Ereignissen in der Levante ist die Auswirkung des Sabbatianismus auf die europäisch-jüdische Welt bislang jedoch noch nicht systematisch erforscht worden.

Zu den größten Auffälligkeiten, die über Sabbatai Zwi berichtet wurden, gehörten neben der ungeheuren Behauptung, der „König Messias" zu sein – die „offizielle" Ausrufung erfolgte im Dezember 1665 in Smyrna – das bewusste Übertreten der Gebote, wie zum Beispiel der Verzehr unkoscherer Nahrung. Weiter typisch waren die Zerteilung und Umlegung von traditionellen Festen, sowie – in der späten Phase der Bewegung – die Ernennung von Vizekönigen für Rom und Konstantinopel, womit die Bewegung eine politische Komponente erhielt, die nicht mehr nur von ausschließlichem Belang für die Juden war, sondern auch das besorgte Interesse vor allem der osmanischen Machthaber hervorrief. Die Nachrichten erreichten den Hof des Sultans und der zu jener Zeit die Amtsgeschäfte ausübende Großwesir Achmed Köprülü (1635–1676) ordnete bald an, den „königlichen Messias" festnehmen zu lassen, was erst bei dessen Ankunft in Konstantinopel gelang. Unter den innerjüdischen Gegnern der Bewegung war die Sorge ausgebrochen, dass die zunehmende politische Komponente letztlich katastrophale Auswirkungen auf die Juden des Osmanischen Reiches haben könnten. Daher ist eine Denunziation bei den osmanischen Behörden vonseiten der Gegner Sabbatai Zwis nicht auszuschließen. Die Machthaber waren allerdings weniger wegen der gewaltlosen und amilitärischen Bewegung besorgt, sondern vielmehr vom sich ausbreitenden Stillstand des öffentlichen Lebens in den jüdischen Gemeinden. Durch die enorme Größe dieser und der Bewegung wurden das wirtschaftliche Leben und die Versorgung allgemein gefährdet, was letztlich die Machthaber in tiefere Sorge versetzte.

Konversion zum Islam

Vor dem Großwesir bewerkstelligte Sabbatai Zwi eine Bagatellisierung seiner Handlungen und deren Auswirkung, so dass er, entgegen den meisten Erwartungen, nicht hingerichtet, sondern weiter inhaftiert wurde. Sein Gefängnis wurde bald das zentrale Pilgerziel der zahlreichen Sabbatianer, die von dort weiter seine Sendschreiben erhielten. Schließlich wurde der „Messias" 1666 vor den Sultan gebracht und vor die Wahl zwischen Tod und Konversion zum Islam gestellt. Sabbatai Zwi, dem offenbar bei allem

Sendungsbewusstsein der Hang zum Märtyrer fehlte, zog die zweite Variante vor und wurde in Gnaden vom Sultan aufgenommen. Auch wenn die Konversion von Nathan von Gaza als Teil der messianischen Handlungen ausgedeutet wurde und ein kleinerer Teil der Anhänger dem Schritt sogar folgte, so war doch damit recht schnell die Wirksamkeit der Bewegung beendet: Die Apostasie wurde von den meisten Anhängern nicht mehr verstanden und führte nach der breiten Euphorie zu großer Ernüchterung und enttäuschten Erwartungen. Sabbatai Zwi selbst beendete seine religiös-mystische Tätigkeit auch nach der Konversion nicht, so dass er 1672 erneut inhaftiert und nach Albanien verbracht wurde, wo er schließlich verstarb.

Europäischer Nachhall

Bemerkenswert ist der lange europäische Nachhall der Bewegung, die doch ihre Zentren in Kleinasien und dem Nahen Osten hatte. Neben den schon beschriebenen Unruhen und Vorbereitungen auf das Kommen des Messias in mitteleuropäischen Gemeinden unmittelbar in der Zeit des aktiven Wirkens des falschen Erlösers gab es auch danach noch lange Zeit im Verborgenen wirkende Anhänger. Der große Brand von London 1666, bei dem vier Fünftel der Stadt in Asche gelegt wurden, mag von einigen Sabbatianern als weiteres Zeichen der Endzeit verstanden worden sein. Im Weiteren jedoch wurde der Hang zu sabbatianischem Ideengut im normativen Judentum nicht mehr positiv bewertet, sondern zog diese Anhänger in ein schlechtes Licht. Zu groß waren die Enttäuschungen und die Gefahren, die letztlich mit der Ausbreitung der Bewegung verbunden gewesen waren. Der europaweit im Judentum ausgetragene Konflikt um die angebliche Anhängerschaft des Altonaer Rabbiners Jonathan Eybeschütz fast ein Jahrhundert nach dem Auftreten des falschen Messias zeigt, wie lebendig die Erinnerungen daran noch immer waren.

Beachtlich ist bei der Bewegung und ihrer ungeheuren Ausdehnung die Wichtigkeit der Kommunikation gewesen, ohne die die Anhängerschaft in Europa niemals hätte entstehen können. Eine besondere Rolle spielten dabei die hervorragend funktionierenden Netzwerke der Sefarden, die über die jahrzehntelang erprobten Nachrichtenkanäle, sonst freilich meist in Handelsfragen, liefen und sich von dort auch auf die aschkenasischen Juden ausbreiteten. Auch gedruckte Berichte taten das ihrige zur Verbreitung der messianischen Hoffnungen. Somit konnte der Sabbatianismus eine Breitenwirkung in Europa entfalten, die völlig ohne die Nähe zu den eigentlichen Ereignissen und Protagonisten in der Levante entstand. Anhand dieses Phänomens kann ermessen werden, wie sehr die epochentypische Dynamik – hier in Hinsicht auf die Kommunikation – auch in der jüdischen Gesellschaft Europas Fuß gefasst hatte.

Das Vakuum, das diese messianistisch-mystische Bewegung unter den enttäuschten Massen hinterlassen hatte, wurde in der Mitte des 18. Jahrhunderts teilweise durch die schnell wachsende Strömung des Chassidismus in Polen und der Ukraine ausgefüllt. Auch hier gab es eine gewisse Abwendung vom traditionellen Judentum, wenn auch nie in der radikalen Form des Sabbatianismus. Der Erfolg des Chassidismus, der bis heute in größeren Gruppen in Israel und den USA anhält, spricht dafür, dass in ihm Elemente existieren, die mittlerweile fast zweieinhalb Jahrhunderte jüdische Menschen anzuziehen vermögen.

b) Frankismus

Kurz nach dem Streit zwischen Eybeschütz und Emden und dem zeitgleichen Entstehen des Chassidismus gab es noch einen weiteren Nachhall, der zahlreiche Menschen involvierte und sich klar in der Gefolgschaft des Sabbatianismus verstand. Die Bewegung des Jakob Frank (1726–1791) griff das sabbatianische Gedankengut, vor allem in Form des Antinomismus und des Messiasgedankens erneut auf. Im Gegensatz zu den ein Jahrhundert früher stattgefundenen Ereignissen um Sabbatai Zwi spielte sich der Frankismus, so der Name der Bewegung, mitten in Europa ab: in Polen, Böhmen und Deutschland.

Grundlagen des Frankismus

Jakob Frank stammte aus einer sabbatianischen Familie aus Podolien, die wegen dieser Neigung aus der Heimatgemeinde ausgestoßen worden war und sich in Czernowitz niedergelassen hatte. Als junger Mann besuchte er die Dönme, die Nachfahren der zum Islam konvertierten Anhänger Sabbatai Zwis und er scheint auch im weiteren Leben nicht nur ideell von ihnen inspiriert gewesen zu sein, sondern blieb offenbar in dauerhaftem Kontakt. Nach der Rückkehr nach Podolien sammelte er eine Anhängerschaft um sich und geriet mit dieser bald in gewissen Verruf wegen der dort offenbar praktizierten, sexuell ausgerichteten Riten und antinomistischen Handlungen. Die drohende Ausweisung aus Podolien konnte abgewendet werden, als Frank gegenüber den Behörden behauptete, dass er und seine Gruppe eine Sekte darstellten, die den Talmud ablehne, sich ausschließlich auf das Buch Sohar stütze und ähnliche Ansichten zur Dreifaltigkeit habe wie die Kirche. Daraufhin konnten sich die Frankisten für einige Zeit den kirchlichen und sogar königlichen Schutz sichern. Als sich dieser abschwächte erklärte Frank, dass er das Beispiel der Dönme, in deren Tradition er und seine Anhänger stünden, zu praktizieren gedenke. Im Jahr 1759 wurden daher mehr als 500 Taufen von Frankisten, vor allem in Lemberg, vollzogen, womit sich die Sekte deutlich von den traditionellen Juden distanzierte.

Das auffällige Heiratsverhalten der Frankisten, die nur innerhalb der Gruppe die Partner suchten, geriet bald in Verdacht und als Frank auf einer Reise nach Kleinasien sich als Moslem ausgab und verhaftet wurde, geriet die Sekte schließlich auch bei den Christen in schlechten Ruf. Frank wurde nach kanonischem Recht verurteilt und für zwölf Jahre in Czestochowa inhaftiert, bis ihn nach der ersten polnischen Teilung 1772 die Russen aus der Haft entließen. Die Haft hatte Frank nicht in seiner messianischen Rolle geschadet, sondern ließ ihn für seine Anhänger zum Märtyrer werden, dessen Position durch die Freilassung gestärkt wurde. Damit schien er sogar über die Rolle des Sabbatai Zwi hinauszuwachsen, da dieser in der Haft verstorben war, Frank jedoch wieder frei kam.

Stationen in Mähren und Offenbach

Anschließend ließ sich die engere Anhängerschaft, zu der inzwischen auch die für ihre Schönheit gepriesene Tochter Franks, Eva (um 1759–1816), gehörte, in Brünn nieder und erfreute sich anfangs wieder der Gunst christlicher Machthaber, einschließlich Maria Theresias, die hoffte, dass die große Gruppe ehemals jüdischer Menschen den Konversionswillen anderer Juden in Böhmen und Mähren unterstützen könnte. Nachdem sich diese Erwartungen nicht erfüllt hatten, musste die Gruppe weiterziehen. Ab 1787 dann hielt Frank Hof in Offenbach, wo er im Schloss residierte und seine Anhänger einen Lustgarten einrichteten. Frank nannte sich unrechtmäßig „Baron von Offenbach" und hielt diesem Titel angemessen Hof. Der hohe Aufwand wurde von seinen Anhängern in Polen und Böhmen durch Zuwendungen finanziert.

„Worte des Herrn"

In Offenbach entstand vermutlich auch die Sammlung von 2800 Sprüchen und Geschichten von und über Frank, die so genannten „Worte des Herren", die sich nur fragmentarisch erhalten hat. Aus dieser Quelle wird ersichtlich, dass die Theologie der Sekte auf dem gnostischen Glauben basierte, dass die Welt von einem bösen Gott erschaffen worden sei. Allerdings ist diese Theologie, wenn sie den Namen verdient, ein recht eklektisch formuliertes Versatzstück mit zahlreichen Entnahmen aus dem Sohar. Nach Franks Tod blieb seine Tochter Eva an der Spitze der Bewegung, bis auch sie 1816 einsam, verarmt und mit hohen Schulden belastet in Offenbach starb.

4. Sprachen und Alltagskultur

a) Sprachen im Judentum

Hebräische Alphabetisierung

Bedingt durch die Diasporasituation, in der die Juden auch in der Frühen Neuzeit lebten, existierten sie zwangsläufig in einer mehrsprachigen Welt. Die religiöse Identifikation war in jener Epoche nur mit der Kenntnis des Hebräischen realisierbar. Die Gebete, die Liturgie in der Synagoge und ein übergroßer Teil der traditionell-religiösen Literaturproduktion waren in Hebräisch verfasst. Zwar verfügten längst nicht mehr alle Juden in der Frühen Neuzeit über profunde Kenntnisse, insbesondere nicht in Mitteleuropa, wo sich die geistig-religiöse Krise nach dem Ausgang des Mittelalters auch an dieser Stelle bemerkbar gemacht hatte. Dennoch lag die Alphabetisierungsrate wohl deutlich höher als in der christlichen Umwelt, da ein großer Teil der jüdischen Knaben wenigstens die grundlegenden Kenntnisse im Lesen und Schreiben des Hebräischen und/oder des Jiddischen erhalten hatten. Dies trifft vor allem auf die Situation in großen Gemeinden zu, von denen es aber über lange Strecken der Frühen Neuzeit nicht allzu viele gab. Dort wurden auf Initiative der Gemeindeführungen oder aus privaten Mitteln vermögender Familien Lehrer angestellt. In der ländlichen Streusiedlungssituation dürfte die Lage viel prekärer gewesen sein, da die dort lebenden Kleingemeinschaften finanziell meist kaum in der Lage waren, einen Lehrer zu bezahlen, womit auch die tatsächliche Vermittlung von Bildung nicht mehr den angestrebten Platz behaupten konnte.

Jiddisch

Bei den aschkenasischen Juden war hauptsächlich die Kenntnis des Jiddischen verbreitet. Diese Sprache, die auf frühneuhochdeutsche Wurzeln des Mittelalters zurückgeht, war überall dort anzutreffen, wo Juden dieses Kulturkreises lebten. Im Groben wird die Sprache in zwei Unterräume aufgeteilt: das West- und das Ostjidische. Das Westjiddische wurde vor allem im deutschen Sprachraum gesprochen, dazu kamen noch seit der Mitte des 17. Jahrhunderts die Niederlande. Östlich davon wurde das Ostjiddisch genutzt. Beide Gruppen waren in hohem Maße miteinander verwandt und unterschieden sich nur an einigen Stellen in Wortschatz und Syntax, so dass ohne Weiteres Jiddisch als die *lingua franca* der frühneuzeitlichen aschkenasischen Juden gelten kann. Selbst innerhalb der Gruppen gab es noch Differenzierungen in Hinsicht auf die jeweiligen Einflüsse der Umgebungssprache. So unterscheidet sich beispielsweise das niederländische Westjiddisch durchaus von dem in Deutschland gesprochenen durch zahlreiche Hollandismen, die sich im Laufe der Zeit im Sprachgebrauch der niederländischen Aschkenasen etabliert hatten, aber auch durch Einflüsse aus dem Ostjiddischen, die durch die starke Zuwanderung von polnischen und litauischen Juden zustande kamen. Neben der Sprachfertigkeit scheint auch die Lesefähigkeit im Laufe der Epoche mehr und mehr auf das Jiddisch ausgerichtet gewesen zu sein, wofür die wachsende Zahl von Büchern in dieser Sprache Zeugnis gibt. Dazu gehörten vor allem Bibelparaphrasen, Chroniken, Auszüge aus der talmudischen Literatur, aber durchaus auch Übertragungen christlicher Unterhaltungsliteratur und Sagen. Diese Literatur wurde nicht nur von Männern konsumiert, sondern auch in hohem Maße von Frauen, die noch sehr viel seltener das Hebräisch wirklich beherrschten. Die in der Frühen Neuzeit aufgekommenen Purimspiele, komödienähnliche Schauspiele mit karikierend-ironischen Inhalten, die oft auf die aktuellen Begebenheiten der Zeit gemünzt waren, wurden meist in Jiddisch aufgeführt und konnten so von einem breiten Publikum verstanden werden. Das Vorherrschen des Jiddischen in diesem Genre ist zum einen der klare Hinweis auf die Sprachfertigkeiten der Schauspieler und der Zuschauer, hat aber zum anderen den Hintergrund, dass deftige Satiren kaum in Hebräisch ausgedrückt werden konnten bzw. dies der Stellung dieser für die Juden heiligen Sprache unangemessen gewesen wäre.

Kenntnis anderer Sprachen

Daneben muss zwangsläufig eine größere Zahl von Juden auch über Kenntnisse der jeweiligen Landessprache verfügt haben, da sonst der Umgang mit der christlichen Bevölkerung, der in zahlreichen Facetten des Alltags eine Rolle spielte, unmöglich gewesen wäre. Ein sicher untypischer Vertreter war beispielsweise die schillernde Figur des Michel von Derenburg (gest. 1549). Dieser war ein vermögender Hoffinanzier und Söldnerführer, der bei mehreren Fürsten in Diensten stand. Durch sein herrschaftliches Auftreten und seine gewählte deutsche Sprache konnte er bei Christen, die ihn nicht kannten, seine wahre Identität ohne weiteres verbergen bzw. problemlos mit seinen Geschäftspartnern und Dienstherren kommunizieren. Die Kennzeichnungspflicht mit einem gelben Ring oder ähnlichen Abzeichen, die vor allem für das 16. und 17. Jahrhundert in vielen obrigkeitlichen Judenordnungen erlassen wurde, hatte vor allem den Hintergrund, die Christen vor unwissentlichen Kontakten mit Juden zu „bewahren", was darauf hindeutet, dass sie nicht in jedem Fall sofort als solche in Habitus und Sprache auszumachen waren. Die Kenntnis weiterer, nichtjüdischer Sprachen war insbesondere dort vonnöten, wo die Umgebungssprache nur wenig mit dem Jiddischen gemein hatte. Daher wird die Kenntnis des Polnischen, Ukrainischen und Russischen in Osteuropa unter den dortigen Juden recht verbreitet gewesen sein, wie auch das Tschechische in Böhmen und Mähren, Niederländisch in den Vereinigten Provinzen und das Französisch im Elsass und in Lothringen. Wenn jugendliche *Jeschiwa*-Studenten sich für mehrere Jahre in einer Gegend mit einer anderen Sprache aufhielten, was durchaus üblich war, kam es vor, dass sie in dieser Zeit auch das jeweilige Umgebungsidiom aufnahmen.

Ebenso mussten jüdische Händler bei der Ausübung ihres Berufes über weitere Sprachkenntnisse verfügen, insbesondere dann, wenn sie Märkte und Messen in anderssprachigen Regionen besuchten. Die Kenntnisse scheinen jedoch in vielen Fällen auf rein mündliche Fähigkeiten beschränkt gewesen zu sein, im besten Fall konnten Einzelne vielleicht noch weitere Sprachen lesen aber nur selten auch schreiben. Bestand für das Abfassen fremdsprachlicher Schreiben Bedarf, mussten (christliche) Schreiber dafür herangezogen werden. Ausnahmen davon waren diejenigen Juden, die an christlichen Hochschulen studierten, um medizinische Kenntnisse zu erwerben. Sie waren gezwungen, sich profunde Kenntnisse wenigstens in Latein anzueignen, um nicht nur den Lehrveranstaltungen folgen, sondern auch um die notwendigen Examina ablegen zu können. In seltenen Ausnahmen konnte die Kenntnis anderer Sprachen und die Nähe zu Christen auch solche Ergebnisse zeigen wie das kleine Büchlein des Weimarer Arztes Moses Staffelsteiner von 1530 „Regiment Wider die Pestilentze / ausgangen durch Moyses Staffelsteiner Juden / Medicus / wonhafftig zu Weymar / aus den alten Jüdischen Büchern ins Teutsch gezogen / meniglich zu nutze". Dort legte er in Deutsch talmudische Weisheiten zur Krankheitsbekämpfung dar. Das systematische und breite Studium anderer Sprachen zur Erschließung profanen Wissens kam bei den Aschkenasen allerdings erst mit der *Haskala* in der zweiten Hälfte des 18. Jahrhunderts auf.

Sprachen der Sefarden

Bei den sefardischen Juden stellte sich die Situation etwas anders dar. Aus der Situation heraus, dass viele von ihnen, die im 17. Jahrhundert im Europa nördlich der Alpen Fuß gefasst hatten, wenigstens zeitweilig der christlichen Gesellschaft angehört hatten und erst allmählich wieder dem alltäglich praktizierten Judentum vertraut wurden, war die Kenntnis des Hebräischen aus diesen Gründen bei einigen Generationen deutlich beschränkt. Dafür verfügten sie meist über reichliche Kenntnisse in anderen Sprachen, allen voran in Spanisch und Portugiesisch, in Einzelfällen auch Latein, wodurch sich ihnen weitere romanische Sprachen problemlos erschlossen. Eine ähnliche Position wie das Jiddisch der Aschkenasen nahm bei den Sefarden das Ladino ein, ein spätmittelalterliches Spanisch, das durch Hebraismen bereichert wurde. Dazu kamen sicher Kenntnisse der jeweiligen Umgebungssprache, wobei hier, je nach Siedlungsraum, Deutsch, Niederländisch, Französisch oder Englisch infrage kamen. Für die Amsterdamer Sefarden vor allem des 18. Jahrhunderts ist zudem auch die Kenntnis des Jiddischen belegt, da die übergroße Mehrheit der Juden in der niederländischen Metropole Aschkenasen waren, zu denen zahlreiche Kontakte existierten. Bei den aschkenasischen Juden war bis zur Haskala nahezu unbekannt, was einige sefardische Philosophen, freilich um den Preis der Existenz am Rande der jüdischen Gesellschaft taten: das Verfassen religionsphilosophischer Schriften in christlichen Sprachen wie Portugiesisch und Latein. Die klassischen Beispiele sind Uriel da Costa (1583 oder 1584–1640) und Baruch Spinoza (1632–1677), die durch ihre religionskritischen und frühaufklärerischen Schriften (und weniger wegen der dafür gewählten Sprachen) auch innerhalb der niederländisch-sefardischen Gemeinschaft auf Ablehnung stießen.

b) Alltagskultur

Quellen

Wie vollzog sich nun der Alltag der Juden in der Frühen Neuzeit? Unter welchen Umständen lebten sie, wie verbrachten die meisten von ihnen ihre Lebenszeit? Gute Kenntnisse davon erhält man aus den Selbstzeugnissen jener Zeit, in denen persönliche Schicksale und Lebensumstände teilweise ausführlich geschildert werden, an erster Stelle die Memoiren der Glikl bat Leib (von Hameln, 1646–1724). Eine weitere Quelle sind rabbinische Rechtsgutachten, die zuweilen auf im Alltag auftretende Situationen eingingen bzw. die Einbettung in den halachischen Kontext klären mussten. Was jedoch die Wohnsituation anbetrifft, so stellen oft noch die steinernen Zeugnisse der ehemaligen jüdischen Viertel selbst die Quellen dar, zumindest aber die jeweiligen behördlichen Überlieferungen zu dieser komplexen Thematik.

Wohnsituation

Das Leben in abgeschlossenen jüdischen Wohnbezirken war, entgegen der weit verbreiteten Meinung, in der Frühen Neuzeit nicht die Regel. Diese Situation existierte vor allem in den älteren reichsstädtischen Gemeinden wie Frankfurt a. M., Friedberg und Worms, aber auch in Wien und Prag. In diesen Gettos waren die räumlichen Verhältnisse meist sehr beengt, mehrere Familien bewohnten ein Haus. Die Häuser waren oft mehrstöckig und dicht aneinander gebaut, so dass die dazwischen liegende Gasse nur wenige Meter breit war. Dort spielte sich dennoch ein Großteil des öffentlichen Lebens ab, das unter solchen Umständen sicher nur wegen seiner Alternativlosigkeit zu ertragen gewesen sein dürfte. Die Häuser waren nicht nur zum Wohnen angelegt, sondern enthielten auch den Lagerraum für die privaten Lebensmittelvorräte und die Handelswaren. Die vor einigen Jahren ausgegrabenen Fundamentreste einiger Häuser in der ehemaligen Frankfurter Judengasse zeigen die Ausmaße der Kellergeschosse, die sicher meist als Lagerraum genutzt wurden und deuten an, dass die Häuser nicht sehr breit, dafür aber außerordentlich tief gebaut waren. Ähnlich, wenn auch mit niedrigeren Häusern, waren die Judengassen von Friedberg und Worms sowie die „Judenstadt" in Wien, wo die meisten Häuser sogar nur ebenerdig oder einstöckig waren. Auch sie lagen am Rand der mittelalterlichen Altstadt und wie in Frankfurt befanden sich in ihnen auch jeweils die Gemeindesynagoge und andere Einrichtungen. Die überschaubaren Dimensionen der Städte in jener Zeit brachten es zuweilen, wie im Fall von Friedberg, mit sich, dass die Hinterhöfe der in der Judengasse gelegenen Häuser gleich an die Häuser der benachbarten christlichen Gassen angrenzten und mit diesen sogar identisch sein konnten, wodurch hier für den Alltag weitere, zahlreiche Berührungspunkte zwischen den Gruppen entstanden, nicht immer im Friedlichen aber auch keinesfalls nur im Konflikt.

Schabbatrenzen (Eruw)

Hingegen waren die von Juden bewohnten Häuser in den während der Frühen Neuzeit entstandenen Land- und neuen Stadtgemeinden so gut wie nie in einer durch Tore abgeschlossenen Gasse gelegen, sondern konzentrierten sich höchstens in einer bestimmten Gegend, die bevorzugterweise auch, wenn vorhanden, die Gemeindeinstitutionen beherbergte, also Synagoge, Mikwe und eventuell ein Gemeindehaus. Das hatte zum einen mit der behördlich erfolgten Zuweisung der oft als „Judenhäuser" bezeichneten

Immobilien zu tun, zum anderen aber auch mit dem Bedürfnis der Juden nach einer gemeinsam bewohnten Gegend, wodurch die Einhaltung einiger religionsgesetzlicher Regeln innerhalb des *Eruw*, des klar abgegrenzten Wohnbezirkes, deutlich erleichtert wurden. Die Kennzeichnung dieses Eruv konnte durch die so genannten „Sabbatketten" erfolgen, wie sie in einigen ehemaligen Vierteln, z. B. im burgenländischen Eisenstadt, noch zu sehen sind, aber auch durch andere bauliche Gegebenheiten wie Kanäle, Tore usw. Der Raum innerhalb dieser Grenzen galt als Wohnbereich, in dem am Schabbat Gegenstände wie Uhren, Schlüssel, Brillen etc. getragen werden durften, ohne damit gegen die Gebote zu verstoßen. In einigen Fällen erfolgten, in Absprache mit den städtischen Behörden, mehr oder weniger umfangreiche bauliche Veränderungen, um die Kennzeichnung des *Eruw* vornehmen zu können, wie eben durch Ketten, aber auch andere Markierungen. So wurden beispielsweise 1692 auf Bitten und Kosten der Haager sefardischen Juden einige Steinbrücken über Grachten durch hölzerne Klappbrücken ersetzt, um so den *Eruw* halachisch eindeutig durch die Kanäle abzugrenzen. Allerdings war dieses bedeutende Entgegenkommen vonseiten des Magistrats sicher nicht das übliche Verhalten derartiger Behörden gegenüber Juden und muss im Kontext des Sonderfalls der Niederlande gesehen werden.

Juden unterwegs

Die angesprochene Enge, in der viele Familien (nicht nur jüdische) in jener Zeit lebten, mag einer der Gründe dafür gewesen sein, dass sich das Leben keinesfalls nur innerhalb des Wohnbereiches abspielte, sondern auch andernorts. Jüdische Männer waren, auch aus wirtschaftlichen Zwängen, viel auf Reisen. Unabhängig davon, wie groß ihr Handelsgeschäft, dem die meisten Juden dieser Epoche nachgingen, war, sie waren gezwungen, außerhalb des Wohnortes Waren zu erwerben oder zu verkaufen. Dazu gehörten ausgedehnte Messereisen nach Frankfurt, Leipzig oder sogar nach Posen und Krakau sowie zu unzähligen kleineren Märkten genauso wie das räumlich begrenztere Umhergehen eines armen Hausierers in seinem Wohnort oder in der unmittelbaren Umgebung. Waren die Familienväter jedoch anwesend, so fanden sie sich mehrmals am Tag zum gemeinsamen Gebet am Morgen, Nachmittag und Abend in der Synagoge ein oder verbrachten die Zeit dazwischen mit gemeinsamem Lernen der traditionell-religiösen Schriften. In den meisten Fällen waren die Familien jedoch zu den Feiertagen vereint. Gerade die langen Festperioden zu Pessach und zum Laubhüttenfest erlaubten den Gemeinden, bei dieser Gelegenheit die Wahlen für die Gemeindeführung abhalten zu lassen. Als Konsequenz aus dem intensiven Reiseverhalten waren die Frauen und Kinder häufig auf sich allein gestellt. Ihre Situation konnte sich noch verschärfen, wenn der Familienvater von seinen Reisen nicht wiederkehrte, was wegen der Gefahr auf den Landstraßen und grassierenden Krankheiten durchaus vorkam. Wenn das Schicksal des Mannes ungeklärt blieb, wurde die Frau zu einer *Aguna*, einer vom Mann verlassenen Frau, ohne dass sie geschieden gewesen wäre oder hätte neu heiraten können. Selbst Jugendliche, die mit ihren Elementarstudien fertig waren und *Bar Mizwa* waren (also mindestens 13 Jahre alt) gingen schon auf Reisen, um ihr religiöses Lernen andernorts fortzusetzen. Dazu weilten sie nicht selten über Jahre in anderen Orten und sahen ihre Familie kaum.

Freizeit

Eine anerkannte Freizeitgestaltung im heutigen Sinn gab es anfangs kaum, auch, weil dazu einerseits vielfach die Möglichkeiten fehlten, andererseits aber auch viele der rekreativen Tätigkeiten durch die jüdische Tradition und ihre Hüter nicht geduldet waren. Weit verbreitet war das Spielen z. B. in Form von Kartenspielen. Die zahllosen Verbote und Regeln, die sich aus den Statuten und Statutenzusätzen vieler Gemeinden erhalten haben, sprechen dafür, dass auch Juden gern dieser Beschäftigung nachgingen, obwohl es ihnen meist vonseiten der Vorsteher untersagt war. Ausnahmen davon waren bestimmte Festtage, an denen das Spiel gestattet war. Auch Wöchnerinnen durften im Kindbett in Gesellschaft anderer Frauen spielen, Männern aber war die Teilnahme untersagt.

Theater

Der Besuch von fahrenden Theatergruppen war auch eine gern gesehene Abwechslung. Waren es anfangs lediglich die in der Zeit des Purimfestes umherziehenden Spielleute mit ihren satirischen Stücken, so wissen wir, dass das 18. Jahrhundert darin schon weiter differenziert war. In den Niederlanden ist sogar eine jüdische Opernkompanie nachweisbar, die ihre Aufführungen in Jiddisch darbrachte. Allerdings erschienen diese Gruppen lange in keinem guten Licht, wie wir aus der Kritik wissen, die selbst dem berühmten Rabbiner David Oppenheim entgegenschlug, als er seine Purimspielgruppe unterhielt. Als im 18. Jahrhundert zunehmend der Besuch von nichtjüdischem Theater hinzukam, wurde auch das von den Traditionalisten innerhalb des Judentums nicht gut geheißen, wenngleich sich auf Dauer kaum etwas dagegen tun ließ. Im Jahr 1778 beispielsweise wurde dem Kantor und dem Toraleser der aschkenasischen Gemeinde in Den Haag bei Strafe des Amtsverlustes untersagt, weiter das Theater und die Oper zu besuchen. Andernorts war das Verbot allgemein für den Freitagabend ausgesprochen worden. Eine weitere willkommene Abwechslung waren Privatfeste zu Anlässen wie Beschneidung, Bar Mizwa und Heirat, die in ihren Dimensionen und den dabei dargebotenen Speisen und Getränken von Vorstehern zahlreicher Gemeinden oft begrenzt wurden.

Kultureller Wandel

Aus den Untersuchungen von Asriel Shochat wissen wir, dass im 18. Jahrhundert, einer Zeit der kulturellen Transformation für das mitteleuropäisch-aschkenasische Judentum, auch weitere Freizeitgestaltungen in Mode kamen wie Tanzen, Fechten (wobei der Waffenbesitz und -gebrauch bei den Juden in der Frühen Neuzeit üblich war), Wirtshausbesuche, Spazieren gehen, Ausreiten, ja selbst die Jagd kam, wo es möglich war, in Mode. Dabei trafen sich auch immer wieder Gruppen unverheirateter junger Menschen, was den jüdischen Sittenwächtern ein steter Stein des Anstoßes war. Die Friedberger Statuten von 1723 gestatteten den Besuch des Wirtshauses und die Gesellschaft mit Nichtjuden nur dann, wenn er für den möglichen Abschluss eines Geschäftes förderlich gewesen wäre, oder mit anderen Worten: Es gab den gemeinsamen Besuch von Wirtshäusern durch Juden und Nichtjuden, der solche Ausmaße annahm, dass sich die Gemeindeführer veranlasst sahen, dieses Gebaren zu regeln und zu beschränken. Neben dem schon mehrfach in der Bibel verankerten Gebot der Absonderung von anderen Völkern kam noch der Aspekt hinzu, dass beim Besuch von (nichtjüdischen) Schänken die Gefahr des Genusses von unkoscherem Wein und Speisen gegeben war, der von Seiten der Vorsteher nicht geduldet werden konnte.

5. Demografie und Familie

Gesamtzahlen und Familiengröße

Für die Frühe Neuzeit gibt es bislang keine breit angelegten Untersuchungen über die Demografie der Juden. Einige Regional- und Lokaluntersuchungen haben das verfügbare Quellenmaterial ausgewertet und so können Angaben über Gesamtzahl und Familiengrößen nur durch die Zusammenstellung und Extrapolation der so erhaltenen Daten gemacht werden. Die Angaben über die Gesamtzahlen jüdischer Menschen im Reich schwanken daher, jedoch scheinen die Schätzungen von 35.000–40.000 Individuen um 1600 wohl den Tatsachen zu entsprechen. In der darauf folgenden Zeit dürften diese Zahlen noch angestiegen sein, da die Konsolidierung und der verstärkte Zuzug aus Polen vor allem in diese Periode fiel. Die Größe einer durchschnittlichen jüdischen Familie scheint sich kaum oder nur wenig von einer christlichen unterschieden zu haben. Parallel zu den für die Demografie der Christen vorliegenden Daten gab es auch bei den Juden immer wieder minimale oder maximale Extremwerte, also Familien, die aus nur zwei Individuen bestanden, aber auch solche mit mehr als zehn Personen. In den meisten Fällen scheint eine Familie vier bis acht Personen umfasst zu haben. Die Erfahrung beim Umrechnen von Familienzahlen in Angaben zur Anzahl von Individuen zeigt, dass der Faktor von 5,5 den Realitäten in vielen Fällen gerecht zu werden scheint. Neben der Kernfamilie gehörten in dieser Epoche immer noch weitere Personen zu einem Haushalt. Dies waren in den etwas besser gestellten Haushalten meist ein oder mehrere Hausangestellte, die in der Zeit ihrer Anstellung zur Familie gezählt wurden. Neben Dienstpersonal konnte dazu auch ein Hauslehrer gehören.

Eheschließungen

Das Heiratsalter wird in der Literatur für Frauen mit 16, für Männer mit 18–20 angegeben, wobei auch danach durchaus noch (oder wieder) geheiratet wurde. Insbesondere arme Juden, die in ihrer frühen Jugend zunächst als Hausangestellte arbeiteten, um sich so eine finanzielle Grundlage für das Familienleben zu schaffen, heirateten durchaus erst später, Angehörige der Wirtschafts- und Bildungselite oft früher. Dieser Topos folgt ganz ähnlichen Befunden in der christlichen Mehrheitsgesellschaft. Insgesamt gibt es Anzeichen, dass die Eheschließungen im Laufe der Epoche in immer höherem Alter stattfanden, so dass für das Ende des 18. Jahrhunderts das typische Alter zwischen 20 und 30 gelegen hat. Die Selbstzeugnisse bestätigen in vielen Fällen diese Angaben, auch wenn es davon Ausnahmen gegeben hat. So berichtet die viel zitierte Glikl von Hameln, dass sie schon mit 14 verheiratet wurde, was in wohlhabenderen Familien nicht ungewöhnlich gewesen zu sein scheint. Heiraten wurden arrangiert und von den Eltern der zukünftigen Eheleute oft schon in deren Kindesalter abgesprochen. Vor der eigentlichen Eheschließung erfolgte eine Verlobung, über die ein Kontrakt mit der Bezeichnung *Tna'im reschonim* (erste Konditionen) aufgesetzt wurde. Oft erst Jahre danach fand tatsächlich die Hochzeit vor Zeugen statt. Sie konnte vom Rabbiner geschlossen werden, allerdings war dies nicht zwangsläufig so. Bei dieser wurde die Mitgift der Braut in einem bis heute üblichen Ehevertrag, der *Ketubba*, fixiert, der auch von Zeugen unterzeichnet sein musste. Im Fall der Scheidung oder der Witwenschaft und der daraus resultierenden Auflösung des Haushaltes musste zunächst sicher gestellt sein, dass die Frau diese Mitgift wieder zurück erhielt. Die Summen der Mitgiften schwankten, je nach Vermögenslage der Brauteltern, zwischen mehreren hundert und einigen tausend Gulden. Waren die Eheleute noch sehr jung, lebten sie oft im Haushalt eines der Elternpaare weiter, bis sie über ausreichende Ressourcen verfügten, einen eigenen Hausstand einzurichten. Im Sinne ihrer Gemeindezugehörigkeit war die Hochzeit meist der Moment, ab dem die junge Familie als Hausstand angesehen und demzufolge auch entsprechend ihrem Kapital zur Besteuerung herangezogen wurde. Heiraten zwischen Verwandten zweiten Grades, also etwa zwischen Onkel und Nichte waren nichts Außergewöhnliches und sind im Judentum durchaus statthaft gewesen, worin ein deutlicher Unterschied zum Christentum besteht. Bei den Stammbäumen der bekannteren Familien, wie etwa den Rothschilds, ist dies ein häufig anzutreffender Brauch gewesen, nicht zuletzt um das Kapital in der Familie zu halten.

Scheidungen

Ehen konnten und können im Judentum geschieden werden. Geschiedenen Eheleuten haftete kein soziales Stigma an. Eine halachisch korrekte Scheidung erfolgte durch einen Rabbiner und durch die Übergabe der Scheidungsurkunde, des so genannten *Get*, an die Frau durch den Ehemann. War dieser aber nicht dazu bereit, konnte sich der Vollzug der Scheidung lange verzögern. Dann waren intensive Bemühungen von Verwandten, Nachbarn und manchmal auch des Rabbiners vonnöten, den Ehemann zu überzeugen, seine Meinung zu ändern, wenn die Frau triftige Gründe vorweisen konnte, die Ehe nicht mehr fortführen zu wollen. Der baldigen Wiederverheiratung nach der Scheidung einer vorigen Ehe stand nichts im Wege.

Frauen in Familie und Gemeinschaft

Nach dem Tod eines Ehepartners gab es für die hinterbliebene Seite zwei Möglichkeiten, je nach der Geschlechtszugehörigkeit. Ein verwitweter Mann konnte nach dem Ablauf einer gewissen Trauerzeit erneut heiraten, seine Stellung insgesamt in der Gemeinde blieb unverändert, da er im Normalfall ohnehin reguläres Gemeindemitglied war. Wenn hingegen eine Frau ihren Mann verlor, so konnte zwar auch sie wieder heiraten, allerdings verändert sich in der Zeit der Witwenschaft ihre Position innerhalb der Gemeinde zu der eines Haushaltsvorstandes mit eingeschränkten Rechten. Die Witwe musste nach ihren Möglichkeiten weiter an den Lasten für den Erhalt der Gemeinde teilhaben, genoss aber nicht das Wahlrecht und konnte in kein offizielles Gremium gewählt werden. Wenn sie sich zur erneuten Heirat entschloss, so verlor sie diesen Sonderstatuts wieder und der neue Ehemann übernahm die Rolle des vollwertigen Haushaltsvorstandes. Vielfach leiteten die Witwen die Geschäfte ihres Mannes weiter, parallel zu Witwen aus christlichen Handelsfamilien. Die Einbindung der Frau in die wirtschaftliche Tätigkeit noch zu Lebzeiten des Mannes scheint nichts Außergewöhnliches gewesen zu sein, so dass die Geschäftsführung nach dem Tod des Haushaltsvorstandes für sie oft nicht unbekannt war. Jedoch konnte es geschehen, dass ihr die Verwaltung der ungeteilten Erbmasse streitig gemacht wurde, da nach den Prinzipien der *Halacha* der Frau zunächst einmal „nur" ihre Mitgift zustand, teilweise vermehrt durch vorherige Verfügungen des verstorbenen Ehemannes. Diese konnte schon so hoch bemessen sein, dass das gesamte Vermögen zur Deckung der Versorgungsansprüche der Frau herangezogen werden musste. War darüber hinaus noch Kapital vorhanden, wurde es zur Begleichung von Schulden, aber auch zur Verteilung an Erbberechtigte genutzt. Im Fall von hohen Erbschaften konnte es daher vorkommen, dass diese Berechtigten versuchten, die ungeteilte Weitergabe des Erbes, zunächst ausschließlich an die Witwe, anzufechten. In den meisten Fällen war es hingegen üblich, die unmündigen Kinder einer Witwe unter Vormundschaft zu stellen, wobei das Erbe dieser Nachkommen durch einen *Apotropos* (Vormund) verwaltet wurde, worüber Rechenschaft gegenüber dem Vorstand oder Rabbiner abgelegt werden musste.

V. Berufsstruktur und Existenz

Ähnlich wie im Mittelalter waren die Juden der Frühen Neuzeit in der Ausübung ihrer Berufe stark eingeschränkt. Durch die andersartige und von der christlichen Mehrheitsgesellschaft feindlich betrachtete Religionszugehörigkeit waren sie weitgehend von den klassischen Erwerbszweigen ausgeschlossen. Dazu gehörten die meisten Handwerksberufe, zu deren Ausübung man zünftig organisiert sein musste (Korporationszwang) und wofür als eine Grundbedingung die Zugehörigkeit zum Christentum vorausgesetzt wurde. Innerhalb des Reiches war Juden der Besitz und die Bearbeitung von Grund und Boden untersagt, weshalb sie in Mitteleuropa so gut wie nie als Bauern zu finden waren. Zeitweise Besitztümer von Landgütern, die wegen Schulden an vermögende jüdische Finanziers gefallen waren, gab es erst im weiteren Verlauf der Epoche, aber sie blieben offenbar die Ausnahme.

Im östlichen Europa hingegen war die Sachlage völlig anders. Hier gab es in den großen jüdischen Gemeinden rein jüdische Zünfte, die genau dieselben Handwerke ausübten wie anderswo die Christen. Auch in Mähren und Prag war dies der Fall, wo in der großen Judenstadt quasi eine Parallelwirtschaft zur christlichen existierte. Weiter konnten die osteuropäischen Juden Felder besitzen bzw. pachten und bearbeiten. Trotz der insgesamt größeren Liberalität der niederländischen Bedingungen für die dortigen Juden galten ähnliche Beschränkungen wie im Reich. Auch durch diese gravierenden Unterschiede in der Sozialstruktur gab es innerhalb der europäisch-jüdischen Welt zahlreiche Abstufungen, die sich maßgeblich auf die jeweilige Teilkultur auswirken sollten. Die folgenden Ausführungen beziehen sich vor allem auf die aschkenasische Welt, die in Hinsicht auf die Berufs- und Sozialstruktur intensiver erforscht wurde, als die der nach wie vor hauptsächlich urban lebenden sefardischen Juden, die offenbar vor allem im Handelssektor bedeutende Funktionen einnahmen.

1. Handel

Handel und Geldleihe

Die seit dem späten Mittelalter zwangsweise erfolgte Verlagerung des jüdischen Siedlungsschwerpunktes in ländliche Regionen hatte für die Ausrichtung des Lebenserwerbs einige Konsequenzen. Waren die Juden zuvor mehrheitlich urban orientiert und als Geldleiher fester Bestandteil der städtischen Wirtschaft, so konnten sie dies jetzt nur zum Teil weiter verwirklichen, nämlich dann, wenn ihre neuen Heimatorte in der Nähe von größeren Städten lagen, die Juden wenigstens tagsüber zu Handels- und Gewerbezwecken innerhalb der Stadtmauern duldeten. Das Hauptfeld an Betätigungsmöglichkeiten für Juden war der Handel, darüber hinaus auch noch Geldverleih oft in kleinem Maßstab bzw. die Vermittlung von Krediten für andere. Dafür legten die Reichspolizey-Ordnungen des 16. Jahrhunderts einen Höchstzinssatz von 5 % fest, der tatsächlich auch in zahlreichen Fällen den Juden in ihren Schutzkonditionen festgeschrieben wurde. In der Tat scheinen sich zahlreiche Transaktionen in diesem Rahmen bewegt zu haben, wobei allerdings vereinzelt Konditionen von bis zu 20% jährlichen Zinsen nachgewiesen wurden. Für viele Juden ergab sich die Nähe zu Städten jedoch nicht, so dass sie ihren Platz zunächst im ländlichen Handel zwischen Dörfern und Landstädten finden mussten. Folgerichtig war die Art der Güter, die durch jüdische Händler ge- und verkauft wurden, stark an der ländlichen Wirtschaft orientiert. An vorderster Stelle rangierte dabei der Handel mit Vieh, insbesondere Pferden und Rindern. Einen besonderen Aufschwung nahm diese Branche in der Zeit des Dreißigjährigen Krieges, als Juden stellenweise die Kriegsparteien mit Pferden, Schlachtvieh und anderen Nahrungsmitteln versorgten. Daneben waren die durchziehenden Söldner nicht nur für Viehhändler häufige Geschäftspartner, da sie ihr Plündergut an den Mann bringen oder verpfänden wollten bzw. sich mit neuer Ausrüstung versehen mussten. Dafür scheinen auch jüdische Marketender als Ansprechpartner zur Verfügung gestanden zu haben. Im Südwesten des Reiches gab es später fast ein Monopol jüdischer Viehhändler, das dazu führte, dass ihre stark von Jiddisch durchsetzte „Berufssprache" auch von den christlichen Geschäftspartnern und Kunden adaptiert wurde. Diese beherrschende Stellung ist für weite Teile des jüdischen Siedlungsraumes im Reich seit dem 17. Jahrhundert nachgewiesen.

Hausierhandel und Messebesuche

Intensiv ist der Handel mit Leder, Gewürzen, Textilien, Metallen, Hausrat und anderen Dingen belegt. Viele dieser Güter waren Produkte des ländlichen Lebens. Die Juden übernahmen zunehmend den Handel mit Überprodukten, die dann wiederum in Dörfern oder im kleinstädtischen Bereich von ihnen verkauft wurden, vielfach durch Hausierhandel in äußerst bescheidenen Maßstäben und großer persönlicher Armut. Andererseits wurden von ihnen in der Zeit des beginnenden Manufakturwesens die Produkte der frühen „Massenproduktion" auf dem Land vertrieben. Einige Händler, insbesondere in Frankfurt a. M., nahmen in diesen Wirtschaftsbeziehungen, die bald überregional funktionierten, eine wichtige Mittlerrolle ein, als die Produkte zunehmend auch auf den großen Messen in Frankfurt selbst, wie auch in Leipzig und anderswo gehandelt wurden. Dazu fuhren Juden mit eigenen oder angemieteten Fuhrwerken zu den Messeorten, an denen sie sich, wenn sie nicht permanent als Einwohner zugelassen waren, temporär aufhalten durften. Somit waren sie wenigstens zweimal im Jahr in Leipzig anzutreffen (wo sie sonst nicht leben durften), wobei sie dorthin aus allen Gegenden des Reiches strömten, auch von Ländern außerhalb der Reichsgrenzen. Dazwischen besuchten sie zahlreiche lokale Märkte, was dazu führte, dass Juden häufig lange von ihren Wohnorten fernblieben und oft auf den Landstraßen zu sehen waren. Diese Bedingungen schufen aber auch ein gut vernetztes System mündlichen bzw. schriftlichen Nachrichtenaustausches, die bei Begegnungen von mehreren Juden zustande kam. Das Zusammentreffen bei diesen Messen und Märkten führte dazu, dass sich in der Zeit des Aufenthalts eine Gemeinschaft mit gemeinsamen religiösen Bedürfnissen bildete, die sie, wenn es keine Synagoge am Ort gab, anderweitig befriedigen mussten. In den brabantischen Generalitätslanden der Vereinigten Provinzen der Niederlande gab es in der Mitte des

18. Jahrhunderts eine Gesellschaft (mit Hauptsitz in Amsterdam), die zwei mobile Synagogen unterhielt und genau zu diesem Zweck die regionalen Märkte aufsuchte, um dort den Juden die korrekte Religionsausübung zu ermöglichen.

Nach dem Dreißigjährigen Krieg, als die Phase der Konsolidierung jüdischen Lebens im Reich einsetzte, geriet das urbane Element wieder mehr und mehr in den Blickpunkt, sowohl in Hinsicht auf die Niederlassung, als auch in Hinsicht auf die Handelstätigkeiten. Es ist nicht zufällig, dass die Angehörigen der erfolgreichen Kaufmannsfamilien nach 1650 zu großen Teilen in den (wieder) erstandenen städtischen Zentren beheimatet waren, wozu Hamburg, Frankfurt, Prag, Metz, Fürth, Halberstadt, Berlin und andere zu rechnen sind. Sie waren auch diejenigen, die mit den zeitgleich sich etablierenden Hofjuden und den Angehörigen der Geisteselite die Oberschicht der Juden bildeten. Parallel zur Urbanisierung ist daher eine allmähliche Umschichtung in den Erwerbszweigen zu beobachten, weg vom Geldverleih und hin zum Handel und Gewerbe.

2. Handwerk

Schächter

Trotz des generellen Zunftzwanges, der die meisten Juden von handwerklichen Tätigkeiten ausschloss, gibt es Hinweise darauf, dass in gewissen „Nischen", die zunftfrei waren, durchaus Juden als Handwerker anzutreffen waren. Dazu gehörten an vorderster Stelle solche Handwerke, die für die Herstellung der rituell reinen Lebensmittel für die Juden unentbehrlich waren, wie Schächter (ritueller Schlachter) und Bäcker. Natürlich gab es an dieser Stelle häufig Konfliktstoff mit den christlichen Zünften dieser Gewerbe, die sich die ungebetene Konkurrenz vom Leibe halten wollten. Insbesondere die Schächter, wenn sie Fleisch (weiter)verkauften, waren den christlichen Metzgern ein Dorn im Auge. Im Fall eines Schächtfehlers oder einer Anomalie des Tieres, die erst bei der nachträglichen Prüfung festgestellt wurde, wurde das lediglich rituell unverwertbare Fleisch, das aber keine hygienischen Mängel aufwies, oft an Christen verkauft, wie auch die sehnigen Hinterviertel, die rituell problematisch sind. Vielerorts jedoch wurden von den Juden christliche Metzger angestellt, die unter Aufsicht von Schächtern das Schlachtvieh nach dem Schächten (dem Halsschnitt und dem anschließenden Verenden durch Ausbluten) zerlegten und die für Juden brauchbaren Teile diesen überließen, während sie die restlichen Teile an Christen veräußerten.

Buchherstellung

Daneben waren Juden seit der Erfindung des Buchdrucks in den verschiedenen zugehörigen Tätigkeiten anzutreffen, natürlich vor allem bei der Produktion hebräischer oder jiddischer Bücher. Dazu gehörten Setzer, Drucker, Redakteure bis hin zum Buchbinder. Je mehr sich der jüdische Buchdruck im Lauf der Frühen Neuzeit ausbreitete, desto mehr Menschen fanden darin ihre Beschäftigung, auch wenn die Zahlen nie solche Größenordnungen erreichten, um die Druckereiberufe als „typisch jüdisch" klassifizieren zu können. (Siehe Abschnitt IV.2)

Ein weiteres, nicht zünftig organisiertes Handwerk war das der Glaser und Scheibenmacher sowie der Scheidenmacher (Hersteller von Messer- und Schwerthüllen). In den Quellen werden diese Tätigkeiten oft in Verbindung mit Juden genannt, ohne dass bislang Genaueres über die Umfänge dieser Handwerke bei Juden bekannt geworden wäre. Belege fanden sich bislang für den niedersächsischen Raum, sowie für Hessen und Thüringen. Glaser

Eine andere handwerkliche Tätigkeit bei Juden war die des Medailleurs und Petschierstechers. Insbesondere im 18. Jahrhundert scheint sich dieser Zweig bei Juden als Option für handwerkliche Tätigkeit verbreitet zu haben. So war beispielsweise der Begründer der schwedisch-jüdischen Gemeinschaft, Aaron Isaak (1730–1816), ein Medailleur, der auch Petschafte zum Siegeln verfertigte und durch seine autodidaktisch erworbenen Fähigkeiten den schwedischen König für sich einzunehmen vermochte. Aus seinen Memoiren erfahren wir, dass er seine Dienste anfangs bei Bauern seiner Heimatregion und auch auf kleinen lokalen Märkten anbot und in der Lage war, kleine Petschafte innerhalb von zwei Stunden anzufertigen. Da der Gebrauch von Siegeln bei jüdischen Geschäftsleuten sowie Gemeinden und Amtsträgern seit dem Spätmittelalter üblich war, scheint ein nicht geringer Teil der Kundschaft aus den eigenen Reihen gekommen zu sein. Allerdings berichtet Aaron Isaak auch über Handwerker, Bürger, Offiziere und Adlige, die sich von ihm ihre Siegelstempel stechen ließen. Verwandt damit war auch das Gewerbe des Siegellackherstellers, das von Juden mancherorts ausgeübt wurde. Medailleure

Vereinzelt wird noch über jüdische Gold- und Silberschmieden in den Quellen gesprochen, wie auch über Pulvermacher, also Hersteller von Schießpulver, für das immer Bedarf existierte. Zum Beispiel sind im Lippischen aus der Zeit des 17. Jahrhunderts mehrere jüdische Betreiber von Pulvermühlen nachgewiesen worden.

3. Heilberufe

Ein anderer Berufszweig, der bei Juden über alle Zeitepochen hinweg üblich und hoch angesehen war, ist der der Heiberufe, insbesondere der des Arztes. Der Bildungsweg hierfür verlief auf zwei Alternativwegen: das Erlernen des Berufes durch das Begleiten und Lernen bei einem erfahrenen und praktizierenden Arzt oder die Bildung durch ein geordnetes Studium der Medizin an einer Universität. Da Juden vom Besuch der Universitäten in den meisten Teilen Europas jedoch lange ausgeschlossen waren, gab es nur die erste Möglichkeit oder den Weg nach Norditalien, ins Veneto. Seit dem frühen 16. Jahrhundert bis hinein ins 18. zogen daher angehende Ärzte mit den Mitteln und Ambitionen zu einer akademischen Ausbildung nach Padua, wo eine der ganz wenigen Möglichkeiten für Juden bestand, ein Vollstudium der medizinischen Wissenschaften bis zum Abschluss mit Doktorgrad zu absolvieren. Zwischen 1520 und 1800 erhielten dort ca. 350 jüdische Ärzte ihren akademischen Abschluss. Die Analyse der Familiennamen deutet darauf hin, dass es schon damals „Berufsdynastien“ gab, also Ange- Ärzte hörige einer Familie, die über mehrere Generationen ein Medizinstudium aufnahmen.

Die jüdischen Studenten kamen nicht nur aus Deutschland, sondern auch aus Spanien, Italien, dem Osmanischen Reich und Osteuropa. Die medizinische Fakultät in Padua erfreute sich eines ausgezeichneten Rufes, dem bei weitem nicht nur Juden aus den oben genannten Ländern folgten, sondern auch viele Christen (unter ihnen auch Protestanten, die in Padua ebenfalls keine Beschränkungen erfuhren). Ab dem späten 16. Jahrhundert kam als weiterer möglicher Studienort die Universität im niederländischen Leiden hinzu, erst mehr als 100 Jahre danach die ersten deutschen Hochschulen. Durch die reiche Tradition in der Beschäftigung mit Medizin – schon der berühmte **Maimonides** (1135–1204) war Arzt gewesen und hinterließ Abhandlungen zur Medizin – konnten sich Juden neben ihrem eigenen Wissensfundus (der sich auch aus der arabischen Heilkunst des Mittelalters speiste) auch den der Christen aneignen, was möglicherweise einen Grund für ihre ungebrochen hohe Beliebtheit bei christlichen Patienten über die gesamte Epoche ausgemacht haben mag. Bei allem Misstrauen, dass Juden wegen ihrer Andersartigkeit sonst entgegen gebracht wurde, so scheinen gerade an dieser Stelle den jüdischen Ärzten die vorgeblichen „Geheimkenntnisse" eher zu einigem Erfolg verholfen zu haben. Dazu kommt, dass offenbar von zahlreichen Patienten angenommen wurde, dass, durch die unsichere Stellung der Juden in allgemeiner Hinsicht, die Ärzte unter ihnen dazu bewogen würden, sich keinerlei Kunstfehler zu gestatten, die ihre Existenz sofort sehr gefährdet hätten. Nicht selten fungierten studierte jüdische Ärzte als Hofmediziner an den Adelshöfen und genossen besondere Privilegien. Insgesamt scheint es, dass sie ein überdurchschnittliches Einkommen erzielten. Selbst wenn sie lediglich als Gemeindearzt angestellt waren, boten sich ihnen Nebeneinnahmen aus den privat behandelten Patienten.

E

Maimonides

Jüdischer Arzt und Philosoph des Mittelalters. Sein eigentlicher Name war Rabbi Mosche ben Maimon, woraus das Akronym RaMBaM gebildet wurde, unter dem er bekannt ist. Geboren in Cordoba, verbrachte er sein weiteres Leben in Marokko, Palästina und Ägypten, wo er Leibarzt des dortigen Wesirs wurde. In seinen philosophischen Schriften, allen voran dem *„More Newuchim"* („Führer der Verwirrten") zeigte er sich den Ansichten des Judentums seiner Zeit um Jahrhunderte voraus, und verarbeitete darin auch aristotelisches Gedankengut. Dies hatte zur Folge, dass besonders in der Frühen Neuzeit das Werk mehr heimlich als offen rezipiert wurde, da es den Ansichten der Geisteselite an vielen Stellen widersprach. Auch sein anderes Großwerk, *„Mischne Tora"* („Wiederholung der Tora"), in dem er das Religionsgesetz kodifizierte, wurde und wird stark beachtet und beeinflusste das Judentum nachhaltig.

Allerdings ist auch bekannt, dass jüdischen Medizinern von christlichen Ärzten aus Konkurrenzneid Ablehnung entgegen gebracht wurde, bis hin zu einer polemisierenden Literatur gegen die so genannten „Judenärzte". Gerade hier wurden ihre professionellen Kenntnisse eher angezweifelt und das „Jüdische" darin unter Generalverdacht gestellt. In der Polemik taten sich neben einigen christlichen Ärzten noch mehr Theologen und Apostaten hervor, die aus religiös-ideologischen Gründen ihre Schriften verfassten.

Jüdische Ärzte in der Praxis

Neben der Möglichkeit der Praxis als freier Arzt bei Juden und Christen, die oft erst nach einer weiteren Prüfung der Zeugnisse und Fähigkeiten durch christliche Kommissionen in den Städten erfolgen konnte, fanden jüdische Ärzte auch Anstellungen als Armenärzte in den größeren Gemeinden. Dazu wurden sie entweder von der Gemeindeführung angestellt und mit einem Gehalt versehen oder durch die Wohltätigkeitsgesellschaften (*Chevrat Bikkur Cholim*), zu denen vielerorts ein Armenspital gehörte (*Hekdesch*). Neben ihrer Pflicht allen Erkrankten die gleiche Behandlung angedeihen zu lassen, war es ihnen oft untersagt, die Stadt zu verlassen, in der sie lebten, da jederzeit der Bedarf für ihre Dienste aufkommen konnte. Das Beispiel des rastlosen Arztes Josef Delmedigo (1591–1655) von Kreta, der sowohl privat wie in Gemeindediensten (etwa in Frankfurt a.M.) als Arzt praktizierte, daneben aber auch als Rabbiner und Philosoph tätig war, zeigt, dass die Arbeitsmöglichkeiten vielfältig waren, aber nicht immer unbefristet und sicher. Zugleich wird deutlich, dass die Verbindung zwischen medizinischen Kenntnissen und philosophischen Überlegungen sowie Autorenschaft immer wieder auftreten konnte, was durch das Leben und Wirken von Tuwia ben Mosche Kohen (1652–1729) noch weitere Evidenz erhält. Die Kenntnis von Latein, die für die Absolvierung der Studien unabdingbar war, ermöglichte den Ärzten die Lektüre anderer als nur medizinischer Texte und eröffnete ihnen so weiterführende Denkwelten als den übrigen jüdischen Glaubensgenossen. Durch die häufige Verbindung des Medizinstudiums mit dem der Philosophie ergaben sich im Rahmen des Curriculums an den Hochschulen die Begegnungen mit einer anderen Geisteswelt von selbst. Wie eingangs erwähnt, gab es auch unter jüdischen Ärzten nicht wenige „Empiriker", die ihre Kenntnis weniger aus einem Studium gewonnen hatten als vielmehr aus der Sammlung praktischer Erfahrung. Diese mag nicht in jedem Fall ein kompletter Ersatz für eine fundierte, theoretische Wissensaneignung gewesen sein, tat aber der Beliebtheit jüdischer Ärzte offenbar keinen Abbruch.

In den Quellen zu größeren jüdische Gemeinden lassen sich zuweilen Hinweise über Hebammen finden, die in der Gemeinschaft beschäftigt waren. Über ihre berufliche Bildung und Herkunft ist wenig bekannt. Da sie keine Möglichkeit hatten, ihre beruflichen Kenntnisse institutionell zu erwerben, dürften diese durch Anlernen bei einer erfahrenen jüdischen Hebamme erworben worden sein.

4. Religiöse Tätigkeitsfelder und Gemeindedienst

Gemeindeangestellte

Ein weiteres Betätigungsfeld für Juden war das der mit den Gemeinden verbundenen religiösen Ämter. Dazu gehörte der Rabbiner, der Vorsänger (Kantor), der Schächter, der Lehrer und Synagogendiener. Dazu konnten noch weitere Aufgaben kommen wie der Totengräber, der „Schalentsetzer", eine Aufsichtsperson über den am Schabbat betriebenen Gemeindebackofen, in dem die zuvor zubereiteten Speisen gekocht oder gewärmt wurden, und der Aufseher über das Armenspital, der so genannte „Hekdeschmann".

Viele dieser Ämter wurden zeitlich befristet besetzt, erst nach und nach setzte sich für mehrere Positionen die Praxis durch, eine einmal berufene Person für längere Zeit im Amt zu halten. Allerdings blieb es durchaus üblich, einen Rabbiner nur für drei Jahre anzustellen, Vorsänger nur für sechs Monate oder, als Hilfskantoren für die Hohen Feiertage, sogar nur für einige Tage. Derartige Konditionen, die vor allem in kleineren Gemeinden mit geringer und kaum planbarer Finanzkraft anzutreffen sind, waren keine verlockende Perspektive, was wiederum zur Folge hatte, dass die Inhaber der Posten oft ein bescheidenes Dasein fristeten und auf Wanderschaft ständig neue Wirkungsorte suchen mussten. Gerade die zahlreichen, vor allem aus Polen stammenden Vorsänger und Schächter scheinen sich in ihrer wirtschaftlichen Stellung vielerorts nur wenig von den unzähligen Betteljuden unterschieden zu haben, die ebenfalls auf ewiger Wanderschaft ihren Lebensunterhalt zusammensuchten. Da die Posten in den Gemeinden rar waren, kam es durchaus auch zu Denunziationen von Amtsinhabern, meist des Inhalts, dass sie ihre Aufgaben nachlässig versähen. Insbesondere im Fall des Schächters, dessen Produkte einwandfrei den religionsgesetzlichen Regeln entsprechen mussten, war dies ein schwerer Vorwurf, der immer aufwändig und unter Hinzuziehung von Gutachten auswärtiger Rabbiner untersucht werden musste.

Hingegen konnte ein Rabbiner in einer größeren Gemeinde durchaus mit einem guten bis stattlichen Jahresgehalt rechnen, das ein den Zeitumständen würdiges Auskommen für die Familie garantierte. Bekannt sind solche soliden Konditionen beispielsweise aus Amsterdam und Prag. Jedoch waren diese Positionen rar und nur den bekanntesten Persönlichkeiten vorbehalten, die andererseits nicht immer gewillt waren, sich dem Regiment der örtlichen Gemeindeführung zu unterwerfen oder sich in Konflikte verstrickten, weshalb die Fluktuation häufig ein Bestandteil des Rabbinerlebens gewesen zu sein scheint. Zu den Grundeinkünften des Rabbiners kamen Gebühren hinzu, die z. B. bei Eheschließungen oder der Ausstellung von Urkunden erhoben wurden und oft in den Rabbinatsbriefen (Anstellungsverträgen) fixiert wurden. Wegen der sonst durchschnittlichen bis schlechten Bezahlung betrieben viele Amtsinhaber von Gemeindeposten zusätzlich Handel oder liehen Geld, um sich so ein weiteres Auskommen zu sichern. Ein prominentes Beispiel ist der berühmte David Oppenheim (1664–1736), der trotz seines gut dotierten Rabbinatsposten in Nikolsburg und später Prag noch im Handel und Geldverleih mit nicht unbeträchtlichen Summen tätig war und mehrmals die Leipziger Messe besuchte.

5. Hof- und Finanzjuden

Ein Berufszweig, der für die Mitte und die zweite Hälfte der Frühen Neuzeit Bedeutung erlangen sollte und fast nur auf das Reich begrenzt war, war das Hoffaktorentum. Andere Bezeichnungen waren Kammeragent, Hofjude oder Ähnliches, wobei die absolutistische Hierarchie und Ämtervielfalt für die Schaffung und Vermehrung der jeweiligen Titel zu großen Teilen verantwortlich waren. Diese Positionen, die zum Ende der Epoche in beinahe jeder Residenz zu finden waren, wurden in der Blütezeit nach dem Ende des Dreißigjährigen Krieges und im folgenden 18. Jahrhundert von Angehörigen der jüdischen Oberschicht ausgefüllt. Die ersten Hofjuden jedoch kamen nicht wegen eines schon vorhandenen Wohlstandes in ihre Positionen, sondern wegen besonderer Geschicklichkeit und ausgeprägtem Wirtschaftsverständnis. Sie waren exponierte Personen, die nicht nur in Hinsicht auf ihr Betätigungsfeld und damit ihren meist deutlich über dem Durchschnitt liegenden Lebensstil hervorstachen, sondern auch durch ihre entweder zeitgleich, früher oder später entstandene herausgehobene Position in den jeweiligen lokalen oder regionalen Gemeinden, die sie zugleich auf eine Position als Mittler zwischen christlicher und jüdischer Welt hob. Sie wurden an den Höfen von Adligen und Fürsten angestellt, um diese mit Luxusgütern zu versorgen, die in der Zeit des prunk- und repräsentationsbedürftigen Absolutismus für eine standesgemäße Hofhaltung unentbehrlich waren.

„Münzjuden"

Andere Tätigkeitsfelder waren die Lieferung von Gold und Silber für die Ausmünzung, wobei insbesondere in Kriegszeiten von den dann so genannten „Münzjuden" erwartet wurde, dass sie deutlich mehr Münzen aus dem Edelmetall schlagen ließen, als eigentlich nach dem Münzfuß üblich gewesen wäre. Das führte zwangsläufig zu Münzverschlechterungen, wie zu Beginn des Dreißigjährigen Krieges, als die so genannten „Kipper-und-Wipper-Münzen" in Umlauf kamen, aber auch in der Zeit des Siebenjährigen Krieges, als die preußisch-jüdischen „Münzentrepreneurs" für den Umlauf der dann nach einem der beteiligten Juden genannten **„Ephraimiten"** sorgten. Damit wurden die Kriegskassen gestreckt, ein Gewinn für die Staatskasse und den Unternehmer erwirtschaftet, die allgemeine Kaufkraft des Geldes sank aber infolgedessen. Zudem verblieben das Risiko und die zwangsläufig folgenden Schuldzuweisungen auf den Schultern der Unternehmer, wofür die außerordentlichen Gewinnmöglichkeiten jedoch offenbar entschädigten.

E

Ephraimiten
Dabei handelt es sich um in der Zeit des Siebenjährigen Krieges (1756–1763) geprägte und im Feingehalt deutlich verminderte Münzen. Geprägt wurden vor allem sächsische und polnische Kleinmünzen, aber auch größere Stücke. Um die Wertminderung, die offiziell nicht bekannt gegeben wurde, zu vertuschen, wurden alte Prägestempel von 1753 genutzt, durch die „gute Vorkriegsmünzen" vorgetäuscht werden sollten. Ephraimiten wurden nach dem beteiligten jüdischen Münzentrepreneur Veitel Heine Ephraim (1703–1775) benannt, blieben in ländlichen Gegenden längere Zeit unentdeckt und waren offenbar teilweise noch bis ins frühe 19. Jahrhundert im Umlauf.

Heereslieferanten

Weiter konnten die Kammeragenten in der Belieferung für die seit dem Ende des Dreißigjährigen Krieges existierenden stehenden Heere tätig sein. Wichtig war hier vor allem die Versorgung mit Textilien und Leder, aber auch Waffen, Munition und Pferde standen auf den Bestelllisten der jeweiligen Herrscher. Insbesondere in Preußen und in den habsburgischen Erbländern erfüllten Juden an dieser Stelle wiederholt wichtige Aufgaben. Hofjuden waren damit fest im Gefüge des absolutistischen, vormodernen Systems integriert und hatten nach dessen Ende zu Beginn des 19. Jahrhunderts folgerichtig keinen Platz mehr in der sich wandelnden höfischen Hierarchie.

Wie schon im Abschnitt III dargestellt, konnten Hofjuden durch ihre exponierte Stellung und die häufig hervorragenden, persönlichen Beziehungen zum jeweiligen Herrscher die Lebenssituation anderer, weniger einflussreicher und vermögender Juden deutlich beeinflussen. Dazu gehörte auch die Erwirkung von neuen Niederlassungskonzessionen, wodurch manche Gemeinden überhaupt erst durch das entsprechende Agieren von Hoffaktoren entstanden, wie etwa zu Beginn des 18. Jahrhunderts Halle/S. und Dresden.

Allmähliche Akkulturation

Die in den letzten Jahren erfolgte intensive Forschung zur ökonomischen Oberschicht der Juden im Reich hat eine Reihe neuer Einblicke in deren Lebensgewohnheiten und Geschäftsverbindungen hervorgebracht. Deutlich wurde, dass die Positionierung innerhalb der jüdischen Gesellschaft und der Grad der Akkulturation, die durch die Kopie des luxuriösen Lebensstils ihrer höfischen Umgebung unvermeidbar war, nicht unbedingt eine Frage der allgemeinen Chronologie bzw. von zeitgebundenen „Entwicklungsstufen" im Hofjudenwesen, sondern vielmehr der Generationen war. Waren die Aufsteiger, die sich durch ihre Geschäfte in die Position eines Hofjuden bringen konnten, meist noch stark in der jüdischen Tradition verwurzelt, so war dies bei der zweiten und dritten Generation schon nicht mehr in gleicher Intensität zu beobachten. Sie scheinen ihre Bindungen oftmals lockerer gestaltet zu haben und orientierten sich eher an allgemeinen Maßstäben der Zeit. Auch gab es regionale Unterschiede im Sozialverhalten: Waren die Hofjuden nördlich des Main in existierende Gemeinden eingebunden (wie in den meisten Fällen), so blieb ihre Bindung zum Judentum über Generationen verhältnismäßig stark, während die Konversionsrate späterer Generationen im südlichen Reich, wie etwa in Wien, wo es keine wirkliche Gemeinde gab, deutlich höher war.

Angesichts der Tatsache, dass es nur wenige Höfe in Territorien des Reiches gab, die gänzlich ohne Hofjuden funktioniert hätten, verwundert es nicht, dass die Anzahl der Namen der einschlägigen Personen und Familien in die Hunderte geht. Es ist an dieser Stelle unmöglich auch nur einen größeren Teil zu berücksichtigen, weshalb exemplarisch einige Personen und Familien vorgestellt werden, die über Generationen hinweg als Hoffaktoren und Finanziers an mitteleuropäischen Höfen tätig waren. (Siehe auch einige andere Persönlichkeiten im Abschnitt III.2)

Michel von Derenburg

Frühe Vertreter dieser Schicht waren schon im 16. Jahrhundert anzutreffen. Zu nennen ist hier Michel von Derenburg (gest. 1549), der als Ausnahmeerscheinung seiner Zeit angesehen werden muss. Einerseits versorgte er mehrere adlige Herren mit Krediten, darunter das brandenburgische Kurfürstenhaus und vor allem den Grafen von Regenstein, andererseits verdiente er sich als Söldner und war auf mehreren Seiten mit einem kleinen Privatgefolge an kriegerischen Auseinandersetzungen beteiligt. Am Ende seines Lebens lebte er, um die horrenden Ausstände beim Grafen von Regenstein ringend, in Frankfurt a. O., beschirmt von Kurfürst Joachim II. (1505–1571).

„Münzmeister" Lippold in Berlin

Für Brandenburg selbst war die Person des „Münzmeisters" Lippold (gest. 1573) von Bedeutung, der nicht nur den Juden in der Mark Brandenburg vorstand, sondern auch das ständig überschuldete Finanzwesen des Kurfürsten Joachim II. leitete, wobei er schon die jederzeit beliebte Verminderung des Feingehaltes der Münzen praktizierte, um den Gewinn für die fürstlichen Kassen (und seine eigenen) deutlich zu erhöhen. Nach dem Tod seines kurfürstlichen Gönners geriet Lippold in Turbulenzen und Anschuldigungen, die schließlich in seiner Verhaftung und grausamen Hinrichtung mündeten. Weiter wurden anschließend alle Juden aus dem Kurfürstentum Brandenburg verwiesen.

Jakob Bassevi von Treuenberg und Mordechai Meisel in Böhmen

Enge Beziehungen zum Kaiserhof pflegten Mordechai Meisel (1528–1601) und später Jakob Bassevi von Treuenberg (1570–1634). Beide versorgten den Hof mit gewaltigen Finanzströmen. Letzterer war Mitglied in einem Münzkonsortium, geschlossen u.a. zwischen ihm, Wallenstein und dem Fürsten von Liechtenstein, wodurch die kaiserlichen Truppen während des Dreißigjährigen Krieges bezahlt werden konnten. Dafür wurde er vom Kaiser sogar als erster Jude mit einem Familienwappen ausgestattet, jedoch wohl nicht in den Adelsstand erhoben. Sowohl er als auch Meisel waren Fürsprecher für die Prager und böhmischen Juden und bestritten aus eigenen Mitteln große Ausgaben für die Gemeinde. Allerdings scheiterten beide mit ihrem Tod an den Konstellationen der Zeit: Das Vermögen beider wurde konfisziert und die Nachfahren konnten weder davon profitieren, noch die Geschäfte in ähnlichen Dimensionen weiterführen.

Samson Wertheimer in Wien

Samson Wertheimer (1658–1724) stammte ursprünglich aus Worms und hatte seine Bildung in der Frankfurter *Jeschiwa* erhalten. Durch seine Einheirat in die Familie des Wiener Hofjuden Samuel Oppenheimer gelangte Wertheimer nach Wien und begründete dort ein lange florierendes Finanzunternehmen, mit dem er mehreren Habsburgern auf dem Kaiserthron die Hoffinanzen stützte bzw. besorgte. Er stand in den Diensten von Leopold I. (1640–1705), Joseph I. (1678–1711) und Karl VI. (1685–1740). Zwischen 1694 und 1709 war er Hauptverwalter der kaiserlichen Finanzen und selbst geschäftlich so erfolgreich, dass er wohl der reichste Jude seiner Zeit überhaupt war. Wertheimer finanzierte zu großen Teilen die bedeutenden militärischen Unternehmungen der Habsburger in jener Zeit, wie den Türkenkrieg und den Spanischen Erbfolgekrieg. Für die Finanzierung dieser Großunternehmen, die aus eigenen Mitteln selbst für den wohlhabenden Samson Wertheimer nicht leistbar gewesen wäre, baute er in Zusammenarbeit mit Samuel Oppenheimer ein europaweit funktionierendes Kreditsystem auf, das die Macht der Habsburger finanziell lange Zeit stützte. In der Historiografie ist dieses Finanzsystem oft unbeachtet geblieben.

Neben seiner Stellung als „Wirklicher Kaiserlicher Oberfaktor" der Habsburger in Wien (seit 1703), hatte er auch ähnliche Positionen für die Kurfürsten von Sachsen (gleichzeitig polnischer König), Mainz und der Pfalz inne. Sein enges Vertrauensverhältnis, insbesondere zu Leopold I., begründete seine wichtige Position als Fürsprecher, die er mehrfach für die Juden im Reich nutzte. Auch in seiner Person ist die Verknüpfung mehrerer Positionen innerhalb der jüdischen Oberschicht zu sehen: Neben der herausragenden ökonomischen Stellung hielt er auch das Amt des ungarischen Oberrabbiners, was sich insbesondere auf die damals zu Ungarn gehörenden Siebengemeinden des Burgenlandes auswirkte, für die er überhaupt erst wieder die Existenz möglich gemacht hatte. 1696 wurde er durch ein kaiserliches Privileg auf die Position des Rabbiners über alle Juden der habsburgischen

Erblande berufen. Seine Erfahrungen im Umgang mit Finanzen brachten ihm außerdem das Amt des „Fürsten des Heiligen Landes“, das die koordinierte Kollekte der Spenden für die jüdischen Gemeinden Palästinas zum Inhalt hatte. Am Ende seines Lebens übertrug Samson Wertheimer 1710 seine Geschäfte auf seinen Sohn Wolf (1681–1763).

Wolf Wertheimer

Dieser war schon frühzeitig von seinem Vater in die Geschäfte mit einbezogen worden, so dass der reibungslosen Übergabe auf die nächste Generation eigentlich nichts im Wege stehen sollte. Nach dem Ableben von Samson erlangte Wolf zahlreiche Faktorentitel, zunächst den des kaiserlichen Oberhoffaktors, später kamen Ernennungen aus Kurbayern, Kurköln und Sachsen, respektive Polen hinzu. Durch die Heirat mit einer Enkelin des Samuel Oppenheimer stand Wolf quasi in der Tradition der beiden erfolgreichen, im Dienste der Habsburger stehenden Familien und ihrer finanziellen Beziehungen und Geschäfte. Diese äußerst komfortable Basis wollte Wolf offenbar zu weiterer Expansion nutzen, indem er sich verpflichtete, die exorbitant teure Hochzeit des bayerischen Kurprinzen und späteren Kaisers Karl Albrecht (Karl VII., 1697–1745) mit der Habsburger Prinzessin Maria Amalia zu finanzieren. Da die bayerische Kammer sich jedoch außerstande sah, die Kreditsumme rechtzeitig zurückzuzahlen, sich diese zudem durch anlaufende Zinsen noch fast verdreifachte, musste Wolf Wertheimer 1733 de facto seine geschäftliche Tätigkeit ruhen lassen und verschrieb sich in langwierigen Prozessen den Rückforderungen gegenüber den Wittelsbachern, die durch die kostspielige Hofhaltung Karl Albrechts selbst hoch verschuldet und am Rande der Zahlungsunfähigkeit waren. Auch wenn der unmittelbare Konkurs abgewendet werden konnte, war die ehemalige Stellung der Wertheimers stark beschädigt und nur der weit bekannte Name des alten Wertheimers verhinderte den tiefsten Fall.

Luxuriöser Lebensstil

Wolf vollführte eine der oben geschilderten Wandlungen innerhalb der Generationen von Hofjuden hin zum zeittypischen Leben eines einflussreichen Hofmannes. Er richtete selbst Jagden mit hochadliger Beteiligung unter Missachtung der zeitgleich stattfindenden jüdischen Festtage aus und suchte auch sonst ein repräsentatives Leben zu führen, was nicht immer ohne Konflikte mit der Umwelt ausging, die ein derartiges Auftreten vonseiten der Juden nicht in jedem Fall zu tolerieren bereit war. Dennoch dürften die so erlangten Beziehungen und Kontakte zu einflussreichsten Persönlichkeiten seiner Zeit letztlich hilfreich bei seinen Bemühungen um die Rückgängigmachung der Ausweisung der Prager, böhmischen und mährischen Juden 1744/45 gewesen sein, die wesentlich in seinen Händen gebündelt wurden und letztlich von Erfolg gekrönt waren.

Ebenfalls von Erfolg waren schließlich nach beinahe drei Jahrzehnten Wolf Wertheimers Bemühungen um die Anerkennung der unbeglichenen wittelsbachischen Schulden. Von dem Einsetzen der 1754 vereinbarten Ratenzahlungen der Wittelsbacher profitierten vor allem seine Söhne und Enkel. Letztere, Joseph, Hermann und Lasar wurden zwischen 1791 und 1796 nobilitiert und trugen den Titel „von Wertheimstein“. Weitere Nachkommen konvertierten zu großen Teilen zum Christentum.

Familie Itzig-Jaffe in Berlin

Itzig ben Daniel Jaffe (ca. 1679–1741) stammte aus dem großpolnischen Gräz und ließ sich zu Beginn des 18. Jahrhunderts in Berlin nieder, wo er innerhalb weniger Jahre in die Oberschicht der damals noch jungen und überschaubaren jüdischen Gemeinde aufstieg, indem er im Auftrag des preußischen Hofes Pferde für die preußische Kavallerie beschaffte. Dies hatte zur Folge, dass seine Familie einschließlich aller Nachkommen 1727 ein Generalprivileg erhielt, das den Aufenthalt und die Familiengründung für alle Familienmitglieder ohne weitere Zahlungen ermöglichte. Sein Sohn Daniel Itzig (1723–1799), auch Daniel Jaffe oder Daniel Berlin genannt, stand ebenfalls mit dem preußischen Königshof in engem Kontakt und ermöglichte als einer der drei jüdischen „Münzentrepreneurs" die Finanzierung des Siebenjährigen Krieges. Auch anschließend verblieb er weiter im Finanzgeschäft und war ab 1771 alleiniger Großlieferant der preußischen Münzstätten. Daneben investierte er in Industrieunternehmen, was von Seiten des preußischen Kameralismus stark gefördert und für Juden ein durchaus üblicher Betätigungszweig wurde. Neben dieser exponierten Stellung, die durch ein großes Vermögen unterstützt wurde, fungierte Daniel Jaffe als die wichtigste Führungspersönlichkeit der preußischen Judenschaft, der er offiziell lange als Oberlandesältester vorstand. Zusammen mit seinem Sohn Isaak Daniel Itzig (1750–1806), der ebenfalls eng mit dem Königshof zusammenarbeitete und 1786 zum Hofbankier avancierte, unterstützte er die Anliegen der jüdischen Aufklärer und insbesondere die Gründung der ersten modernen jüdischen Schule, der Jüdischen Freischule in Berlin. Isaak Daniel Itzig, der zwar 1796 mit seiner Firma, die sich der Heeresbelieferung verschrieben hatte, bankrott machte, blieb weiter angesehen und hielt bis zu seinem Tode das Amt des Vorstehers der Jüdischen Freischule inne.

Der sicher größte Erfolg der Familie, quasi als Vorgriff auf die bald folgende, allgemeine Entwicklung, war die Naturalisierung der Familie auf Antrag von Isaak Daniel Itzig im Jahr 1791. Damit wurden sie de facto christlichen Bürgern in vielen Rechten gleichgestellt. Neben Daniel Itzig und seinen Kindern waren alle angeheirateten Personen sowie die Kinder aus diesen Verbindungen eingeschlossen. Wenn die Naturalisierung bis dahin ein für Juden ungekanntes Privileg war, so ist sie doch letztlich nur die Vorwegnahme der Reform von 1812, nach der alle legal ansässigen Juden unabhängig von ihrer Wirtschaftskraft zu preußischen Staatsangehörigen wurden. Mit der dritten Generation war die exzeptionelle Erfolgsgeschichte der Familie Itzig weitgehend vorüber. Lediglich ein Zweig, der frühzeitig die geschäftliche Orientierung auf das Manufakturwesen gelenkt hatte, konnte noch längere Zeit wirtschaftliche Erfolge verbuchen.

Somit erfüllte die Familie Itzig in wenigstens zweifacher Weise eine Art Pionierfunktion: sie bildeten das Beispiel für die erstmalige Naturalisation von Juden in die allgemeine Gesellschaft (wenn auch immer noch mit weitreichenden Einschränkungen), waren andererseits mit der in der dritten Generation sehr durchwachsenen Erfolgsbilanz ein gutes Beispiel für die richtige oder falsche wirtschaftliche Ausrichtung: Während die Heeresbelieferung und das Finanzwesen eher zum wirtschaftlichen Niedergang führten, bewährte sich die frühzeitige Investition in das Manufakturwesen, das durch die zunehmende Industrialisierung mehr und mehr an Bedeutung gewann.

Bankhaus Boas in Den Haag

Sowohl in geografischer, wie auch in Hinsicht auf die Stellung der Familie gegenüber den Fürstenhöfen unterscheidet sich die Familie Boas aus dem niederländischen Den Haag. Obgleich offenbar dort das Konzept des Hofjudentums kaum griff und entsprechende Titel wie Hoffaktor, Kammeragent etc. aus den Vereinigten Provinzen bislang nicht überliefert sind, nahmen die drei Generationen der Boas de facto in Europa eine ähnliche Funktion ein, wie die typischen Hofjuden mit großem Vermögen und bedeutendem Einfluss. Der Begründer dieser Haager Dynastie, die für das gesamte 18. Jahrhundert die Geschicke der aschkenasisch-jüdischen Gemeinde der Residenzstadt bestimmen sollte, war Chajim Abraham Boas. Er stammte aus der Region um Posen, wo er 1661 geboren wurde. Während der Wirren des Nordischen Krieges kam seine Familie nach Deutschland. Er selbst wandte sich noch weiter nach Westen, bis er 1680 in Den Haag ankam und sich dort niederließ. Zu jener Zeit gab es nur wenige aschkenasische Familien in der Stadt, eine Gemeinde existierte nur für die Sefarden. In der Residenzstadt der Oranier heiratete er, erwarb das Bürgerrecht und gründete eine Familie, der vier Töchter und ein Sohn entstammten. Durch seinen frühen Zuzug nach Den Haag gehörte Chajim (im Umgang mit Christen nannte er sich Abraham) zur Elite der 1701 gegründeten aschkenasischen Gemeinde. In seinem Haus war die erste Gemeindesynagoge und bis zu seinem Tod 1747 fungierte er oft als einer der Vorsteher der Gemeinde. Wirtschaftlich betätigte er sich erfolgreich im Wechselgeschäft, in das sein Sohn Tobias (1696–1782) später mit einstieg. Ab 1727 war Tobias alleiniger Inhaber und Geschäftsführer des vor allem auf Juwelenhandel spezialisierten Geschäfts und gründete mit dem übernommenen Kapital eine Bank, die in der Mitte des 18. Jahrhunderts eine Reihe von europäischen Höfen und Handelshäusern mit zum Teil beträchtlichen Krediten versorgte. Den Zugang zu anderen einflussreichen jüdischen Finanziers legte Tobias Boas durch die Verheiratung seiner Kinder mit deren Nachkömmlingen, wie den Frankfurter Kanns, sowie den Wertheimers und Oppenheimers in Wien. Rege Finanzgeschäfte verbanden Boas mit den niederländischen Statthaltern, denen er immer wieder Kredite vermittelte, wie auch zum schwedischen Königshaus, den Habsburgern, dem dänischen Hof sowie einigen Provinzen in den Niederlanden.

Seine Söhne Abraham (1720–1798) und Simon Boas (1730–1795) übernahmen später wiederum die Hauptaktivitäten des immer noch funktionierenden Juwelenhandels und des immer bedeutenderen Bankgeschäftes. Simon avancierte zum Hofbankier der Prinzen von Oranien-Nassau und des Kurfürstenhauses von der Pfalz (ab 1776). Das Fürstenhaus Waldeck wurde vom Bankhaus Boas mit einer großen Kreditsumme versorgt, so dass damit das Unternehmen eindeutig in die führende Riege der europäisch-jüdischen Finanziers aufgestiegen war, noch dazu als eines der ganz wenigen aschkenasischen aus den Niederlanden überhaupt.

Eine große Finanzkrise, die in den 1780er Jahren bei einigen jüdischen Finanziers in Amsterdam ausbrach, zog auch das Bankhaus Boas mit sich, so dass nach anfänglichen Zahlungsschwierigkeiten der Geschäftsbetrieb 1795 völlig eingestellt werden musste. Die Liquidation der ausstehenden Geschäfte dauerte noch bis 1809. Allerdings wurde in der Zwischenzeit durch einen Nachfahren von Tobias Boas im Jahr 1806 das wesentlich länger und erfolgreich agierende Bankhaus Lissa & Kann begründet.

Verknüpfung der Eliten

Die jüdische Oberschicht in Mitteleuropa umfasste nicht nur die hoch- und mittelvermögenden Hoffaktoren und erfolgreiche Kaufleute (Wirtschaftselite), sondern auch die Geisteselite. In einigen Fällen hatten Familien Vertreter in beiden Richtungen oder suchten die Anbahnung von familiären Bindungen zur jeweils anderen Untergruppe, was entweder weitere Reputation oder Sicherheit gab. Somit war das typische, schichtgebundene Sozialverhalten zu beobachten, dass zum Erhalt der optimalen Existenz beitragen sollte. Wie an den wenigen, hier gezeigten Beispielen gezeigt werden konnte, wurden durch Heiratsvermittlung europaweit Netzwerke gebildet, die für die Realisierung von Warenlieferungen oder den Aufbau von Kreditnetzwerken sowie schlichtweg auch als Geschäftssicherheit und in Fragen der Kommunikation unentbehrlich waren. Ferner wurde dadurch sichergestellt, dass im Fall des Aussterbens einer Familie das zusammengetragene Kapital nicht in unliebsame Hände geriet, sondern die Geschäfte durch einen anderen Zweig der Familie fortgeführt werden konnten. Die jüngere Hofjudenforschung hat nachgewiesen, dass die übergroße Zahl der in der Oberschicht vermittelten Ehen Partner aus gleichen oder ähnlichen sozialen Verhältnissen zusammenführte. Dieser Befund bestätigt jedoch ein für soziale Gefüge generell typisches Verhaltensmuster, unabhängig von der Stellung der Gruppe innerhalb der Gesellschaftshierarchie.

6. Dienst- und Hauspersonal

Quellenproblematik

Abschließend soll auf eine große soziale Gruppe innerhalb der jüdischen Welt verwiesen werden, die in ihrer Stellung quasi diametral den vermögenden Finanzfamilien gegenüberstand. Allerdings gehörten zu ihr weitaus mehr Menschen als zu der Oberschicht. Vielleicht ist die Gruppe der Hausangestellten und des Dienstpersonals überhaupt eine der größten innerhalb der jüdischen Sozialstruktur gewesen. Im Gegensatz zu vielen anderen der genannten Berufsgruppen lässt sich über das Leben und die Stellung dieser Menschen oft nur wenig ergründen, da sie neben den Armen und völlig Unvermögenden die wenigsten konkreten und personengebundenen Spuren in den Quellen hinterlassen haben. Sie tauchen eigentlich nur in detaillierten Haushaltsaufstellungen auf oder wenn sich um ihre Person oder ihr Dienstverhältnis ein Problem entwickelt hatte, das aktenkundig wurde. Dazu kommt, dass die Forschung sich bislang nur in geringem Maß der Mühe unterzogen hat, für einen größeren Raum tiefgehende Darstellungen zu erstellen.

Mägde

Jüdische Mägde scheinen in aller Regel im frühen Jugendalter in ein Dienstverhältnis getreten zu sein. Oft kamen sie aus mittellosen Familien und ihr Lohn für die mehrjährige Tätigkeit in einem anderen Haushalt bestand in freier Kost und Logis sowie Zuwendungen, die für die Mitgift aufgespart wurden, die zu erbringen sie anderweitig nicht in der Lage gewesen wären. Das bedeutet, dass in vielen Fällen die Stellung als Dienstpersonal nicht die endgültige Perspektive sein sollte. Da es viele Jahre dauern konnte, bis eine entsprechende Mitgift „erarbeitet" war, scheint das Heiratsalter (analog zur Mehrheitsgesellschaft) für Mägde höher gelegen zu haben als für die übrigen jüdischen Frauen. Da Mägde auch für Küchenarbeiten zuständig waren, mussten sie die wesentlichen Regeln für das Zubereiten religionsgesetzlich korrekter Speisen beherrschen bzw. erlernten diese dort. Problematisch konnte die Anstellung einer Magd dann werden, wenn sich, wie häufig geschehen, zwischen ihr und dem Hausherren oder anderen männlichen Haushaltsangehörigen eine Liebesbeziehung oder geschlechtliche Kontakte entwickelten, die Schwangerschaften zur Folge hatten. Dies sind dann auch Fälle, in denen sie aus der Anonymität hervortreten, da der Fall durch die Gemeindevorsteher erörtert werden musste.

Knechte

Knechte scheinen hingegen oft als Angestellte bei den geschäftlichen Tätigkeiten des Hausherren gearbeitet zu haben. Wegen der fehlenden Notwendigkeit zur Erbringung einer Mitgift für eine spätere eheliche Verbindung ist anzunehmen, dass männliche Angestellte für ihre Tätigkeiten entlohnt wurden. In diesem Zusammenhang finden sich ihre Spuren hin und wieder in den Quellen, nämlich immer dann, wenn sie in einer aktenkundigen Angelegenheit als Knechte ihrer Herren klassifiziert wurden und somit ihr sozialer Stand innerhalb der jüdischen Gesellschaft erkennbar wird. Dennoch bleiben diese Hinweise immer nur Schlaglichter, weshalb das Wissen über diese Gruppe wohl nie wesentlich umfangreicher werden wird.

VI. Akkulturation und jüdische Aufklärung (*Haskala*)

Das 18. Jahrhundert stellt innerhalb der ohnehin dynamischen Epoche der Frühen Neuzeit einen neuen Abschnitt für die mitteleuropäischen Juden dar. Es war geprägt von zunehmender Akkulturation und der aus England und vor allem Frankreich kommenden Aufklärung, die auf christlicher Seite mehr Toleranz gegenüber den „Anderen" hervorbrachte, auf jüdischer Seite komplementär die *Haskala*, die jüdische Aufklärungsbewegung. Die *Haskala* stellte sich vor allem als ein Phänomen des aschkenasischen Judentums dar. Die lange andauernde und weitgehende kulturelle Abgeschlossenheit dieser großen jüdischen Bevölkerungsgruppe in Mittel- und Osteuropa war offenbar der Hauptfaktor für das Einsetzen der historischen Prozesse, die schließlich zu einer Anpassung der Lebensform jüdischer Menschen vor allem im Reich führte. Diese Wandlung vollzog sich über einen langen Zeitraum, der sich weit bis ins 19. Jahrhundert erstreckte. Bei den Sefarden Europas war der Grad der Akkulturation ohnehin immer höher gewesen, da viele von ihnen aus christlichen Lebenstraditionen wieder in das Judentum zurückgefunden hatten und im Gegensatz zu den Aschkenasen offener durch die Mehrheitsgesellschaft akzeptiert wurden.

Intellektuelle Elite

Die *Haskala* war vor allem eine Bewegung einer verhältnismäßig kleinen Gruppe jüdischer Intellektueller, die seit der Mitte des 18. Jahrhunderts vermehrt nach dem Erwerb säkularen Wissens strebten und sich dieses, unter gleichzeitiger Annäherung an die christliche Umgebungsgesellschaft, aneigneten. Der anfängliche Konsum des allgemeinen Wissens, das innerhalb des traditionellen Judentums höchstens rudimentär vermittelt wurde, sowie dessen spätere Verbreitung unter den Anhängern der *Haskala*, führt schließlich zu einem Bruch der *Maskilim* (Gebildete, Aufgeklärte) mit der rabbinischen Geisteselite. Allerdings bedeutete dies nicht den gleichzeitigen Bruch mit der jüdischen Tradition; insbesondere die frühen *Maskilim* blieben ihren jüdischen Wurzeln meist treu. So war Isaak Satanow (1733–1805) einer der wichtigsten Vertreter der Berliner jüdischen Aufklärung und als erster Leiter der „Orientalischen Buchdruckerei" für die Herausgabe wichtiger Bücher der Bewegung verantwortlich, widmete sich aber weiter kabbalistischen Studien und verlegte diesbezügliche Schriften in Osteuropa. Bei späteren Generationen der Familien früher Maskilim war hingegen eine vermehrte Hinwendung zum Christentum zu verzeichnen. Andere Mitglieder der Bewegung eigneten sich innerhalb kurzer Zeit so viel Wissen an, dass sie sowohl sprachlich wie auch inhaltlich in der Lage waren, den zeitgenössischen Diskurs in Philosophie und Wissenschaften maßgeblich mitzubestimmen. Neben Moses Mendelssohn (1729–1786) und Salomon Maimon (1753–1800), die beispielsweise in der Philosophie ihrer Zeit wesentliche Akzente setzten, war noch der Zoologe und Arzt Marcus Elieser Bloch (1723–1799) eine Person, die das Bild der Wissenschaften in jener Zeit deutlich beeinflusste. Ebenso stach der Mediziner und Philosoph (ein Schüler Kants) Marcus Herz (1747–1803) hervor, der in seiner Zeit den Ruf eines hoch gebildeten Wissenschaftlers hatte und mit seinen Vorträgen vor allem auf medizinischem Gebiet eine große Hörerschaft in Berlin hatte.

Mäzenatentum

Durch die schwierige wirtschaftliche Lage vieler Juden, die durch ein kompliziertes Rechtssystem meist nur geduldet waren, war die Vorantreibung ihrer aufklärerischen Ideen oft von einflussreichen und vermögenden jüdischen Mäzenen abhängig, die die Inhalte der *Haskala* willkommen hießen und nach Kräften förderten. Sie taten dies meist aus der Erkenntnis der Notwendigkeit einer neuen Positionierung des Judentums innerhalb der Mehrheitsgesellschaft, wofür die Notwendigkeit durch intensive wirtschaftliche Kontakte mit Christen von ihnen erkannt worden war. Das Projekt der Etablierung der ersten jüdischen Schule zur Vermittlung der neuen Ideen der *Haskala* in Berlin wäre etwa ohne die tatkräftige finanzielle und persönliche Mithilfe der Bankiersfamilie Itzig kaum vorstellbar gewesen. Viele der *Maskilim* stammten aus Gemeinden unterschiedlichster Größe aus dem Reich, aber auch aus Polen, Litauen und Böhmen, während sie ihr Leben meist in den großen kulturellen Zentren verbrachten, in denen es ausreichend intellektuelle Motivation und auch die technischen Möglichkeiten für die Herausgabe ihrer Schriften gab. Sie trugen häufig zeitgenössisch-moderne Kleidung und passten ihren Habitus der Umgebungsgesellschaft an.

Die tief greifenden Veränderungen innerhalb der jüdischen Gesellschaft Mitteleuropas, die letztlich auch durch die *Haskala* herbeigeführt wurden, markieren deutlich das Ende der Epoche auch für diese Minderheit. Auch wenn Akkulturation und Aufklärung mehr in die folgende Moderne verweisen, so haben sie doch ihre Wurzeln in der Welt der Frühen Neuzeit, die durch ihre kulturellen, soziologischen und historischen Vorgaben den folgenden Prozess der Modernisierung letztlich bedingte.

1. Frühaufklärerische Tendenzen im Judentum: Uriel da Costa und Baruch de Spinoza

1616 „Thesen gegen die Tradition“, verfasst von Uriel da Costa
1622 „Traktat von der Sterblichkeit der Seele des Menschen“, U. da Costa
1624 „Prüfung der pharisäischen Tradition“, U. da Costa
1640 „Ein Beispiel menschlichen Lebens“ und Selbstmord U. da Costas
1670 „Theologisch-politischer Traktat“, verfasst von Baruch de Spinoza

Die seit der Mitte des 17. Jahrhunderts erst zögerlich, dann verstärkt einsetzende Aufklärung hatte auch für das Judentum Europas immense Auswirkungen, wenn auch mit einer deutlichen zeitlichen Phasenverschiebung gegenüber der allgemeinen Entwicklung. Abgesehen von exzeptionellen Persönlichkeiten in den Niederlanden des 17. Jahrhunderts setzte sich in breiterem Maßstab die *Haskala* erst in der zweiten Hälfte des 18. Jahrhunderts durch und auch dann vor allem in Deutschland und in größeren Teilen der Habsburgermonarchie. Dennoch ist bemerkenswert, dass zu den Pionieren aufgeklärter Denkart in der allgemeinen Aufklärung durchaus Juden gehörten, an vorderster Stelle die Sefarden Uriel da Costa und Baruch Spinoza.

Uriel da Costa

Uriel da Costa (1585–1640), selbst noch in Portugal gebürtig und als Nachkömmling von *Marranos* christlich erzogen, floh nach Absolvierung eines Studiums der Rechte und dem Erhalt niederer kirchlicher Weihen mit seiner Familie 1614 nach Amsterdam und bekannte sich dort zum Judentum seiner Vorfahren. Nach seiner eigenen Schilderung in der kurzen, autobiografischen Darstellung *„Exemplar Humanae Vitae"* (Ein Beispiel menschlichen Lebens) kollidierten seine Vorstellungen von einer freien und reinen Religion mit den Ausformungen des zeitgenössischen, normativen Judentums, das stark an den rabbinischen Auslegungen des Talmud orientiert war. Mit seinen *„Propostas contra a tradiçao"* (Thesen gegen die Tradition) wandte er sich schriftlich mit einer Reihe ihm unerklärlicher Aspekte im Judentum an rabbinische Autoritäten in Venedig, die aufgrund der Beharrung da Costas auf seinen Positionen diesen schließlich bannten, was auch für seinen damaligen Aufenthaltsort Hamburg galt. Wieder in Amsterdam geriet in er später in neuen Konflikt wegen seiner Ansichten über die Sterblichkeit der Seele, die er im *„Sobra a moralidade de alma do homen"* (Traktat von der Sterblichkeit der Seele des Menschen) darlegte und der propagierten Hinwendung zum Diesseitigen, da es nach dem Tod kein weiteres Leben gebe und somit auch Askese und Weltabkehr ohne Sinn seien. Damit waren seine Thesen eigentlich mehr gegen den Katholizismus als gegen das Judentum gerichtet. Dieser Traktat entfesselte eine Welle der Polemik gegen ihn aus den eigenen Reihen, was schließlich zu seiner erneuten Bannung 1633, diesmal in Amsterdam, führte. Diesem Bann konnte er sich nur durch eine erniedrigende Zeremonie entziehen, die er 1640 über sich ergehen ließ. Jedoch führte sie da Costa kurz darauf dazu, auf wenigen Seiten seine Lebensgeschichte, die stark philosophisch orientiert ist und Persönliches nur am Rande erwähnt, zu verfassen und sich anschließend, in Verzweiflung über die vergebliche Suche seines Platzes in der zeitgenössischen Welt, das Leben zu nehmen.

Da Costas Religionskritik

Mit seinen Ansichten über die Vergänglichkeit der Seele, seinen Hoffnungen auf die Durchsetzung der Vernunft als allgemeine Grundlage für menschliches Handeln und seiner Kritik an der Bibel als Werk menschlichen Schaffens war Uriel da Costa seiner Zeit weit voraus. Seine Schriften hatten jedoch zu seinen Lebzeiten wohl nur einen geringen Nachhall außerhalb der jüdischen Welt und innerhalb dieser wurden sie mit Argwohn betrachtet bzw. gebannt und öffentlich verbrannt. Seine Autobiografie wurde erst 1687 das erste Mal veröffentlich. Mit dieser Schrift verfasste er die radikalste religionskritische Schrift der Frühen Neuzeit, die vor allem auf die Widersprüche zwischen der Bibel und der Auslegung durch die Rabbiner hinweist, die von ihm konsequent als „Pharisäer" bezeichnet wurden. Damit geißelte er die Anhänglichkeit der jüdischen Religionsgelehrten an ihre mündliche Lehre, die auf den Grundlagen der Mischna und des Talmud fußen. Auch das biblische Gesetz selbst wurde von da Costa hinterfragt und er kam zu dem Ergebnis, dass es nicht von Moses stammen könne, sondern eine menschliche Erfindung sei, da es an vielen Stellen dem Naturgesetz widerspreche. An Stelle der Religionsgesetze favorisierte er die Vernunft, deren universale Maßregeln ihm besser als Grundlage für das menschliche Zusammenleben geeignet schienen und die als wahre Norm des Naturgesetzes anzusehen sei. Mit seiner Kritik richtete sich da Costa letztlich nicht gegen das Judentum allein, sondern gegen alle drei Offenbarungsreligionen, also auch gegen das Christentum und den Islam.

Baruch de Spinoza

Anders als der zum Judentum (zurück-)konvertierte Uriel da Costa wurde der weitläufig mit ihm verwandte Baruch de Spinoza (1632–1677) bereits in Amsterdam in das Judentum hinein geboren. Er lernte an der Talmud-Tora-Schule der mehr und mehr aufblühenden Amsterdamer sefardischen Gemeinde bei wichtigen Gelehrten seiner Zeit, unter ihnen auch der Rabbiner, Philosoph und Pionier des hebräischen Buchdrucks in den Vereinigten Provinzen, Menasse ben Israel (1604–1654). Durch ihn wurde er wahrscheinlich mit einem zeitgenössischen Kritiker der religionsgeprägten Lehrmeinungen, Isaac de Peyrère (1596–1676), konfrontiert, der argumentiert hatte, dass Moses nicht der alleinige Autor des Pentateuchs (Tora, fünf Bücher Moses) gewesen sein konnte und dass es vor Adam und Eva bereits andere Menschen gegeben haben musste. Offenbar kannte Spinoza auch die Schriften von Uriel da Costa, die ihn, auch durch die Lektüre anderer frühaufklärerischer Denker, zur allmählichen Entfremdung mit der Welt des Judentums führten. Als junger Mann lernte Spinoza Latein und beschäftigte sich mit den Schriften nichtjüdischer Philosophen, teilweise auch an der Universität Leiden. Dies dürfte ihn, ganz ähnlich wie da Costa, zur Erkenntnis und Äußerung unpopulärer Meinungen geführt haben, die schließlich in seiner Bannung innerhalb der Amsterdamer Gemeinde 1656 führten. Zu den geäußerten Vorwürfen gehörten Anschuldigungen, dass Spinoza den Ursprung der Tora in göttlicher Offenbarung geleugnet habe, ferner biblische Belege für die Unsterblichkeit der Seele verwarf, sowie eine unvertretbare, philosophische Konzeption Gottes habe. Alle diese Vorwürfe deuten auf eine Beeinflussung durch da Costa, der, wie geschildert, ganz ähnliche Thesen vertrat. Nach der Bannung verließ Spinoza Amsterdam und ließ sich in Den Haag als Linsenschleifer nieder, wo er, ohne jemals wieder einer religiösen Gemeinde beizutreten, bis zu seinem Tod lebte. Eine solch unabhängige Existenz war zu jener Zeit in den wenigsten Ländern Europas möglich, üblicherweise musste jeder Mensch durch den Korporationszwang, der aber in den Niederlanden nicht uneingeschränkt galt, zu einer definierten Gemeinschaft gehören. Das unerbittliche Handeln der sefardischen Gemeinden in Hamburg und Amsterdam gegenüber Uriel da Costa und Baruch de Spinoza muss jedoch auch unter Berücksichtigung der relativ kurzen Geschichte dieser Gemeinschaften gesehen werden. Insbesondere in Amsterdam hatte es einiger Anstrengungen bedurft, aus mehreren Gemeinden gerade erst wieder zum Judentum zurückgekehrter Menschen eine einheitliche zu formen und es kann davon ausgegangen werden, dass diese anfangs noch fragile Einheit nicht durch die Tolerierung von Radikalmeinungen aufs Spiel gesetzt werden sollte.

Theologisch-politischer Traktat

Zu seinen Lebzeiten veröffentlichte Spinoza 1670 den *„Tractatus theologico-politicus"* (Theologisch-politischer Traktat), in dem er massive Religionskritik äußerte und für religiöse Toleranz sowie politische Meinungsfreiheit eintrat, die in jener Zeit in den Niederlanden eingeschränkt zu werden drohten, von anderen Ländern ganz zu schweigen. Die Schrift löste durch ihre Religionskritik einen Skandal aus und wurde 1674 verurteilt. Spinoza sah in Moses lediglich einen Gesetzgeber, der seine Relevanz durch den Untergang des antiken jüdischen Staates verloren hatte. Die Zeremonialgesetze wurden von ihm ausschließlich als politische Gesetzgebung beschrieben, die darauf abzielte, das Leben in der Gemeinschaft zu gewährleisten, wodurch sich, nach Ansicht Spinozas, die Juden als Volk auch nach der Auflösung des antiken Lebensmittelpunktes in Israel erhalten hätten. Der *Tractatus* forderte weiter eine kritische Analyse der Inhalte der Bibel unter Berücksichtigung ihrer Entstehungsbedingungen, um so die wirklichen Inhalte verstehen zu können. Hier ging er noch weiter als da Costa und lieferte bedeutende Anstöße zur Begründung einer Bibelkritik und zur Trennung von Theologie und Philosophie. Mit dem „Theologisch-philosophischen Traktat" markierte Spinoza quasi das Ende der klassischen jüdischen Philosophie.

Wirkung von Spinozas Ideen

Allerdings sollte die Wirkung Spinozas keinesfalls auf die jüdische Welt beschränkt bleiben. Vielmehr ist er mit seinen Ansichten in die erste Riege der frühaufklärerischen Philosophie gerückt und wurde, nicht zuletzt durch seine lateinisch verfassten Schriften, sehr wohl auch von nichtjüdischen Denkern seiner Zeit und auch danach rezipiert. Insbesondere in Deutschland wurden seit der Mitte des 18. Jahrhunderts seine Schriften, auch die posthum erschienenen, intensiv angenommen und fanden schließlich ihren Weg in die Kreise der jüdischen Aufklärung. Jüngere Forschungsmeinungen gehen davon aus, dass Spinoza eine Schlüsselrolle bei der Begründung der aufgeklärten Philosophie in Europa zukomme, insbesondere wegen der Radikalität seiner geäußerten Gedanken.

2. Wandel der jüdischen Gesellschaft im 18. Jahrhundert

Akkulturation

Die umwälzenden Veränderungen, die die *Haskala* ab der zweiten Hälfte des 18. Jahrhunderts für die jüdische Kultur und das eigene Bewusstsein mit sich brachten, sind nicht allein das Produkt einer Gruppe philosophisch gebildeter Männer gewesen, die ihre Ideen einem Teil der jüdischen Bevölkerung nahe bringen konnten. Vielmehr wurde die *Haskala* offensichtlich auch von einem allgemeinen Wandel in den alltäglichen Lebensgewohnheiten, den Interessen der Menschen, ihren Sozialkontakten und deren Habitus begünstigt. Anders formuliert: Sehr wahrscheinlich hätte die anfangs elitäre jüdische Aufklärungsbewegung nicht ihren Erfolg gehabt, wenn sich größere Teile der jüdischen Gesellschaft nicht ohnehin in einem „von unten" erfolgten Prozess des sozialen Wandels, der Akkulturation an die Umgebungsgesellschaft, befunden hätten. Die Schriften zahlreicher Rabbiner aus Deutschland, Gemeindestatuten, Anti-Luxus-Verordnungen und die Beschlüsse von Vorständen vieler Gemeinden bieten Zeugnisse der vielfältigsten Art über den allmählichen Umbruch in den Lebensgewohnheiten nicht weniger mitteleuropäischer Juden weg von der ursprünglichen Abgeschlossenheit und hin zu einer Öffnung für die Einflüsse der Umgebung.

Umgang mit Christen

Die Zeit des 18. Jahrhunderts war mit ihrer Ausformung im Stil des Spätbarock bzw. Rokoko eine Epoche, die viel von der sittlichen Strenge früherer Zeiten verloren hatte. Der landesherrliche Absolutismus erstarkte, damit auch das Repräsentationsbedürfnis der Herrscher und ihrer Höfe. Das Manufakturwesen erlebte einen Aufschwung und brachte damit eine neue

Form des Erwerbs auf den Plan. Die Städte wuchsen und das urbane Element in der allgemeinen Gesellschaft nahm an Bedeutung zu. Darin waren ein Aufblühen der darstellenden und bildenden Künste wie auch der Literatur und Wissenschaften zu verzeichnen. Dies alles sind Erscheinungen, die die Juden nicht nur am Rande berührten. Durch ihre zunehmende Einbindung in die allgemeine, kameralistisch gelenkte Wirtschaft und die wachsende Offenheit einiger Christen im Umgang mit Anderen führten dazu, dass sich die Kontakte von Juden und Christen vermehrten und intensivierten. Die meisten Städte mit jüdischer Bevölkerung wiesen keinen abgeschlossenen, jüdischen Wohnbezirk aus. Vielmehr sind aus vielen Ortschaften durchmischte Wohnbezirke bis hin zu gemeinschaftlichen Häusern mit jüdischen und christlichen Bewohnern die Norm gewesen. In einer Zeit, in der die häusliche Abschottung noch nicht die modernen Gewohnheiten erreicht hatte, waren vielfältige Kontakte somit unausweichlich. Durch das gemeinsame Leben und Arbeiten entstanden Austauschmöglichkeiten bei denen unterschiedliche Ansichten gehört und teilweise angenommen wurden. Geschäftliche Kontakte oder die teilweise Integration in die Umgebungsgesellschaft förderten die Kenntnisse anderer Sprachen bei Juden, was wiederum weitere Möglichkeiten zur Erlangung säkularer Inhalte und Informationen schuf.

Christliches Interesse am Judentum

Ganz klar ist auch bei gewissen Teilen der christlichen Gesellschaft in jener Zeit ein gewisses Interesse für das Judentum festzustellen. Belegt sind Besuche von synagogalen Gottesdiensten und jüdischen Hochzeiten, wie auch Juden in Kirchen gesehen wurden. Berühmt waren die jüdischen Salons in Berlin und Wien, die von aufgeklärten Jüdinnen betrieben wurden und wichtige Begegnungsräume für Christen und Juden waren. Dort wurden Vorträge gehalten und es wurde musiziert und neueste Literatur diskutiert. Bedeutend waren die Berliner Salons der Rahel Varnhagen von Ense (1771–1833) und der Henriette Herz (1764–1847).

Religiöse Toleranz fand sich nicht nur in vielen Herrscherkreisen, sondern wurde offenbar auch auf mittlerer Ebene breiter akzeptiert. In jedem Fall war das 18. Jahrhundert von religiösen Verfolgungen weitgehend verschont. Der Opern- und Theaterbetrieb zog Juden und Christen gleichermaßen an, und nicht zuletzt deshalb nahm das jüdische Theaterwesen in jener Zeit einen ersten Aufschwung. Von Seiten der jüdischen Führungselite wurden solche Aktivitäten oft verurteilt, wie überhaupt die meisten der aufkommenden Freizeitbeschäftigungen.

Anpassung des Lebensstiles

So sehr die alten Eliten versuchten, den neuen Strömungen und Einflüssen einen Riegel vorzuschieben, so sehr fielen sie in breiten Teilen der jüdischen Bevölkerung, insbesondere in Städten, auf fruchtbaren Boden. Der Kleidungsstil der Christen wurde imitiert, d.h., dass mehr und mehr jüdische Menschen von den alten Gewohnheiten einer speziell jüdischen Kleidung abwichen und sich dem normativen Umgebungshabitus annäherten. Bei den Juden in Deutschland wurde es Mode, sich „deutsch“ zu kleiden, also auf knöchellange Gewänder bei Männern zu verzichten und stattdessen höchstens knielange Röcke zu tragen. Das Rasieren des Bartes und der Schläfen kam auf und war ein deutliches Kennzeichen der Abwendung von den traditionellen Gepflogenheiten. Jüdische Frauen entdeckten u.a. den Reifrock und neue Stoffe für sich. Die Klagen der Gesetzeshüter über die bis zur völligen Verwischung der Unterschiede erfolgte Nachahmung des christlichen Kleidungsstils deuten darauf hin, dass es sich keinesfalls um Einzelfälle handelte. Ausgehend vom Modell der repräsentierenden Potentaten wurde es allgemein Mode, auf gehobenen Kleidungs- und Lebensstil zu achten. Die Juden waren davon nicht ausgenommen, zumal sie ihre eigenen Vorbilder in Form der vermögenden Oberschicht (Hofjuden) hatten, deren luxuriöser Lebensstil viel beachtet wurde. Parallel dazu geriet das bisherige Ideal des asketischen Lebens zunehmend in Vergessenheit und wurde nur noch von Wenigen praktiziert. Selbst Angehörige der Geisteselite, wie etwa die bereits genannten Rabbiner Samson Wertheimer und David Oppenheim waren für ihren aufwendigen Lebensstil bekannt. Es soll allerdings auch darauf verwiesen werden, dass bei weitem nicht alle Juden in der Lage oder auch nur Willens waren, den neuen Moden zu folgen. Besonders im ländlichen Bereich, der auch im 18. Jahrhundert noch immense Bedeutung für die jüdische Bevölkerung Mitteleuropas hatte, setzten sich Veränderungen im Lebensstil erst sehr viel später durch. Es ist daher nicht verwunderlich, dass die *Haskala* und ihre Begleitumstände letztlich dort lange keine Chance besaßen.

Abwendung von den konservativen Eliten

Bei alldem verwundert es nicht, dass auch eine Abwendung von den alten Führungsautoritäten erfolgte. Viele Vorsteher und Rabbiner versuchten, den neuen Tendenzen Einhalt zu gebieten, mussten aber registrieren, dass ihre bisherige Stellung nicht mehr in der gleichen Form erhalten blieb. Zahlreiche Disziplinarstrafen gegen Gemeindemitglieder finden sich in den Protokollbüchern (*Pinkassim*) der jüdischen Gemeinden jener Zeit, wobei es oft um die Abkehr von den traditionellen und religionsgesetzlich begründeten Verhaltensweisen ging. Solange jedoch der Korporationszwang erhalten blieb, hatte die Führungselite immer noch das Druckmittel des Gemeindeausschlusses in der Hand. Wer sich den Regeln nicht fügen wollte, musste mit dem Ausschluss aus der Gemeinschaft rechnen. Dieser hatte einen unhaltbaren persönlichen Status zur Konsequenz, der nur durch Nachgeben das völlige Abgleiten in die untersten sozialen Schichten oder Konversion zum Christentum beendet werden konnte. Folgerichtig stiegen die Zahlen der Religionsübertritte vom Judentum zum Christentum im 18. Jahrhundert an, auch wenn sie noch keine allzu großen Dimensionen erreichten. Im Verlauf des frühen 19. Jahrhunderts sollte das Problem noch deutlich größere Formen erhalten.

3. Moses Mendelssohn und der „Berliner Kreis"

1743 Moses Mendelssohn zieht von Dessau nach Berlin
1763 Mendelssohn gewinnt den ersten Preis bei einem Literaturwettbewerb der Preußischen Akademie der Wissenschaften
1767 „Phäidon oder über die Unsterblichkeit der Seele" von Mendelssohn erscheint
1783 erste Ausgabe des *„Hame'assef"*, der wichtigen *Haskala*-Zeitschrift, erscheint in Königsberg

Bis zum Auftreten von Moses Mendelssohn und seines Kreises sollten die Schriften der sefardischen Intellektuellen aus den Niederlanden des 17. Jahrhunderts und der sich allmählich verändernden Welt des Judentums im 18. Jahrhundert jedoch noch ohne tiefgreifende Folgen bleiben. Zwar machten sich in einigen Werken der Zeit neue Tendenzen bemerkbar, wenn etwa von gelehrten Rabbinern gelegentliche Kritik gegenüber der Entstehung religionsgesetzlicher bzw. klassischer Quellen des Judentums laut wurde. Dazu gehörten Jakob Emden (1697–1776), der einige wesentliche Beobachtungen zu der wahren Entstehungszeit des kabbalistischen Hauptwerkes *„Sohar"* gemacht hatte und in seiner Autobiografie zahlreiche profane Themen ansprach, was für Gelehrte seiner Zeit untypisch war. Dennoch sollte man ihn und andere aus dieser Gruppe nicht zu **„Proto-Maskilim"** stilisieren; vielmehr zeigt sich an ihren Beispielen lediglich, dass die jüdische Geisteswelt der Mitte des 18. Jahrhunderts in Bewegung war und sich massiv äußeren Einflüssen ausgesetzt sah, ohne allerdings dadurch den Weg der radikalen Veränderungen einzuschlagen.

E

Maskil

Als *Maskil* wurden seit dem 18. Jahrhundert solche Menschen innerhalb der jüdischen Gesellschaft bezeichnet, die sich intensiv mit Wissensgebieten beschäftigten, die bis dahin für das Judentum eher untypisch waren. Dazu gehörten insbesondere die Philosophie, nichtjüdische Sprachen und die Naturwissenschaften. Maskilim strebten die Annäherung der jüdischen Geisteswelt an das allgemeine Wissen und dessen Neuerwerb an, ohne sich jedoch dafür vom Judentum lösen zu wollen. Das Wort ist abgeleitet vom hebräischen Wort *Sechel*: Verstand. Aus der selben Wortwurzel ist auch die Bezeichnung *Haskala* für die jüdische Aufklärungsbewegung entstanden.

Mendelssohn: Herkunft und Bildung

Die bekannteste Figur der jüdischen Aufklärung in Deutschland ist ohne Zweifel Moses Mendelssohn gewesen. Geboren wurde er in einer traditionell-jüdischen Familie in Dessau und durchlief dort die übliche Bildung, unter anderem bei dem damaligen Gemeinderabbiner David Fraenkel (1704–1762), der sich durch eine gewisse Offenheit von seinen sonstigen Amtskollegen unterschied. Als Fraenkel 1743 nach Berlin auf das dortige Rabbinat wechselte, schloss sich der 14-jährige Mendelssohn an und eignete sich in Preußens Hauptstadt eine breite allgemeine Bildung an. Dazu gehörten neben Kenntnissen in der Philosophie auch Deutsch, Hebräisch, Latein, Griechisch, Englisch, Französisch und Italienisch, wodurch er bald in der Lage war, sich mithilfe der Sprachen den Kenntnisstand in Literatur und Wissenschaften seiner Zeit anzueignen. Bis er 1763 das Niederlassungsrecht für Berlin erhielt, existierte er als Hauslehrer und Buchhalter, bevor er später Mitinhaber einer Seidenfabrik wurde. Seit 1755 veröffentlichte Mendelssohn eine Reihe von philosophischen Schriften, teils in Deutsch, teils in Hebräisch, die zu der Begründung seines Rufes als „deutsch-jüdischer Sokrates" beitrugen. Insbesondere ist hier sein Werk „Phäidon oder von der Unsterblichkeit der Seele" zu nennen, das 1767 erschien und großes Aufsehen erregte. Dort fixierte Mendelssohn seine Auffassung, dass ewige, metaphysische Wahrheiten selbstevident sind, worunter der Glaube an einen allwissenden und gütigen Gott sowie an die Unsterblichkeit der Seele fiel. In dieser Position unterschied sich Mendelssohn gravierend von

Uriel da Costa und Spinoza, deren Werke von ihm rezipiert wurden. Jedoch sah er die Vernunft als universell und somit transkulturell an, weshalb er keinen Widerspruch sah zwischen seinem praktizierten Judentum und dem Wirken als Literat und Philosoph, der an der modernen Welt Anteil hatte. Auch plädierte Mendelssohn für eine teilweise Aufgabe der jüdischen Autonomie und Annäherung an die Umgebungsgesellschaft, insbesondere in juristischer Hinsicht, wodurch er sich die Gegnerschaft der rabbinischen Elite einbrachte. Ein weiteres Zeugnis dieser Haltung ist sein spätes Werk „Jerusalem oder über religiöse Macht und Judentum" (1783), in dem er als ausführliche Antwort auf die Anfeindungen des Schweizer Geistlichen Johann Caspar Lavater (1741–1801), der ihn einige Jahre zuvor zur Aufgabe seines Judentums aufgerufen hatte, noch einmal seine Ansichten über den Wert und den Platz des Judentums sowie dessen Vereinbarkeit mit der Moderne darlegte.

Lessing und Nicolai

Durch seine Bekanntschaft mit wichtigen Personen der Berliner aufgeklärten Gesellschaft erhielt Mendelssohn Eintritt in die gebildeten christlichen Kreise Preußens. Insbesondere war die Freundschaft zu Gotthold Ephraim Lessing (1729–1781) wichtig, der Mendelssohn mit seinem bekannten Theaterstück „Nathan der Weise" ein Denkmal setzte. Für die publizistische Verbreitung von Mendelssohns Werken hatte der Berliner Verleger Friedrich Nicolai (1733–1811) immense Bedeutung. Durch diese und weitere Kontakte wurde Mendelssohn schnell in der nichtjüdischen Gesellschaft bekannt und geschätzt. Die kameralistische Wirtschaftspolitik in Preußen zu jener Zeit, die die Wirtschaftsleistung des Staates zu befördern suchte und daher auch Juden zur Gründung von Manufakturen ermunterte, bildete schließlich die Grundlage dafür, dass es bald in der Stadt eine kleine Gruppe von jüdischen Unternehmern gab, die durch die Ausrichtung auf das damals moderne Manufakturwesen und die dafür nötigen Kontakte zum preußischen Beamtentum verhältnismäßig gut in das Staatswesen integriert waren. Sie sollten es auch sein, die den ersten Nährboden für die neuen Ideen der *Haskala* boten und ihre Verbreitung nach Kräften förderten.

Aufklärerische Zeitschriften

Für die Verbreitung seiner Ideen und ähnlicher Ansichten der jüdischen Mitglieder des Zirkels um ihn, die sich häufig, auch unter Teilnahme von Christen, in seinem Haus trafen, sorgten innerjüdisch zwei Zeitschriften in Hebräisch. Die erste, von der es nur zwei Ausgaben gab, war *„Kohelet Mussar"* (Moralprediger), die nur zwischen ca. 1750 und 1758 erschien. Neben der Absicht, eine mögliche Verbindung von philosophischen Inhalten des 18. Jahrhunderts und Weisheiten der jüdischen Religion zu propagieren, verfolgte die Zeitschrift, die von Mendelssohn herausgegeben und redigiert wurde, noch die Intention, das Hebräisch seinem fast ausschließlich religiös-liturgischen Gebrauch zu entziehen und die traditionell-jüdische Sprache zu einem Instrument modernen Gebrauchs umzuwandeln. Seit 1783 erscheint dann die deutlich wichtigere und umfangreichere Zeitschrift *„Hame'assef"* (Der Sammler), die sich, ebenfalls wieder in Hebräisch, mit breiten Inhalten in Poesie, Literatur, Biografik und wissenschaftliche Betrachtungen befasste. Anfangs in Königsberg durch Isaak Euchel und später in Berlin herausgegeben, war Mendelssohn hier nicht mehr die treibende Kraft, auch wenn er in den ersten Jahren, die gleichzeitig seine letzten Lebensjahre waren, durchaus Beiträge lieferte. Vielmehr waren es die Schüler

Mendelssohns, die aus der erstarkten Bewegung der *Haskala* heraus in der Lage waren, die Ideen und das Gedankengut weiter zu verfolgen, zu vervollkommnen und zu publizieren.

Bibelübersetzung und Kommentar

Mendelssohns Übersetzung des Pentateuchs ins Deutsche war bis dahin im Judentum etwas völlig Unbekanntes gewesen. Zwar hatte es interne Bibelübersetzungen seit jeher auch in andere jüdische Sprachen gegeben, allerdings noch nie in eine nichtjüdische Sprache. Das als *„Sefer Netiwot Haschalom"* (Buch der Wege des Friedens) titulierte Werk erfreute sich von Anfang an eines regen Zuspruchs, als es 1780–1783 in Berlin aus der Druckerpresse kam. Der Bibeltext wurde dabei erstmals ins Hochdeutsche durch einen Juden übertragen, wobei die Textwiedergabe noch in hebräischen Lettern erfolgte. Beigegeben wurde ein Kommentar von Mendelssohn zum Bibeltext, dem so genannten *„Bi'ur"*. Die Bezeichnung wurde bald darauf üblich für die Benennung dieser Edition. Der großen Akzeptanz der Übertragung, die somit offenbar genau den Bedürfnissen der Zeit entsprach, stand auch eine Gegnerschaft von Seiten der Widersacher der *Haskala* gegenüber, die in der Intention mit der vergleichenden Arbeit von Original und Übertragung die Sprachkenntnisse zu vertiefen, eine Profanisierung im Umgang mit dem heiligsten Text des Judentums befürchteten.

Bedeutende Maskilim: Naftali Herz Wessely

Andere wichtige Protagonisten der jüdischen Aufklärung in Berlin und später auch andernorts waren beispielsweise Naftali Herz Wessely, David Friedländer, Isaak Euchel und Herz Homberg, die hier vertretend für den großen Personenkreis Erwähnung finden sollen. Ein früher Anhänger Mendelssohns war Naftali Herz Wessely (1725–1805). Er war vermögend und unterstützte die neuen Ideen er *Haskala* vehement. 1782 tat er das in einem offenen Brief in Hebräisch, *„Diwrei Shalom We'emet"* (Worte des Friedens und der Wahrheit), worin er eine teilweise Abkehr von den traditionellen Inhalten der klassischen jüdischen Bildung zugunsten der Aneignung von allgemeinem Wissen forderte. Damit wurde das klassische Bildungsideal des Judentums, des die Bibel, den Talmud und die klassischen Auslegungstexte studierenden Gelehrten in Frage gestellt. Die Reaktionen des traditionellen Establishments waren harsch, von vielen Rabbinern wurde er gebannt. Unter den *Maskilim* fand er jedoch ein positives Echo, forderte er doch nichts anderes als die Aufgabe der selbst gewählten jüdischen Isolation und die Teilhabe der Juden an der allgemeinen Gesellschaft, was jedoch an einem lange gehegten Tabu jüdischerseits rührte.

Isaak Euchel

Isaak Euchel (1756–1804) durchlief anfangs ebenso den normalen jüdischen Bildungsweg seiner Zeit, traf aber in jungen Jahren mit der Person und den Ideen Mendelssohns in Berlin zusammen, dessen inniger Anhänger er wurde. Ab 1781 studierte Euchel in Königsberg an der dortigen Universität orientalische Sprachen, Philosophie und Erziehung, u.a. bei Immanuel Kant (1724–1804). Durch seine jüdische Identität blieb Euchel jedoch ein Abschluss wie auch eine akademische Laufbahn versperrt. Maßgeblich war er als Redakteur der Zeitschrift *„Hame'assef"* tätig, die er anfangs von Königsberg aus redigierte. Damit erlangte er großen Einfluss auf die Bewegung und die in der Zeitschrift propagierten Inhalte, so dass er bald zu einer der Hauptfiguren der jüdischen Aufklärung in den 1780er Jahren wurde. Ab 1788 leitete er die Druckerei der Jüdischen Freischule in Berlin, einem Hauptproduktionszentrum der *Haskala*-Literatur. Seine Hauptwerke sind die Übersetzung eines jüdischen Gebetbuches ins Deutsche (1786) sowie die Veröffentlichung der ersten Biografie von Moses Mendelssohn ins Hebräische (1788).

Herz Homberg

Herz Homberg (1749–1841) stammte ursprünglich aus Böhmen, kam aber als junger Mann nach Berlin, wo er sich zwischen 1779–1782 im Haus Mendelssohns als Lehrer und auch als dessen lernender Anhänger aufhielt. Homberg wirkte aktiv an der Übersetzung und Kommentierung des Pentateuchs ins Deutsche mit. Ab 1782 lebte er in der Habsburgermonarchie, wo er bald als Aufseher für die unter Joseph II. eingerichteten „Normalschulen" in Galizien eingesetzt wurde, somit also als einer der ersten *Maskilim* eine beinahe beamtenartige Stellung innerhalb eines absolutistischen Staates erhielt. In Galizien sah er sich der starken Ablehnung der *Haskala* durch den dort sehr starken Chassidismus, eine religiöse Massenbewegung der intensiven Volksfrömmigkeit, ausgesetzt. Homberg ging in seinen Forderungen zur Assimilation der Juden sehr weit und scheint insbesondere in Galizien nicht mit dem rechten Geschick gearbeitet zu haben, um sich die Sympathien der dortigen Juden zu sichern. Seine Gegner waren schließlich stark genug, ihn aus dieser tragenden Rolle in Galizien zu drängen, worauf er sich als Lehrer in Prag verdiente. Erfolgreich war er mit der Abfassung von Lehrbüchern: Das deutschsprachige Buch „*Bnei Zion*" (Söhne Zions) von 1812 wurde mehrfach neu aufgelegt und zum Pflichtlehrbuch für jüdische Schulen erklärt.

Konversionsdruck

Die Ideale der *Maskilim* der ersten und zweiten Generation, nämlich die Annäherung des Judentums an die allgemeine Welt ohne dessen Aufgabe, wurde von den Nachfahren der Aufklärer oft so nicht mehr favorisiert. Bemerkenswert ist die zunehmende Tendenz zur Konversion gewesen: Zu stark waren letztlich die ablehnenden Gefühle und Maßnahmen der christlichen Gesellschaft gegen die gleichberechtigte Einbeziehung der Juden gewesen, weshalb der Assimilationsdruck stieg. Beispielsweise war keiner der Enkel von Moses Mendelssohn seinem ursprünglichen Judentum treu geblieben.

4. Aufgeklärte Toleranz bei Christen

Aufgeklärte Herrscher

Begünstigt wurde die *Haskala* durch die sich allgemein durchsetzenden Werte der Aufklärung in der mitteleuropäischen Gesellschaft. Sie durchdrangen nicht nur die Haltungen der führenden Philosophen jener Zeit, sondern beeinflussten auch die Denkweisen nicht weniger Herrscherfiguren, deren veränderte Einstellung zu mehr Toleranz und Offenheit unverkennbar war. Beispiele waren die Figuren von Friedrich II. von Preußen (1712–1786), auch wenn in Hinsicht auf die Juden seine Toleranz sehr begrenzt, in Hinsicht auf andere Minderheiten aber beispielhaft war, oder Kaiser Joseph II. von Habsburg (1741–1790), der durch die Erteilung der Toleranzpatente für Juden innerhalb seines Machtbereichs deutlich weiter zu gehen bereit war, auch wenn die Erwägungen letztlich immer fiskalisch-utilitaristisch geprägt waren. Daneben gab es auf landesherrlicher Ebene noch weitere aufgeklärte Herrscher, die den Ideen der Toleranz anhingen. Sie waren bereit, die Juden nicht mehr vor allem als mehr schlecht als recht geduldete Feinde der Christenheit anzusehen, sondern ihnen als Menschen einen Platz in der Gesellschaft zuzugestehen, auch wenn dieser zunächst noch hinter dem der Christen zurückstand.

Aufgeklärte Denker des 18. Jhs.

Wichtige Denker der Zeit, unter ihnen Gottfried Wilhelm Leibniz (1646–1716), Christian Wolff (1679–1754), Immanuel Kant (1724–1804), Gotthold Ephraim Lessing (1729–1781) und Friedrich Nicolai (1733–1811) erhoben die Vernunft zum obersten Gut des Denkens und Handelns und favorisierten mehr und mehr das Deutsche als Sprache für die Darlegung der Gedanken. Mit ihrer Abkehr vom Lateinischen als der klassischen Wissenschaftssprache und der verstärkten Nutzung der deutschen Muttersprache könnten sie durchaus Vorbildwirkung für die frühen *Maskilim* gehabt haben, die dem Hebräischen als eigentliche Sprache der Juden eine neue Wertigkeit verleihen wollten, indem sie in ihr Texte der *Haskala* veröffentlichten. Ferner forderten diese Philosophen und Literaten die Freiheit und Unabhängigkeit für das Denken, eine Forderung, die auch die *Maskilim* in Hinsicht auf die normativen Vorgaben des Judentums vonseiten der rabbinischen Elite erhoben. Die Erzeugnisse der frühaufklärerischen bzw. aufklärerischen Literatur wurden von den *Maskilim* studiert und beeinflussten diese nachhaltig in ihren Ansichten. Besonders die bewusste Hinwendung einiger von ihnen zu einer stärkeren Akzeptanz der Juden bestärkten sie letztlich in ihrer Haltung. Zu einigen von Kants Studenten in Königsberg gehörten Juden, Nicolai und Lessing pflegten eine enge Freundschaft mit Moses Mendelssohn. Nicolai sollte durch seine enge literarische Kooperation mit Mendelssohn bei der Herausgabe von Schriften auf dem Gebiet der Geisteswissenschaften über die bloße Achtung eines Juden noch hinausgehen: Er akzeptierte Mendelssohn als gleichberechtigte Geistesgröße und achtete den jüdischen Philosophen wegen dessen außergewöhnlicher Gedankenwelt. Als Inhaber eines etablierten Verlagshauses förderte Nicolai die Herausgabe von Büchern der jüdischen Aufklärung. Die genannten Persönlichkeiten aus den Kreisen der Philosophen und Literaten waren keinesfalls Außenseiter in ihrer Epoche, weshalb ihr Verhalten gegenüber Juden durchaus Vorbildwirkung entwickelte und von anderen übernommen wurde.

Christian Wilhelm Dohm

Christian Wilhelm Dohm (1751–1820), Gelehrter und preußischer Kriegsrat, durchlief eine Bildung, in die viel vom aufklärerischen Gedankengut eingegangen war. Seine Person und sein Wirken ist ohne Zweifel ein herausragendes Beispiel für die gewandelte Haltung vieler Christen gegenüber dem Judentum. Dohm war befreundet mit Mendelssohn und Nicolai und verfasste bis 1781 sein bedeutendes Buch „Über die bürgerliche Verbesserung der Juden“. Darin legte er dar, dass die bürgerlichen Schranken, die die Juden an einer freien Ausübung von Handel und jeglichem Gewerbe hinderten, letztlich dazu geführt hätten, dass die Juden als Gesamtheit auf einer niedrig angesehenen sozialen Stufe stünden und daher große Verachtung von Seiten der Christen erführen. Da die Ökonomie frei von religiösen Rücksichten auf immer gleichbleibenden Prinzipien fuße, sei es möglich und nötig, den Juden größere Rechte einzugestehen, um sie durch Gewerbefreiheit zu nützlichen Mitgliedern des Gemeinwesens zu machen und ihre sittliche und kulturelle Stellung zu erhöhen. Dohm plädierte für eine strikte Trennung von Religionsausübung und bürgerlicher Stellung. Ganz preußischer Beamter, waren seine Überlegungen auf den Nutzen des Menschen für das Staatswesen ausgerichtet. Die Stellung der meisten Juden in seiner Zeit als immer noch nur geduldete und in ihren Rechten stark eingeschränkte Minderheit mit Sondergesetzen entsprach jedoch keineswegs diesem Ideal. Mit seiner Schrift löste Dohm eine breite Debatte aus. Sie war letztlich der wahre Prüfstein für die in der Aufklärung allgemein postulierte Toleranz. Kurz nach dem Erscheinen wurde das Werk ins Französische übertragen und erfuhr 1783 eine weitere Auflage in der deutschen Version. Die nur wenige Monate später erstmals erlassenen Toleranzpatente für verschiedene Teile der Habsburgermonarchie schienen in dieselbe Richtung zu stoßen wie Dohms Vorschläge und fanden untern den Juden der Zeit immenses, wenn auch nicht immer ungeteiltes Echo. Es schien jedoch mehr als deutlich geworden zu sein, dass sich in der Haltung vieler Christen gegenüber den Juden wesentliche Veränderungen ankündigten und zum Teil auch durchsetzten, wobei insbesondere Preußen an dieser Stelle in ideeller Hinsicht eine Vorreiterrolle einnahm, die sich mit der sich ausbreitenden *Haskala* verband. Trotz dieser Entwicklungen sollte es jedoch noch lange dauern, bis die Ideen Dohms Realität werden konnten, zu stark waren noch die alten Vorbehalte und Stereotypen gegenüber den Juden, als dass diese neuen Vorschläge schnell hätten umgesetzt werden können.

5. Sprachen der *Haskala*

Säkularisierung des Hebräischen

Die *Haskala* wurde in ihren Inhalten durch mehrere Sprachen verbreitet. Die Wahl der entsprechenden Idiome richtete sich ganz nach den Gegebenheiten und Möglichkeiten der Zeit, der Produzenten und dem angestrebten Leserkreis. Innerhalb der Epoche dieser kulturellen Veränderung gab es einen gewissen Wandel im Gebrauch der Sprachen, der letztlich nur die Dynamik veranschaulicht, die sich innerhalb der Bewegung entwickelte. Wie schon weiter oben ausgeführt, war es ein wichtiges Anliegen der *Maskilim*, das Hebräisch intensiv und aktiv für die Verbreitung von Wissen innerhalb des Judentums zu nutzen. Zum einen geschah dies, um der dem Judentum ureigensten Sprache zu einer neuen und natürlicheren Stellung zu verhelfen, als es durch den beinahe ausschließlichen Gebrauch für Religion und Liturgie der Fall war. Parallel zu den Aneignungen der Nationalsprachen in den europäischen Ländern auch in breiter literarischer Hinsicht, sollte Hebräisch die Sprache der Juden werden. Zum anderen konnte durch den Gebrauch des Hebräischen davon ausgegangen werden, dass ein gewisser Teil der angesprochenen jüdischen Konsumenten sprachlich in der Lage gewesen sein dürfte, die Texte auch zu verstehen, vornehmlich die gebildeten Männer. Dass Jiddisch, was vielleicht in dieser Hinsicht noch größere Wirkung gehabt haben könnte, nicht in großem Maßstab dafür genutzt wurde, hängt mit der Haltung vieler *Maskilim* zusammen, die Jiddisch nicht, wie heute, als eigenständige Sprache ansahen, sondern sie als „Jüdischdeutsch" bezeichneten. Diese Volkssprache galt in ihren Augen nicht mehr als ein verunreinigtes Kauderwelsch von mehreren Sprachen, das mit Kultur nur wenig gemein hatte. Die Fixierung auf Hebräisch oder später auf eine der großen europäischen Kultursprachen hatte dabei deutlichen Vorrang, da sie letztlich auch das hohe Niveau dieser Gedankenwelt versinnbildlichte.

Hinwendung zum Deutschen

Die zwischen 1755 und 1812 publizierten ca. 550 Bücher mit Inhalten der *Haskala* – also aufklärerische Bücher von Juden für Juden – wurden knapp zur Hälfte ausschließlich in Hebräisch verfasst, wobei ihre Häufigkeit mit der Etablierung der maskilischen Ideen im Laufe der Zeit abnahm. Das Projekt der Verwendung des Hebräischen als eine moderne Gelehrtensprache erwies sich demzufolge auf Dauer als nicht realisierbar. Hingegen wurden knapp 20 % der Bücher im genannten Zeitraum auf Deutsch verfasst, anfangs noch in hebräischen Lettern, später mit zunehmender Tendenz in deutschen Buchstaben. Dies verdeutlicht den allmählichen Prozess der sprachlichen Akkulturation, der dazu führte, dass sich die Lesegewohnheiten vieler Juden in Mitteleuropa änderten: Mehr und mehr wurde in Deutsch konsumiert, was auf die geänderten Bedürfnisse und genauso auf die erweiterten Fähigkeiten verweist, nicht zuletzt durch den allmählichen Wandel in der Schulbildung, die zunehmend Kenntnisse des Deutschen und anderer Sprachen einschloss. Mehrsprachige Lesebücher, die für den Unterricht in modernen jüdischen Schulen konzipiert waren, wurden wiederholt verfasst, bis hin zu Moses Hirsch Bock's „Israelitischer Kinderfreund", der 1812 in drei beinahe identischen Bänden erschien, die sich jedoch durch die Sprache unterschieden: Je ein Band war in Deutsch, Hebräisch und Französisch geschrieben und sollte so das gleichzeitige Erlernen und Üben der Sprachen ermöglichen.

Schließlich weist auch die sprachliche Ausrichtung der maskilischen Zeitschriften in dieselbe Richtung: Die zögerlichen Anfänge des *„Kohelet Mussar"* in der Mitte des 18. Jahrhunderts waren noch rein hebräisch, der *„Hame'assef"* hatte neben dem hebräischen Hauptteil schon einen deutschsprachigen Teil, sollte dann aber für längere Zeit die letzte Zeitschrift in Hebräisch bleiben. Die Fortführung im 19. Jahrhundert in Form der Zeitschrift *„Sulamith"* (Die Friedfertige, erschienen 1806–1848) war vor allem ein deutsches Literaturprodukt, dessen lang anhaltender Erfolg von über 40 Jahren Erscheinungsdauer für sich selbst spricht.

6. Bücher und Buchproduktion in der *Haskala*

1784 Eröffnung der „Orientalischen Buchdruckerei" an der Jüdischen Freischule in Berlin, der bedeutendsten Druckerei für die Herstellung von Büchern der *Haskala*

Das unerlässliche Medium zur Verbreitung der *Haskala* unter den Juden Mitteleuropas waren Druckschriften unterschiedlichen Umfangs, von kurzseitigen Pamphleten über unfangreiche Bücher bis hin zu periodisch erscheinenden Zeitschriften. Die *Haskala* entwickelte in den rund 60 Jahren ihrer Blüte eine eigene Bücherwelt, die mit ihren Inhalten, Produzenten, Vermarktungswegen und der Leserschaft einen neuen Weg innerhalb des jüdischen Buchwesens gingen. Mit über 500 Büchern, die sich der jüdischen

Aufklärung selbst widmeten und noch einmal so vielen Werken philosophischer bzw. wissenschaftlicher Natur, die sich in den allgemeinen Diskurs der Zeit einschalteten, entstand eine eigene Bibliothek, die in dieser Form für das Judentum völlig neu war und diese „kulturelle Revolution" einleitete, begleitete und weiter beschleunigte.

Verselbständigung des Buchmarktes

Bis zur *Haskala* und auch darüber hinaus war es vor dem Druck von Büchern mit traditionell-religiösen Inhalten üblich gewesen, mehrere Approbationen durch rabbinische Autoritäten einzuholen, wodurch das jeweilige Werk quasi einer inneren Zensur unterzogen wurde, die die Einhaltung der jüdischen Prinzipien und Konventionen sicherstellen sollte. Da ein größerer Teil der maskilischen Literatur diesen Konventionen mit voller Absicht keineswegs folgte, wurde hier ein Bruch in einer Jahrhunderte alten Tradition vollzogen, indem Approbationen von rabbinischen Gelehrten zunehmend gar nicht mehr angefragt wurden. Damit ging das Problem einher, dass derartige Bücher über die bisherigen Vertriebsnetzwerke innerhalb der jüdischen Gemeinden und Beziehungsgeflechte nicht mehr in jedem Fall absetzbar waren, da sie eben keine Approbationen mehr hatten und demzufolge als „gefährlich" eingestuft werden konnten. Durch das entstehende Netzwerk der Maskilim in Mitteleuropa wurden daher neue Vermarktungswege kreiert, die sich weitgehend an den allgemeinen Gepflogenheiten orientierten. Buchhandelsagenten machten bald erscheinende Werke unter möglichen Interessenten publik und sammelten Pränumeranten (Zahler im Voraus) oder Subskribenten (Besteller im Voraus). Weiter wurden Bücher über Anzeigen und Rezensionen im *„Hame'assef"* vorgestellt und auf die Bezugsmöglichkeiten hingewiesen. Ganz offensichtlich wurden Bücher der *Haskala*-Bibliothek auch auf der Leipziger Buchmesse vertrieben, allerdings erscheinen in den jeweiligen Messekatalogen nur die Titel in den gängigen europäischen Sprachen. Hebräische Schriften wurden so gut wie nie gelistet, so dass beim Messehandel wohl noch andere Wege beschritten wurden.

Europäische Verbreitung

Nach gegenwärtigem Stand der Dinge waren über 300 Verlage und Druckereien in wenigstens 69 europäischen Orten an der Herstellung der *Haskala*-Bibliothek beteiligt. Dabei waren, wie am Beispiel von Mendelssohn deutlich wurde, die Druckereien keineswegs immer in jüdischem Besitz, auch Druckhäuser von Christen realisierten die Produktion von Büchern der *Haskala*. Ein großer Teil der Produktion erfolgte in Preußen, hier insbesondere in Berlin und vor allem in der Orientalischen Buchdruckerei an der Jüdischen Freischule, aber auch in Breslau, Königsberg und Frankfurt a. O. Andere wichtige Orte für die Herstellung der Schriften waren Wien, Amsterdam und Prag.

7. Ansätze einer umfassenden Bildungsreform

1778/81 Gründung der „Jüdischen Freischule" in Berlin, der ersten jüdischen Lehranstalt mit aufklärerischen Inhalten

1782 Veröffentlichung der ersten modernen Schrift über die jüdische Erziehung (*Divrei Schalom We'emet*) durch Naftali Herz Wessely

	und Einrichtung der josephinischen „Normalschulen" in Mattersdorf, Triest und Prag
1791	Gründung der „Königlichen Wilhemsschule" in Breslau

Ein wesentliches Anliegen der Maskilim war die Reform des jüdischen Bildungswesens, dass ihnen mit seiner ausschließlichen Ausrichtung auf die traditionell-religiösen Inhalte keineswegs geeignet schien, die gewünschte Annäherung des Judentums an die allgemeine Welt zu realisieren. Hinter diesem Ziel trat die „bürgerliche Verbesserung", also die rechtliche Gleichstellung, in den Hintergrund.

Jüdische Freischule in Berlin

Mit dem öffentlichen Wirken des weit über den traditionell-jüdischen Kanon hinaus gebildeten Moses Mendelssohn setzte eine Beschäftigung mit Fragen der Bildung im Judentum ein. Es wurde bereits auf Wesselys Schrift *„Diwrei Schalom We'emet"* verwiesen, in der eine Reform dringend angemahnt wurde und die etwa zeitgleich zur Einrichtung der so genannten „Normalschulen" in der Habsburgermonarchie erschien. Schon einige Jahre zuvor hatte Mendelssohns enger Mitstreiter, David Friedländer (1750–1834), ein Anhänger radikalaufklärerischer Ideen, in Berlin 1778/81 mit dem vermögenden Isaak Daniel Itzig (1750–1806) die Jüdische Freischule (*Chewrat Chinuch Ne'arim*) gegründet. Diese Schule war als Schulanstalt für mittellose Kinder vorgesehen und folgte den Ideen der Aufklärung. Das Lehrerkollegium bestand nicht nur aus Juden, sondern auch Christen unterrichteten dort, was aufgrund der neuen Inhalte in Bezug auf Sprachen und allgemeinen Kenntnissen beinahe unabdingbar war, da es kaum derart gebildete Juden gab, die als Lehrer in Frage gekommen wären. Der Fächerkanon war in starker Abkehr von der Tradition erheblich erweitert und umfasste jetzt neben Hebräisch auch Deutsch, Französisch, Rechnen, Buchhaltung, Schreiben, Zeichnen und allgemeine Studien. Gleichzeitig veröffentlichte Friedländer ein völlig neues Lehrbuch für den Gebrauch in seiner Schule, das „Lesebuch für jüdische Kinder". Es hatte zwar keine besonders breite bzw. lang anhaltende Wirkung, war aber für das jüdische Erziehungswesen eine kleine Revolution. Es beinhaltete neben Texten aus dem klassisch-jüdischen Kanon auch deutsche Fabeln und Gedichte und vermittelte so erstmals nichtreligiöse Inhalte.

Ausbreitung von Freischulen

Die Berliner Freischule war zwar die erste, blieb aber nicht die einzige dieser Art in Mitteleuropa. Ab 1791 existierte die „Königliche Wilhelmsschule" in Breslau, die im Gegensatz zur Berliner Freischule nicht auf die Initiative der Juden zurückging, sondern auf Betreiben der preußisch-aufgeklärten Administration errichtet wurde, allerdings unter aktiver Mithilfe aufgeklärter Breslauer Juden. In Dessau entstand, unter Beachtung des philanthropischen Aspekts, 1799 eine „Jüdische Haupt- und Freischule", die auf Betreiben der aufgeklärten Gesellschaft *Chinuch Ne'arim* (Jugenderziehung) ins Leben gerufen wurde. 1801 wurde sie vom anhaltinischen Herzog als offizielle Schule, übrigens für Mädchen und Knaben, anerkannt und stand lange unter der Leitung des bekannten Aufklärers David Fränkel (1779–1865). Ähnliche Schulen entstanden in den ersten Jahren des 19. Jahrhunderts dann noch in Seesen, Wolfenbüttel und Frankfurt a.M., fast alle von ihnen als Freischulen, also als Schulen für mittellose Kinder, während die Kinder der vermögenderen und aufklärungswilligen Juden entweder auf Privatschulen gingen oder zu Hause weiter von Privatlehrern unterrichtet wurden.

Josephinische „Normalschulen"

Mit der Verleihung der Josephinischen Toleranzpatente in Österreich-Ungarn ab 1781 war die Notwendigkeit der Errichtung der so genannten „Normalschulen" verbunden, in denen ausschließlich säkulare Inhalte vermittelt werden sollten, nämlich Deutsch, Lesen, Schreiben und Rechnen. Der Religionsunterricht wurde weiter in den traditionellen Lehreinrichtungen der Juden gegeben, auch wenn hier mit den Lehrbüchern von Herz Homberg (1749–1841) und Peter Beer (1758–1838) Gedankengut der Aufklärung vermittelt werden sollte. Die ersten Normalschulen wurden schon 1782 in Mattersdorf, Triest und Prag eingerichtet, in Hohenems 1784 und kurz darauf auch in Galizien, während in Wien bis weit ins 19. Jahrhundert hinein neben der Religionsschule keine andere Lehreinrichtung der Juden entstand. Besonders in Galizien, wo die Anhängerschaft der *Haskala* nicht sehr zahlreich war, waren die Schülerzahlen aufgrund der Opposition der Orthodoxie nicht besonders hoch.

VII. Schlussbemerkungen

Nach den Ausführungen dieses Buches soll abschließend noch einmal die Frage gestellt werden: Gab es eine klar umrissene Epoche der Frühen Neuzeit auch für die Geschichte der Juden in Mitteleuropa? Nach allem, was in den vorherigen Kapiteln dargestellt wurde, muss diese Frage unbedingt mit einem klaren Ja beantwortet werden. Zunächst einmal gab es mit der massiven Veränderung der Lebenssituation vieler Juden zur Wende vom 15. zum 16. Jahrhundert eine einschneidende Zäsur, die die mittelalterliche Welt mit den traditionellen Zentren der religiösen Gelehrtheit in Mitteleuropa weitgehend beendete. Infolge dessen verlagerte sich der Schwerpunkt jüdischen Lebens eher nach Osteuropa. Spätestens seit dem 17. Jahrhundert dann setzte in vielen Teilen der mitteleuropäisch-jüdischen Gesellschaft eine neue Dynamik ein, die sich u. a. durch räumliche Ausbreitung und zunehmende Verankerung im allgemeinen Wirtschaftsleben manifestierte, wie auch durch z. T. schon vorher erfolgte, neuartige Fixierungen in der Halacha, wie etwa dem Schulchan Aruch, der bis heute seine Relevanz für das observante Judentum bewahrt hat.

Die allmählichen Einbindung der Juden in das christliche Rechtssystem als *cives Romani*, die von beiden Seiten zunehmend akzeptiert wurde und die sich u. a. durch mehr oder weniger klare (wenn auch häufig noch restriktive) gesetzliche Regelungen (Judenordnungen) und die vermehrte und z. T. massive Anrufung von Reichsgerichten durch die Juden äußerte, führte letztlich zu einer gewissen Annäherung zwischen der jüdischen Minderheit und der christlichen Mehrheitsgesellschaft auch auf dieser juristischen Ebene. Dabei war das christliche Interesse an der Regelung vor allem von der Einbindung der Juden in das sich entwickelnde absolutistische Herrschaftssystem bestimmt, wodurch die jüdische Gesellschaft wiederum mehr und mehr von Denkweisen beeinflusst wurde, die sich in diesem Herrschaftsmodell entwickelten. An diesem Prozess konnten auch gelegentliche Rückschläge in Form von lokalen Beschuldigungen gegen Juden oder deren Vertreibungen nichts mehr ändern.

Zunächst noch zögerlich, doch seit Mitte des 16. Jahrhunderts wahrnehmbar, gab es Juden, die sich neue Wissensgebiete erschlossen und, wie die akademisch gebildeten Ärzte, auch einige Bedeutung darin erlangten. Die teilweise intensiven Kontakte von aufgeklärten jüdischen Intellektuellen zu gebildeten Christen ab der zweiten Hälfte des 18. Jahrhunderts sind als Höhepunkt der Annäherung während der Frühen Neuzeit zu sehen, auch wenn der weiter bestehende Konversionsdruck auf die Juden zeigte, dass von einer völligen Gleichberechtigung letztlich nie die Rede sein konnte. Parallel dazu erfolgte eine Relativierung der Position der geistig-religiösen Elite der Juden, deren Mitglieder zwar noch lange hohes Ansehen genossen, in ihren Kompetenzen jedoch beschränkt wurden.

Waren die Juden zu Beginn der Frühen Neuzeit eine oft geächtete und verfolgte Minderheit, so änderte sich ihr Status zum Ende der Epoche in den einer vielerorts anzutreffenden, reurbanisierten Gruppe mit einem meist klar fixierten Rechtsstatus, der zwar kaum optimal aber zunehmend verlässlich und einklagbar war. Parallel zu der allgemein komplizierten Situation für jüdische Menschen in Mitteleuropa während des 16. Jahrhunderts sind in dieser Zeit kaum Juden anzutreffen gewesen, die über ihre Gemeinschaft hinaus größere Bedeutung erlangt hätten. Im Laufe der Zeit jedoch schufen einige von ihnen mit ihren Handlungen oder Werken exzeptionelle Stellungen, die auch von den Christen wahrgenommen und akzeptiert wurden. Dies war sowohl im Wirtschaftsleben der Fall, wie die zahlreichen Hofjuden – bis hin zu den Rothschilds – und ihre oft komplexen Geschäfte zeigen, aber auch in der Philosophie: die Leistungen von Baruch de Spinoza und Moses Mendelssohn, um hier nur die wichtigsten Vertreter zu nennen, wurden von den zeitgenössischen Philosophen intensiv wahrgenommen und hatten über das Judentum hinaus eine lang andauernde Wirkung, die sich außerhalb des jüdischen Kontextes erst richtig entfalten konnte.

Aus diesen hier noch einmal zusammengefassten Aspekten wird verständlich, dass die 300 Jahre zwischen 1500 und 1800 eine Epoche enormer Umwälzungen und Entwicklungen für das Judentum darstellte, in der sie, wenn auch mit einer Phasenverschiebung zur allgemeinen Entwicklung, einen parallelen Prozess der allgemeinen Modernisierung durchlebten, dessen Ende – mit teilweise signifikanten regionalen Unterschieden – jedoch erst weit nach 1800 anzusetzen ist. Durch die Forschungen der vergangenen Jahre wissen wir heute schon recht viel über einzelne Aspekte dieser Entwicklung, jedoch steht außer Zweifel, dass die Ausfüllung der immer noch zahlreichen Lücken in der Forschung das Gesamtbild in Zukunft noch bereichern wird. Dazu sind intensive Untersuchungen der Sozialgeschichte in den Großgemeinden vonnöten, aber auch die Erschließung derjenigen Regionalgeschichten, die bislang in der Forschung keinen Platz fanden. Dabei müssen in jedem Fall alle verfügbaren Quellen, unabhängig von den jeweiligen Provenienzen und Sprachen, benutzt und ausgewertet werden, um das Bild möglichst umfassend zu rekonstruieren. Je dichter das Bild wird, dass durch die Forschung gewonnen wird, desto klarer lässt sich ermessen, welch wichtige Rolle die Frühe Neuzeit für die Einleitung der Moderne im Judentum besaß. Emanzipation und Akkulturation, die dann wesentlich das Bild im 19. Jahrhundert bestimmten, haben ihren Anfang bereits spätestens im 18. Jahrhundert genommen. Die jüdische Kultur der Moderne, bis in unsere Zeit hinein, ist demnach keinesfalls allein ein Produkt der Zeit nach 1800, sondern hat ihre Wurzeln auch in der Frühen Neuzeit.

Literatur

I.

Battenberg, J. Friedrich, Die Juden in Deutschland vom 16. bis zum Ende des 18. Jahrhunderts, München 2001

Battenberg, J. Friedrich, Das europäische Zeitalter der Juden, 2 Bde., Darmstadt 2000 (2. Auflage) *lesenswerter Gesamtexkurs jüdischer Geschichte in Europa*

Bell, Dean Phillip, Jews in the Early Modern World, Lanham u.a. 2008 *Weltgeschichte des frühneuzeitlichen Judentums mit leicht anderer zeitlicher Begrenzung*

Katz, Jacob, Tradition und Krise. Der Weg der jüdischen Gesellschaft in die Moderne, München 2002 *ein noch immer lesenswerter Klassiker*

Kotowski, Elke V./Schoeps, Julius H./Wallenborn, Hiltrud (Hgg.), Handbuch zur Geschichte der Juden in Europa, Bd. 1: Länder und Regionen, Darmstadt 2001 *voluminöses Handbuch mit zahlreichen Beiträgen unterschiedlichster Qualität*

Koy, Peter, Studemund-Halévy (Hg.), Die Sefarden in Hamburg. Zur Geschichte einer Minderheit, 2 Bde., Hamburg 1994 *wichtiges Handbuch, guter Einstieg in die Thematik der Sefarden*

Tilly, Michael, Das Judentum, Wiesbaden 2007 *ein neueres Beispiel der zahlreichen Überblicksdarstellung jüdischer Religion*

II.

Bamberger, Ib N., The Viking Jews: A History of the Jews of Denmark, New York 1983

Battenberg, J. Friedrich, Die Juden in Deutschland vom 16. bis zum Ende des 18. Jahrhunderts, München 2001

Breuer, Mordechai, Frühe Neuzeit und Beginn der Moderne. In: M.A. Meyer (Hg.): Deutsch-jüdische Geschichte in der Neuzeit. Bd. 1: 1600–1780, S. 85–247

Bruer, Albert, Geschichte der Juden in Preußen (1750–1820), Frankfurt/New York 1991

Goldberg, Jacob, Jewish Privileges in the Polish Commonwealth: Charters of Rights Granted to Jewish Communities in Poland-Lithuania in the Sixteenth to Eighteenth Centuries, 3 Bde., Jerusalem 2001

Haumann, Heiko, Geschichte der Ostjuden, München 1999 (5. Auflage)

Huussen, Arend H., The Legal Position of the Jews in the Dutch Republic 1590–1796, in: J. Israel and R. Salverda (Hgg.), Dutch Jewry: Its History and Secular Culture (1500–2000), Leiden 2002, S. 25–41

Israel, Jonathan I., The Republic of the United Netherlands until about 1750: Demography and Economic Activity, in: Blom, J.C.H./Fuks-Mansfeld, R.G./Schöffer, I. (Hgg.), The History of the Jews in the Netherlands, Oxford/Portland 2007 (2. Auflage), S. 85–115

Karniel, Josef, Die Toleranzpolitik Kaiser Josephs II. (Schriftenreihe des Instituts für Deutsche Geschichte, Universität Tel Aviv 9), Gerlingen 1985

Kotowski, Elke V./Schoeps, Julius H./Wallenborn, Hiltrud (Hgg.), Handbuch zur Geschichte der Juden in Europa, Bd. 1: Länder und Regionen, Darmstadt 2001

Lind, Christoph, Juden in den habsburgischen Ländern 1670–1848, in: Brugger, Eveline u.a. (Hgg.), Geschichte der Juden in Österreich, Wien 2006, S. 339–446

Litt, Stefan, Juden in Thüringen (1520–1650), Köln u.a. 2003

Maimon, Arie/Breuer, Mordechai/Guggenheim, Yaacov, Germania Judaica III/3: Gebietsartikel, Einleitungsartikel und Indizes, Tübingen 2003

Mevorach, Baruch, Die Interventionsbestrebungen in Europa zur Verhinderung der Vertreibung der Juden aus Böhmen und Mähren 1744–1745, Jahrbuch des Instituts für Deutsche Geschichte in Tel Aviv 9 (1980), S. 15–81

Ries, Rotraud, Jüdisches Leben in Niedersachsen im 15. und 16. Jahrhundert, Hannover 1996

Staudinger, Barbara, „Gelangt an eur kayserliche Mayestät mein allerunterthenigstes Bitten". Handlungsstrategien der jüdischen Elite am Reichshofrat im 16. und 17. Jahrhundert, in: Hödl, S., Rauscher, P., Staudinger, B. (Hgg.), Hofjuden und Landjuden. Jüdisches Leben in der Frühen Neuzeit, Berlin/Wien 2004

Staudinger, Barbara, „Gantze Dörffer voll Juden". Juden in Niederösterreich 1496–1670, Wien 2005

Staudinger, Barbara, Die Zeit der Landjuden und der Wiener Judenstadt 1496–1670/71, in: Brugger, Eveline u.a. (Hgg.), Geschichte der Juden in Österreich, Wien 2006, S. 229–337

Swetschinski, Daniel M., From the Middle Ages to the Golden Age, 1516–1621, in: Blom, J.C.H./Fuks-Mansfeld, R.G./Schöffer, I. (Hgg.), The History of the Jews in the Netherlands, Oxford/Portland 2007 (2. Auflage), S. 45–84

Teller, Adam, The Legal Status of the Jews on the Magnate states of Poland-Lithuania in the Eighteenth Century, Gal-Ed 15/16 (1997), S. 41–63

III.

Balaban, Majer, Der Kahal in Polen im XI. bis XVIII. Jahrhundert, Neue Jüdische Monatshefte 1 (1917), S. 407–412, 583–588, 681–692

Breuer, Mordechai: Frühe Neuzeit und Beginn der Modern, in: Meyer, Michael A. (Hg.): Deutsch-jüdische Geschichte in der Neuzeit. Bd. 1: 1600–1780, München 1996, S. 85–247

Cohen, Daniel, Die Landjudenschaften als Organe jüdischer Selbstverwaltung in Deutschland, Bd. 1, Jerusalem 1996

Deventer, Jörg, Das Abseits als sicherer Ort? Jüdische Minderheit und christliche Gesellschaft im Alten Reich am Beispiel der Fürstabtei Corvey (1550–1807), Paderborn 1996

Drabek, Anna M., Die Juden in den böhmischen Ländern zur Zeit des landesfürstlichen Absolutismus. Von der Schlacht am Weißen Berg bis zum Ausgang der Regierungszeit Maria Theresias, in: Seibt, Ferdinand (Hg.), Die Juden in den böhmischen Ländern, München/Wien 1983, S. 123–143

Fraenkel-Goldschmidt, Chava, The Historical Writings of Joseph of Rosheim: Leader of Jewry in Early Modern Germany, Leiden, Boston 2006

Kracauer, Isidor, Geschichte der Juden in Frankfurt a.M. (1150–1824), 2 Bde., Frankfurt a.M. 1925

Litt, Stefan, Pinkas, Kahal and the Mediene: The Records of Dutch Ashkenazi Communities in the Eighteenth Century as Historical Sources, Leiden/Boston 2008

Mevorah, Baruch, Die Interventionsbestrebungen in Europa zur Verhinderung der Vertreibung der Juden aus Böhmen und Mähren, 1744–1745, Jahrbuch des Instituts für deutsche Geschichte Tel Aviv 9 (1980), S. 15–81

Rauscher, Peter/Staudinger, Barbara, Widerspenstige Kammerknechte. Die kaiserlichen Maßnahmen zur Erhebung von „Kronsteuer" und „Goldenem Opferpfennig" in der Frühen Neuzeit, Aschkenas 14 (2004), S. 313–363

Ries, Rotraud, Alte Herausforderungen unter neuen Bedingungen? Zur politischen Rolle der Elite in der Judenschaft des 16. und beginnenden 17. Jahrhunderts, in: Hödl, S., Rauscher, P., Staudinger, B. (Hgg.), Hofjuden und Landjuden. Jüdisches Leben in der Frühen Neuzeit, Berlin, Wien 2004, S. 91–141

Rohrbacher, Stefan, Medinat Schwaben. Jüdisches Leben in einer süddeutschen Landschaft in der Frühneuzeit, in: Kießling, R. (Hg.), Judengemeinden in Schwaben im Kontext des Alten Reiches. Berlin 1995, S. 80–109

Schedlitz, Bernd, Leffmann Behrens. Untersuchungen zum Hofjudentum im Zeitalter des Absolutismus, Hildesheim 1984

Teufel, Helmut, Zur politischen und sozialen Geschichte der Juden in Mähren vom Antritt der Habsburger bis zur Schlacht am Weißen Berg (1526–1620), Erlangen 1971

IV.

Butzer, Evi, Die Anfänge der jiddischen purim shpiln in ihrem literarischen und kulturgeschichtlichen Kontext, Hamburg 2003

Cooperman, Bernard Dov (Hg.), Jewish Thought in the Sixteenth Century, Cambridge (Mass.)/London 1983

Davidowicz, Klaus Samuel, Jakob Frank, der Messias aus dem Ghetto, Frankfurt a.M. 1998

Eliav, Mordechai, Jüdische Erziehung in Deutschland im Zeitalter der Aufklärung und der Emanzipation, Münster u.a. 2001

Fishman, Isidore, The History of Jewish Education in Central Europe. From the End of the Sixteenth to the End of the Eighteenth Century, London 1944

Ginsburger, Moses, Die Memoiren des Ascher Levi aus Reichshofen im Elsaß (1598–1635), Berlin 1913

Gries, Zeev, The Book in the Jewish World, 1700–1900, Oxford 2007

Horovitz, Markus, Frankfurter Rabbinen. Ein Beitrag zur Geschichte der israelitischen Gemeinde in Frankfurt a.M. Mit Ergänzungen von Josef Unna, Hildesheim 1972

Liberles, Robert, An der Schwelle zur Moderne: 1618–1780, in: Marion Kaplan (Hg.), Geschichte des jüdischen Alltags in Deutschland. Vom 17. Jahrhundert bis 1945, München 2003, S. 19–122

Lowenstein, Steven, The Jewish Cultural Tapestry: International Jewish Folk Traditions, New York 2000

Kilcher, Andreas B., Fraisse, Ottfried (Hgg.), Metzler Lexikon jüdischer Philosophen, Stuttgart 2003

Klein, Birgit E., Nach jüdischem Recht oder nach „Puderhähner Gesetzen"? Frauen im Kampf um ihr Vermögen im frühneuzeitlichen Aschkenas, in: Hödl, Sabine, Raucher, Peter, Staudinger, Barbara (Hgg.), Hofjuden und Landjuden. Jüdisches Leben in der Frühen Neuzeit, Berlin, Wien 2004, S. 185–216

Preuß, Monika, Gelehrte Juden. Lernen als Frömmigkeitsziel in der frühen Neuzeit, Göttingen 2007

Richarz, Monika, Der Eintritt der Juden in die akademischen Berufe. Jüdische Studenten und Akademiker in Deutschland 1678–1848, Tübingen 1974

Ruderman, David B., Jewish thought and Scientific Discovery in Early Modern Europe, New Haven/London 1995

Schmelzer, Menahem, Hebrew Printing and Publishing in Germany, 1650–1750: On Jewish Book Culture and the Emergence of Modern Jewry, Leo Baeck Institute Year Book 33, 1988, S. 369–383

Scholem, Gerschom, Sabbatai Zwi. Der jüdische Messias, Frankfurt a.M. 1992

Wilke, Carsten, „Den Talmud und den Kant". Rabbinerausbildung an der Schwelle zur Moderne, Hildesheim u.a. 2003

V.

Deventer, Jörg, Das Abseits als sicherer Ort? Jüdische Minderheit und christliche Gesellschaft im Alten Reich am Beispiel der Fürstabtei Corvey (1550–1807), Paderborn 1996

Efron, John M., Medicine and the German Jews: A History, New Haven/London 2001

Gross, Nachum (Hg.), Economic History of the Jews, New York 1976

Jütte, Robert, Zur Funktion und sozialen Stellung jüdischer „gelehrter" Ärzte im spätmittelalterlichen und frühneuzeitlichen Deutschland, in: Schwinges, Rainer Christoph (Hg.), Gelehrte im Reich. Zur Sozial- und Wirkungsgeschichte akademischer Eliten des 14. bis 16. Jahrhunderts, Berlin 1996 (Zeitschrift für historische Forschung, Beiheft 18), S. 159–179

Litt, Stefan, Juden in Thüringen (1520–1650), Köln u.a. 2003

Pohlmann, Klaus, Die Verbreitung der Handwerke unter den Juden. Zur Geschichte der jüdischen Handwerker in Lippe im 18. und 19. Jahrhundert, Detmold 1993

Ries, Rotraud, Jüdisches Leben in Niedersachsen im 15. und 16. Jahrhundert, Hannover 1996

Ries, Rotraud/Battenberg, J. Friedrich (Hgg.), Hofjuden – Ökonomie und Interkulturalität. Die jüdische Wirtschaftselite im 18. Jahrhundert, Hamburg 2002

Ruderman, David B., Jewish Thought and Scientific Discovery in Early Modern Europe, New Haven/London 1995

VI.

Feiner, Shmuel, Haskala – Jüdische Aufklärung. Geschichte einer kulturellen Revolution, Hildesheim 2007
Graetz, Michael, Jüdische Aufklärung, in: Meyer, Michael A. (Hg.), Deutsch-Jüdische Geschichte in der Neuzeit, Bd. 1: Tradition und Aufklärung 1600–1780, München 1996, S. 259–355
Israel, Jonathan, Radical Enlightenment. Philosophy and Making of Modernity 1650–1750, Oxford 2001
Kilcher, Andreas B., Fraisse, Ottfried (Hgg.), Metzler Lexikon jüdischer Philosophen, Stuttgart 2003
Krautz, Hans-Wolfgang (Hg.), Exemplar humanae vitae = Beispiel eines menschlichen Lebens, Tübingen 2001
Pelli, Moshe, The Age of Haskalah. Studies in Hebrew Literature of the Enlightenment in Germany, Leiden 1979
Schröder, Winfried, Spinoza in der deutschen Frühaufklärung, Würzburg 1987
Schulte, Christoph, Die jüdische Aufklärung, München 2002
Shochat, Azriel, Der Ursprung der jüdischen Aufklärung in Deutschland, Frankfurt 2000
Spinoza, Baruch de, Theologisch-politischer Traktat. Hrsg. von Gawlick, Günther, Gebhardt, Carl, Hamburg 1994 (3. Auflage)
Volkov, Shulamit, Die Juden in Deutchland 1780–1918, München 2000 (2. Auflage)

Register